KB004716

실리콘밸리 사람들은
어떻게 일할까?

실리콘밸리 사람들은 어떻게 일할까?

그들이 더 즐겁게, 마음껏 일하는 5가지 비밀

2017년 8월 25일 초판 1쇄 발행
2020년 4월 30일 초판 7쇄 발행

지 은 이 | 정권택, 예지은 외
펴 낸 곳 | 삼성경제연구소
펴 낸 이 | 차문중
출판등록 | 제1991-000067호
등록일자 | 1991년 10월 12일
주　　소 | 서울특별시 서초구 서초대로74길 4(서초동) 삼성생명서초타워 30층
전　　화 | 02-3780-8153(기획), 02-3780-8084(마케팅), 02-3780-8152(팩스)
이 메 일 | seribook@samsung.com

ISBN | 978-89-7633-979-9 03320

그들이 더 즐겁게, 마음껏 일하는 5가지 비밀

실리콘밸리 사람들은 어떻게 일할까?

| 정권택, 예지은 외 지음 |

삼성경제연구소

최근 4차 산업혁명에 대한 세간의 관심이 뜨겁다. 거의 하루도 빠짐없이 신문과 방송에 4차 산업혁명 관련 뉴스와 칼럼이 등장한다. 기업과 학계, 연구기관은 물론이고 정치권에서도 어떻게 이 새로운 변화의 흐름에 올라탈 것인가 하는 논쟁이 활발하게 진행되고 있다. 혹자는 인공지능과 로봇에 의해 기존 인간의 일자리 중 많은 부분이 사라질 것이라는 비관론에 빠져 있고, 또 다른 이들은 하루빨리 정부와 기업이 빅데이터Big Data나 사물인터넷IoT 같은 신기술 개발을 서둘러야 한다고 채근하기도 한다. 게다가 클라우드 컴퓨팅이니 사이버물리시스템CPS; Cyber-Physical System이니 하는, 전문가가 아니면 개념조차 가늠하기 어려운 각종 첨단 기술에 관한 논의가 차고 넘친다. 하지만 4차 산업혁명을 만들어가야 할 기업 조직과 구성원 그리고 일하는 방식과 조직 문화의 변화 방향에 대한 구체적 논의는 상대적으로 빈약해 보인다. 과연 혁신적인 기술 몇 가지가 잘 개발되기만 하면 우리 기업들이 저성장과 장기 침체를 극복하고 새로운 성장동력을 찾게 되는 것일까? 신기술 개발과 제품·서비스 혁신뿐 아니라 기업 조직 내부도 시대적 흐름과 환경 변화에 부응해 새롭게 혁신해야 하지 않을까?

이 책은 세계에서 혁신의 속도가 가장 빠른 실리콘밸리 지역의 혁신 기업 29개를 대상으로 각 기업의 비전과 핵심 가치, 커뮤니케이션 구조, 일하는 방식 등 조직 문화 전반을 연구해 이들 기업이 치열한 경쟁의 현장에서 어떻게 창조와 혁신을 만들어가고 있는지를 분석한 결과물이다. 우선 해당 기업에서 공통으로 나타나는 특징을 5가지 키워드VOICE: Vision, Ownership, Idea & Trial, Collaboration, Efficiency로 정리했다. 그리고 각 키워드를 대표하는 기업 사례 12개를 선별하여 이들 키워드가 실제 조직 내부에서 어떻게 구현되고 있는지 보다 심도 깊게 서술하고자 노력했다. 따라서 실리콘밸리 혁신 기업의 성공 비결과 조직 문화 전반에 대한 이해를 목적으로 하는 독자라면 각 장의 도입부를 먼저 차례로 읽기를 권한다. 그러나 만일 특정 기업의 조직 문화가 궁금한 독자라면 개별 기업 사례만 따로 참조해볼 수도 있을 것이다.

이 책은 교과서 원리나 원칙에 치우치기보다는 살아 숨 쉬는 기업 사례를 풍부하게 담고자 노력했다. 조직은 고정불변이 아니라 매일매일 신진대사가 이루어지는 살아 있는 유기체에 가깝다. 특히 조직 문화는 구성원들의 사고와 정서, 행동으로 다양하게 표출되어 그 특징을 포착하기가 어렵고, 시간의 흐름에 따라 지속적으로 변화하기 때문에 한 기업의 우수한 조직 문화를 다른 기업이 배우기란 결코 쉬운 일이 아니다.

이 책은 실리콘밸리 혁신 기업들의 풍부한 사례와 함께 그 내면에 감춰진 조직 문화를 보다 구체적으로 소개함으로써 우리 기업들이 실리콘밸리 기업의 표면만 보고 따라하는 우를 범하지 않도록 세심한 노력을 기울였다.

이 책이 나오기까지 많은 사람의 노고와 헌신이 있었다. 이 책의 시작점이 된 SERICEO 동영상 시리즈 제작을 담당했던 강선민, 홍은성 PD, 그리고 원고에 생기를 불어넣어준 출판팀에 깊은 감사의 마음을 전한다. 무엇보다, 바쁜 업무 속에서도 흔쾌히 집필에 참여하고 서로에게 조언을 아끼지 않으며 동료애를 발휘한 삼성경제연구소 인사조직실 연구원들의 노력에 뜨거운 박수를 보낸다.

지금 한국 기업들은 고령화와 저성장, 글로벌 경쟁 심화 등으로 유례없는 성장 정체에 직면해 있다. 이 책이 조직 문화의 미래 방향을 고민하는 기업의 최고경영자들뿐 아니라, 현장에서 변화와 혁신을 실천하고 더 나은 조직 문화를 만들기 위해 노력하는 관리자들과 실무자들에게 좋은 길잡이가 되기를 바란다.

2017년 여름

삼성경제연구소 인사조직실장

정권택

차례

| 제2장 |

Ownership_실리콘밸리에서는 누구나 주인이 된다

| 제3장 |

Idea & Trial_도전은 언제나 선善이다

| 제4장 |

Collaboration_협업을 당연시하는 실리콘밸리

| 제5장 |

Efficiency_최고의 직원이 최고의 속도로 달린다

실리콘밸리는 어떻게 '혁신'의 동의어가 되었나?

보이는 실리콘밸리 말고 보이지 않는 실리콘밸리를 찾아서

몇 년 사이 '창조'와 '혁신'이라는 단어 없이는 기업경영을 말하기가 어려워졌다. "변하지 않는 유일한 것은 변한다는 사실뿐이다"라는 말처럼 우리를 둘러싼 환경은 빠르게 변화한다. 기업 역시 스스로 변하지 않으면 생존 자체가 불가능하다는 위기의식이 높아지면서 조직 문화 측면에서도 이러한 기업경영을 뒷받침할 수 있는 창조적 혁신 문화에 관심이 쏠리고 있다. 창조적 혁신 문화를 한마디로 정의하기는 어려우나 학계에서 통용되는 '창조Creativity'의 정의를 빌려 그 개념을 설명할 수 있다. 하버드대 경영대학원 아마빌 교수는 창조의 핵심을 "새롭고 유용한 것Novel & Useful"으로 보았다.* 그에 따라 창조적 혁신 문화란 '임직원들이 기존에 주어진 업무 외에 새롭고 유용한 산출물을 만들어내도록 독려하고 지원하는 조직 문화'라고 할 수 있을 것이다.

기업들이 창조적 혁신 문화에 관심을 기울이게 된 것은 앞서 언급한 것처럼 기업경영에서 과거와는 다른 위기의식을 느꼈기 때문이기도 하지만 또 한편으로는 구글과 페이스북 등 실리콘밸리 기업들이 앞다퉈 혁신적 성과를 내놓고 자신들의 성공 요인으로 조직 문화를 지목했기 때문이다. 특히 미국의 GPTW Great Place to Work 연구소[**]가 선정하는 '일하기 좋은 100대 기업 100 Best Companies to Work For' 순위에서 구글이 몇 년 동안이나 연달아 1위를 차지하면서 구글의 조직 문화에 대한 관심이 더욱더 높아졌다. 초기에 주목받은 구글의 조직 문화는 사내의 무료 카페테리아와 자동차 수리 서비스, 마사지 서비스와 미용실 등 복리후생적 측면이 강했으나 차츰 사람들은 구글 조직 문화의 핵심은 사실 그것이 아님을 깨닫게 되었다. 즉 그 본질은 수평적 의사소통과 정보의 투명성, 직원들에게 주어지는 자율임을 알게 된 것이다. 이렇게 실리콘밸리의 혁신적 성과물과 함께 이들 기업의 조직 문화가 유명세를 타면서 실리콘밸리의 조직 문화는 창조적 혁신 문화와 동일한 의미를 갖게 되었다.

조직 문화는 직원들이 한 조직 안에서 공유하는 가치 Value 와 신념 Belief 이며, 이는 직원들의 태도와 행동으로 표출된다.[***] 조직 문화란 회사

---

* Amabile, Teresa M. (1988). "A Model of Creativity and Innovation in Organizations". *Research in Organizational Behavior*. 10(1), pp. 123–167.

** 미국, 유럽 등 전 세계 50개국에서 '일하기 좋은 기업'을 선정하는 세계적 컨설팅 기업이다.

*** Schein, Edgar H. (1990). "Organizational Culture". *American Psychological Association*. Vol. 45, No. 2, p. 109.

건물처럼 눈에 보이는 것이 아닐뿐더러 자로 잰 듯 정밀하게 설계되는 것도 아니다. 그래서 단면을 사진으로 찍어 전체를 조망해볼 수도 없고 설계된 로직Logic을 분석해보기도 어렵다. 단면만 확대해서 볼 경우 마치 그것이 조직 문화의 전체인 것처럼 왜곡될 수 있고(초기에 구글의 조직 문화란 곧 무료 카페테리아라고 인식된 것처럼), 이성적으로 로직을 좇아 분석하다 보면 조직 문화 구석구석에서 논리가 통하지 않는 부분이 발견되고는 한다.

우리 연구팀의 도전 정신을 자극한 부분도 바로 이 지점이었다. 눈에 보이지도 않고 손에 잡히지도 않는 조직 문화가 창조적 성과 창출의 성공 요인이었다고 과감히 지목하는 실리콘밸리 기업들에는 도대체 어떤 비밀이 숨어 있을까? 실리콘밸리 기업의 조직 문화는 어떻게 창조적 혁신 문화와 동의어가 될 수 있었을까? 그 배경이 궁금했다.

실리콘밸리의 혁신 기업, 그들은 과연 누구인가?

먼저 우리 연구팀은 실리콘밸리에서 혁신적 성과를 창출했다고 평가받는, 이른바 '실리콘밸리 혁신 기업'이 어떤 조직 문화를 갖고 있는지, 그 조직 문화의 남다른 점은 무엇인지 파악하고자 하였다. 물론 더 큰 목적은 어떻게 하면 이러한 조직 문화의 장점을 우리 기업들의 조직 문화 개선에 활용할 수 있을지 그 방안을 탐구하는 데 있었다. 여기서 가장 먼저 선행되어야 할 점은 '실리콘밸리 혁신 기업'이라는 전제조건에 맞는 연구대상 기업을 제대로 선정하는 것이었다. 우리 연구팀은 고심 끝에 2가지 전제조건에 충실하기로 하였다. 첫째, 창조적 성과를 창출한 혁신 기업일 것, 둘째, 그 기업이 지리적으로 실리콘밸리에 위치하고 있을 것. 이 2가지 시작점에서 출발하기로 한 것이다.

우선, 첫 번째 조건에 부합하는 혁신 기업을 선정하고자 매년 혁신 기업 순위를 발표하는 《포브스*Forbes*》 지와 보스턴 컨설팅 그룹Boston Consulting Group의 리스트를 참고했다. 《포브스》는 100대 혁신 기업The World's Most Innovative Companies을, 보스턴 컨설팅 그룹은 50대 혁신 기업The Most Innovative Companies을 매년 선정해서 발표하는데, 우리 연구팀은 2013년부터 2016년까지 4년간 이 순위에 오른 기업들을 조사했다. 또한 2015년과 2016년에 《포천*Fortune*》 지가 발표한 유니콘 기업Fortune Unicorn, 즉 기업가치가 10억 달러 이상인 스타트업 기업 순위(20위 이내)도 추가로 살폈다. 이런 과정을 거쳐 해당 기간에 한 번이라도 이들 3개 혁신 기업 리스트에 선정된 바 있는 기업들을 정리하였다. 그리고 첫 번째 조건에 부합하는 기업들 가운데 실리콘밸리에 위치한 기업을 추려냈다. 이를 통해 구글, 페이스북, 테슬라, 넷플릭스 등 29개 기업을 '실리콘밸리 혁신 기업'으로 선정하여 본격적인 연구를 시작하였다.

우리 연구팀은 이들 기업을 대상으로 다양한 문헌을 조사하였으며, 해당 기업의 인사·조직 문화 담당자는 물론, 여러 직급의 전·현직 임직원들을 인터뷰했다. 그뿐 아니라, 보다 생생한 목소리를 듣기 위해 실리콘밸리 지역을 직접 방문하기도 하였다.

연구대상인 29개 기업을 설립연도별로 살펴보면, 1980년 이전에 설립

혁신 기업 선정 기관별 조사 결과

포브스(100대)	보스턴 컨설팅 그룹(50대)	포천 유니콘(20대)
어도비	암젠	에어비앤비
오토데스크	애플	드롭박스
바이오마린 파마슈티컬	시스코	리프트
에퀴닉스	페이스북	팔란티어
인튜이트	길리어드 사이언스	핀터레스트
인튜이티브 서지컬	구글	스냅챗
넷플릭스	HP	스페이스X
세일즈포스	인텔	스퀘어
테슬라	넷플릭스	스트라이프
VM웨어	세일즈포스	우버
야후	테슬라	
	야후	

주: 포브스와 보스턴 컨설팅 그룹은 2013~2016년 기간, 포천 유니콘은 2015~2016년 기간 해당 리스트에 선정된 바 있는 실리콘밸리 지역 기업들을 정리.

된 기업이 HP, 인텔, 애플 등 3개, 1980~1989년에 설립된 기업이 어도비, 시스코 등 6개, 1990~1999년에 설립된 기업이 야후, 구글 등 8개, 2000~2009년에 설립된 기업이 테슬라, 페이스북 등 8개, 2010년 이후에 설립된 기업이 핀터레스트, 스냅챗 등 4개로, 어느 한 시기에 편중되지 않고 고른 분포를 보였다. 한편 업종별로 구분하면, 인터넷 서비스, SNS 등 정보 서비스업이 15개사로 가장 큰 비중을 차지했다. 다음으로

연구대상 '실리콘밸리 혁신 기업' 리스트

No	기업명	설립 연도	소재지	CEO	업종	사업 내용
1	HP	1939	팰로앨토	맥 휘트먼	정보 서비스업	IT 서비스, 전자제품
2	인텔	1968	샌타클래라	브라이언 크르자니크	제조업	반도체 설계, 제조
3	애플	1976	쿠퍼티노	팀 쿡	제조업	컴퓨터 및 스마트폰 제조
4	암젠	1980	사우전드 옥스	브래드웨이	전문 서비스업	바이오 제약
5	어도비	1982	산호세	샨타누 나라옌	정보 서비스업	S/W 및 솔루션
6	오토데스크	1982	산 라파엘	칼 바스	정보 서비스업	컴퓨터 S/W
7	인튜이트	1983	팰로앨토	브래드 스미스	정보 서비스업	재무관리 S/W
8	시스코	1984	산호세	척 로빈스	제조업	네트워크 장비
9	길리어드 사이언스	1987	포스터시티	존 마틴	전문 서비스업	바이오 제약
10	야후	1994	샌타클래라	마리사 메이어	정보 서비스업	인터넷 서비스
11	인튜이티브 서지컬	1995	서니베일	게리 굿하트	제조업	수술 로봇
12	바이오마린 파마슈티컬	1997	산 라파엘	장 자크 비에나임	전문 서비스업	바이오 제약
13	넷플릭스	1997	로스가토스	리드 헤이스팅스	정보 서비스업	비디오 대여 및 스트리밍
14	에퀴닉스	1998	레드우드	스테판 스미스	정보 서비스업	데이터센터
15	구글	1998	마운틴뷰	선다 피차이	정보 서비스업	인터넷서비스, S/W, 통신기기
16	VM웨어	1998	팰로앨토	팻 겔싱어	정보 서비스업	서버 가상화 S/W

17	세일즈포스	1999	샌프란시스코	마크 베니오프	정보 서비스업	클라우드 컴퓨터 솔루션
18	스페이스X	2002	호손	엘론 머스크	운수업	우주 화물 수송
19	테슬라	2003	팰로앨토	엘론 머스크	제조업	전기자동차
20	페이스북	2004	멘로 파크	마크 저커버그	정보 서비스업	SNS 서비스
21	팔란티어	2004	팰로앨토	알렉스 카프	정보 서비스업	데이터 분석 S/W
22	드롭박스	2007	샌프란시스코	드루 휴스턴	정보 서비스업	클라우드 스토리지
23	에어비앤비	2008	샌프란시스코	브라이언 체스키	숙박업	숙박 시설 공유 서비스
24	스퀘어	2009	샌프란시스코	잭 도시	금융업	모바일 결제
25	우버	2009	샌프란시스코	트래비스 캘러닉	운수업	차량 공유 서비스
26	핀터레스트	2010	샌프란시스코	벤 실버맨	정보 서비스업	이미지 공유 및 검색 사이트
27	스트라이프	2011	샌프란시스코	패트릭 콜리슨	금융업	온라인 결제 서비스
28	스냅챗	2011	베니스	에반 스피겔	정보 서비스업	모바일 메신저
29	리프트	2012	샌프란시스코	로간 그린	운수업	차량 공유 서비스

반도체, 스마트폰, 전기자동차 생산 등 제조업이 5개, 바이오 제약 중심의 전문 서비스업이 3개, 차량 공유 서비스를 제공하는 운수업이 3개, 모바일·온라인 결제 사업 중심의 금융업이 2개, 숙박 공유 서비스를 제공하는 숙박업이 1개로 나타났다. 이와 같이 정보 서비스 업종이 절반 이상을 차지하였고, 특히 2000년 이후에는 IT 플랫폼을 기반으로 한 다양한 업종의 혁신 기업들이 생겨났음을 알 수 있었다.

실리콘밸리가 자리 잡은 샌프란시스코의 서남부. 행정구역상으로는 샌타클래라 카운티이다.

실리콘밸리는 어떻게 탄생했을까?

실리콘밸리 혁신 기업의 조직 문화를 알아보기에 앞서 그 배경이 되는 실리콘밸리 지역에 대해 살펴볼 필요가 있다. 실리콘밸리가 혁신의 메카로 주목받기까지는 지리적 위치가 크게 작용했다고 해도 과언이 아니다. 사실 실리콘밸리는 정식 행정구역 명칭이 아니다. 즉 지도에서는 '실리콘밸리'라는 지명을 찾을 수 없다. 원래 실리콘밸리는 샌프란시스코 만의 서남부, 즉 팰로앨토나 산호세 주변을 가리키는 말이었는데, 최근에는 샌프란시스코 만의 동쪽과 북부까지 포함한 지역을 실리콘밸리라고 부른다. 행정구역상으로 실리콘밸리는 샌타클래라 카운티이고 면적은 서울의 8배에 이른다. 1930년대 실리콘밸리는 캘리포니아의 온화한 기후 덕분에 과수원이 대부분을 차지하던 지역이었다. 그러나 1950년대에 실리콘으로 된 반도체 칩을 생산하는 기업들이 이 지역으로 대거 이동하면서 실리콘과 샌타클래라밸리를 합친 '실리콘밸리'라는 이름이 탄생했다.*

스탠퍼드 대학과 실리콘밸리의 아버지 프레드릭 터먼

실리콘밸리를 이야기할 때 빠트릴 수 없는 것이 바로 서부 최고의 명문대학 스탠퍼드 대학이다. 스탠퍼드 대학은 1891년 릴런드 스탠퍼드Leland Stanford가 세웠는데, 그는 설립기념사에서 "인생은 무엇보다 실용이다Life is, above all, Practical"라고 말할 정도로 실용적 학풍을 추구했던 인물이다. 스탠퍼드 대학은 1894년 미국 대학 중 최초로 전기공학과를 개설함으로써 훗날 샌타클래라를 과학 기술의 메카로 만드는 데 기여한다. 특히 이 대학은 학계와 산업계의 긴밀한 협조를 매우 중요하게 여겼는데, 여기에 불을 지핀 사람이 바로 '실리콘밸리의 아버지'라고 불리는 프레드릭 터먼Frederick Terman이다.

프레드릭 터먼은 1922년 스탠퍼드 대학을 졸업했고, 1955년에는 공과대학 학장이 되었다. 당시만 해도 미국 기업들은 뉴욕을 중심으로 하는 동부에 편중되어 있었기 때문에 스탠퍼드 대학을 졸업한 많은 우수한 학생들이 일자리를 찾아 동부로 떠날 수밖에 없었다. 이러한 현실을 매우 안타까워했던 프레드릭 터먼은 우수한 학생들이 서부에서 창업할

* 이동휘 (2015). 《실리콘밸리 견문록》. 제이펍.

수 있도록 자금과 연구 장비를 지원했다. 이러한 지원 속에 탄생한 실리콘밸리 벤처기업 1호가 바로 휴렛팩커드HP이다.** HP를 설립한 윌리엄 휴렛William Hewlett과 데이비드 팩커드David Packard 두 사람 모두 터먼의 제자였다.

HP는 1939년 팰로앨토의 한 차고에서 오디오 발진기를 만들면서 시작되었다. HP가 차고에서 창립되던 바로 그 순간이 곧 실리콘밸리의 역사가 시작된 순간이라고 할 수 있다. 이후에도 1976년에는 애플이, 1998년에는 구글이 창고를 빌려 회사를 창업했다. 우리나라에서 창고라고 하면 쓰지 않는 물건들을 쌓아두는 모습을 흔히 떠올린다. 그러나 실리콘밸리 창업에 시초가 된 창고들은 좀 다른 모습이어서, 자동차 수리나 각종 작업을 하는 공간으로 주로 차고 옆에 붙어 있었다. 그래서 실리콘밸리 혁신 기업의 조직 문화를 '창고 문화' 또는 '차고 문화Garage Culture'라고 부르기도 한다. 즉 실리콘밸리 사람들은 허름한 공간에서 맨손으로 아이디어와 기술 하나로 세상을 바꾸겠다며 도전을 감행한 것이다. 이런 실리콘밸리의 정신을 기리고자 2005년에는 HP가 창업한 그 차고를 보존하는 복원 사업을 벌이기도 하였다.

** Nicholas, Tom & Lee, James (2013). "The Origins and Development of Silicon Valley". Harvard Business School Case 813-098.

실리콘밸리 혁신 기업의 조직 문화 키워드, V.O.I.C.E.

그렇다면 이런 창고 문화가 지금 실리콘밸리 혁신 기업에는 어떻게 녹아 있을까? 우리 연구팀은 연구대상으로 선정한 29개 기업의 조직 문화를 면밀히 조사한 결과 5개의 공통 키워드를 도출할 수 있었다. 바로 Vision비전, Ownership오너십, Idea & Trial아이디어와 새로운 시도, Collaboration협력, Efficiency효율성이다. 그 개요를 간략히 소개하면 다음과 같다.

첫째, 실리콘밸리 혁신 기업의 CEO들은 자신이 이끄는 기업의 성과를 창출할 뿐 아니라 사회와 인류에 기여하겠다는 원대하고 의미 있는 비전Vision을 제시한다. 둘째, 실리콘밸리 혁신 기업의 직원들은 자신의 역할과 책임을 명확히 인식하고 있음은 물론 충분한 자율권을 부여받음으로써 일에 대한 높은 오너십Ownership을 가진다. 셋째, 실리콘밸리 혁신 기업들은 다양한 아이디어와 새로운 시도Idea & Trial를 장려하는데, 특히 성공에 도달하기까지의 과정에서 실패는 당연히 있을 수 있다고 보기에 실험과 실패에 대해 관대한 태도를 보인다. 넷째, 실리콘밸리 혁신 기업들은 아무리 세계 최고의 전문가라 하더라도 세상에 없던 혁신을 창출하려면 협업이 필요하다는 것을 잘 알기 때문에 내부 동료 또는 외부와의 협력Collaboration이 일상화되어 있다. 마지막으로 다섯째, 실리콘밸리 혁신 기업들은 성과를 내는 데 방해가 되는 비효율적 요소들을 최대한 제거하고 본질에 집중함으로써 최고 수준의 생산성과 효율성Efficiency을 유지한다.

이 책에서는 실리콘밸리 혁신 기업들이 V.O.I.C.E. 각각의 키워드를 어떻게 실천하고 있는지 5개의 챕터로 나누어 살펴보았다. 또 혁신 기업의 조직 문화를 총체적으로 살펴보기 위해 연구대상으로 선정한 29개 기업 가운데 12개 기업의 사례를 각 챕터마다 배치하여 보다 구체적으로 들여다보았다.

• 제1장 •

Vision

실리콘밸리의 중심에서 비전을 외치다

기업에 있어 비전이란 무엇인가? 비전의 의미부터 살펴보기로 하자. 비전은 '보다'라는 뜻을 가진 라틴어 단어 '비데레Videre'에서 유래했다. 처음에는 사물을 바라보는 '시각'이란 의미만 지녔지만 중세를 거치면서 '상상'이나 '종교적 환영幻影'이란 뜻이 추가되었고, 근대에 들어서면서는 '선견지명先見之明'이란 의미로도 사용되기 시작했다. 즉 비전은 단순히 본다는 의미에 '미래에 대한 통찰력'이란 의미가 더해졌다. 결국 기업의 비전이 뜻하는 것은 만들어가고자 하는 이상적인 미래상이자 달성해야 할 목표이다. 미션Mission, 비전Vision, 목적Purpose 등의 이름으로 명문화되어 있든 그렇지 않든 간에 기업들은 대개 달성하고자 하는 목표로서의 비전을 지닌다.

실리콘밸리 기업들도 마찬가지다. "전 세계 정보를 체계화해서 누구나 쉽게 접근하고 사용하게 한다"라는 구글의 비전을 한 번쯤 들어본 적이 있을 것이다. 실리콘밸리 기업 중에는 시스코처럼 창업 후 30년간 단 하나의 비전을 유지해온 기업이 있는가 하면, 애플처럼 공식적으로 명문화된 비전이 따로 없는 기업도 있다. 그런데 주목해야 할 점은 명문화된 비전의 유무와 상관없이 실리콘밸리의 많은 기업들은 스스로를 "비전에 의해 움직이는 회사Vision/Mission-Driven Company"라고 말한다는 것이다.

페이스북의 CEO 마크 저커버그는 기업공개IPO; Initial Public Offering 직전 '주주들에게 보내는 서신Letter to Shareholders'의 첫머리에서 이렇게 천명했다. "페이스북은 원래 기업으로 만들어진 것이 아니라, 더 개방되고 연결된 세상을 만든다는 사회적 미션을 달성하고자 세워졌습니다."* 구글의 최고인사책임자CHRO; Chief Human Resource Officer였던 라즐로 복Laszlo Bock 역시 2015년

발간한 《구글의 아침은 자유가 시작된다*Work Rules!*》라는 책에서 비전이야말로 구글 조직 문화의 주춧돌이라고 설명했다. 데이터 분석 소프트웨어 회사 팔란티어는 아예 기업 홈페이지에 이렇게 표명해놓고 있다. "팔란티어는 미션에 초점을 두는 회사이다Palantir is a Mission-Focused Company."

실리콘밸리 기업들이 한결같이 비전을 강조하는 이유는 무엇일까? 사실 비전이 갖는 막강한 효과는 이미 1980년대부터 여러 연구자들에 의해 학문적으로 검증되었다. 그중에서도, 비전이 기업의 성장과 재무적 성과에 긍정적 영향을 미치며 직원들이 비전을 알고 비전을 이해하고 있을 때 그 영향력이 배가된다는 연구 결과는 주목할 만하다.** 여기에서는 학문적 설명보다는 실리콘밸리라는 지리적·문화적 특성을 고려하면서 실리콘밸리 기업들이 비전을 중요하게 생각하는 이유가 무엇인지, 또 이들 기업의 비전에 어떤 특성이 있는지를 살펴보고자 한다.

---

* "Letter to Shareholders from Mark Zuckerberg" (2012. 2. 2). *Financial Times*.

** Baum, J. R., Locke, E. A. & Kirkpatrick, S. A. (1998). "A Longitudinal Study of the Relation of Vision and Vision Communication to Venture Growth in Entrepreneurial Firms". *Journal of Applied Psychology*. 83(1), pp. 43-54.

1

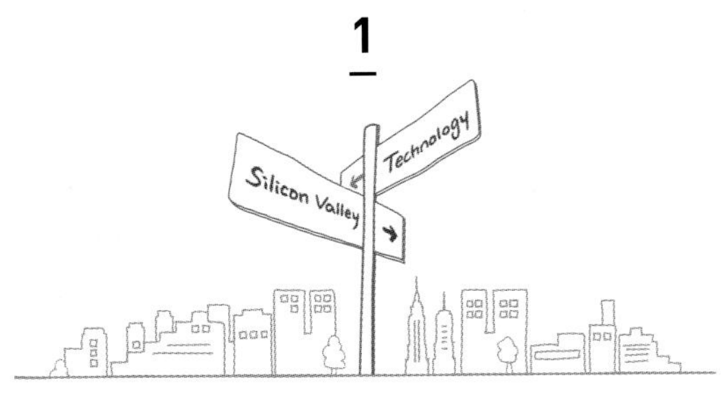

단순 명료하되 원대하라

실리콘밸리 기업들의 비전은 왜 남달리 보일까?

'비전에 의해 움직이는' 실리콘밸리 기업들은 자신들의 비전에 무엇을 담고 있을까? 무엇이 실리콘밸리 기업들의 비전을 특별하게 만드는가? 무엇보다 실리콘밸리 기업들은 비전에 비즈니스의 특성을 단순 명료하게 담아 보여준다. 동시에 달성이 불가능하다고 여겨질 만큼 '원대한' 목표를 비전에서 제시한다. 예컨대 검색 서비스로 시작한 구글은 '정보의 체계화', 소셜 네트워크 서비스인 페이스북은 '공유와 연결성', 숙박 공유 서비스인 에어비앤비는 '내 집 같은 소속감', 전기차를 개발하는 테슬라는 '지속 가능한 에너지'라는, 각 기업마다 주요 비즈니스의 특성을 비전에 명시한다. 비전이 제시하는 목표 또한 "시장 점유율 1위", "○○ 분야 최대 규모/최대 매출/최대 이익" 등 단지 재무적 숫자가 아닌, "어디서나 모두를 위해" 존재한다거나 "화성에 사람이 거주할 수 있도록 한다"스페이스X, "업무 환경은 물론 생활 전반을 혁신한다"시스코처럼 그 기업의 제품과 서비스로 변화하게 될 미래, 즉 세상의 변화를 이야기한다.

창업을 위한 핵심 자산, 비전

그렇다면 실리콘밸리 기업들이 단순 명료하고 원대한 비전 수립에 집중하는 이유는 무엇일까? 실리콘밸리가 스타트업 기업들의 도시라는 데서 그 단서를 찾을 수 있다. 실리콘밸리의 창업 생태계에서 스타트업 기업이 생겨나려면 아이디어와 기술뿐 아니라 외부 투자가 반드시 필요하다. 그리고 투자를 이끌어내려면 비전을 가지고 투자자들을 설득하는 역량이 있어야 한다.

실리콘밸리의 시작, 즉 1939년 윌리엄 휴렛과 데이비드 팩커드가 팰로앨토의 한 차고에서 HP를 설립한 시점부터 현재까지 실리콘밸리는 스타트업 기업들을 중심으로 발전해왔다. 인텔, 애플, 시스코 등 이미 오래전에 대기업으로 성장한 회사들도 모두 스타트업 기업에서 시작했고, 지금도 실리콘밸리에서는 무수히 많은 스타트업 기업들이 생겨났다가 사라진다. 창업을 꿈꾸는 수많은 사람들이 모이는 실리콘밸리이지

실리콘밸리 기업들의 비전 예시

기업명	비전
구글	Organize the World's Information and Make It Universally Accessible and Useful. 전 세계 정보를 체계화해서 누구나 쉽게 접근하고 사용할 수 있게 한다.
페이스북	Give People the Power to Share and Make the World More Open and Connected. 공유를 통해 더욱 개방되고 연결된 세상을 만든다.
핀터레스트	Help People Discover the Things They Love, and Inspire Them to Go Do Those Things in Real Life. 사람들이 좋아하는 것을 발견하고 그것을 실현할 수 있도록 독려한다.
우버	Make Transportation as Reliable as Running Water Everywhere and for Everyone. 수돗물처럼 어디에서나 모두를 위한, 믿을 수 있는 교통수단을 제공한다.
에어비앤비	Belong Anywhere. 낯선 도시에서 우리 집을 만나다.
테슬라	Accelerate the World's Transition to Sustainable Energy. 지속 가능한 에너지로 세상을 변화시킨다.
스페이스X	Enable Human Life on Mars. 화성에 사람이 거주할 수 있도록 한다.
인텔	Utilize the Power of Moore's Law to Bring Smart, Connected Devices to Every Person on Earth. 전 세계 사람들에게 스마트하고 연결된 디바이스를 제공하기 위해 무어의 법칙[1]을 활용한다.
시스코	Change the Way the World Works, Lives, Plays and Learns. 사람들의 업무 환경은 물론 여가를 포함한 생활 전반을 혁신한다.
팔란티어	Help Our Users, the People Doing the Hard Work on Complex, Real-World Problem. 현실에 존재하는 복잡한 문제에 직면한 우리의 사용자들을 돕는다.
암젠	Serve Patients. 환자에게 봉사한다.
인튜이티브 서지컬	Extend the Benefits of Minimally Invasive Surgery to Those Patients Who can and Should Benefit from It. 필요한 환자에게 최소 절개 수술의 혜택을 확대한다.
바이오마린 파마슈티컬	Bring New Treatments to Market That will Make a Big Impact on Small Patient Populations. 희귀 질환자들에게 큰 영향력을 미칠 수 있는 새로운 치료법을 제공한다.

주1: 인텔의 공동 창업자 고든 무어(Gordon Moore)가 1965년 주창한 이론으로, 반도체 집적회로의 성능이 18개월마다 2배로 증가한다는 법칙이다.

만 단순히 좋은 아이디어와 이를 실현할 기술이 있다고 해서 누구나 창업이 가능하지는 않다. 창업을 하려면 자금이 필요한데 실리콘밸리에서는 자신의 기술과 아이디어에 타인의 자금을 더해 창업하는 것이 보편화되어 있다.

또한 스타트업 기업들은 창업 후에도 지속적으로 타인에게 투자를 받아 기업을 성장시킨다. 이러한 방식이 확립된 것은 실리콘밸리의 역사가 쓰이기 시작한 초기, 샌타클래라밸리에 실리콘Silicon의 시대가 열리는 1950년대로 거슬러 올라간다. 로버트 노이스Robert N. Noyce, 고든 무어 등 이른바 '배신자 8인Traitorous Eight'은 윌리엄 쇼클리William B. Shockley 박사* 밑에서 뛰쳐나와 페어차일드 반도체Fairchild Semiconductor를 설립하는데, 이때 한 인물이 등장해 미국 동부의 대기업 페어차일드에서 자금을 지원받을 수 있도록 연결해주었다. 그가 바로 실리콘밸리 최초의 벤처캐피털리스트, 아서 록Arthur Rock이다. 이후 벤처캐피털이나 엔젤 투자자 등 전문적 투자자들이 창업가들과 함께 실리콘밸리의 창업 생태계를 형성해왔다.

만약 당신이 투자자라면 당신은 무엇을 보고 투자를 결정할 것인가? 바꿔 말해, 전문 투자자들로부터 투자를 이끌어내려면 무엇이 필요할까? 많은 사람들이 공통적으로 꼽는 비결은 바로 '스토리텔링'이다. 세쿼이어 캐피털Sequoia Capital의 창업자이자 전설적인 벤처캐피털리스트

---

* 벨 연구소에서 트랜지스터 개발을 주도했으며, 이에 대한 공로로 월터 브래튼(Walter Brattain), 존 바딘(John Bardeen)과 함께 1956년 노벨물리학상을 공동 수상했다.

'실리콘'밸리의 개막과 '배신자 8인'

트랜지스터 개발로 노벨물리학상을 수상한 윌리엄 쇼클리 박사는 벨 연구소를 떠난 후 고향인 캘리포니아의 팰로앨토에 돌아와 1956년 쇼클리 반도체 연구소Shockley Semiconductor Laboratory를 설립했다. 그의 명성 덕분에 많은 젊은 과학자들이 쇼클리 반도체 연구소로 모여들었다. 하지만 윌리엄 쇼클리 박사는 매우 괴팍하고 편집증적인 사람이었다. 그의 권위적 리더십에 점차 연구원들이 등을 돌렸고, 설립 이듬해인 1957년에 8명의 연구원들이 연구소를 떠났다. 이들이 바로 이른바 '배신자 8인'이라 불리는 줄리어스 블랭크Julius Blank, 빅터 그리니치Victor Grinich, 진 호에르니Jean Hoerni, 유진 클라이너Eugene Kleiner, 제이 라스트Jay Last, 고든 무어, 로버트 노이스, 셸던 로버츠Sheldon Roberts이다.

실제로 윌리엄 쇼클리 박사는 그들의 퇴사를 '배신'이라 낙인찍으며 격분했다고 한다. 배신자 8인은 이후 실리콘밸리 최초의 벤처캐피털리스트 아서 록의

이른바 '배신자 8인'이라 불리는 이들은 페어차일드 반도체를 설립하면서 실리콘밸리에서 본격적인 반도체의 시대를 열었다. 왼쪽부터 고든 무어, 셸던 로버츠, 유진 클라이너, 로버트 노이스, 빅터 그리니치, 줄리어스 블랭크, 진 호에르니, 제이 라스트(자료: 위키피디아).

도움으로 미국 동부의 대기업 페어차일드의 투자를 받아 1957년 9월 18일 페어차일드 반도체를 설립했다. 페어차일드 반도체는 반도체 트랜지스터의 상용화와 집적회로 개발에 성공하면서 순식간에 반도체 산업의 리더로 자리 잡는다. 그러나 배신자 8인 멤버들 간의 불화, 페어차일드 본사 경영진과의 불화로 하나둘씩 페어차일드 반도체를 떠나고 페어차일드 반도체도 점차 경쟁력을 상실한다.

배신자 8인의 이후 행보를 살펴보면, 로버트 노이스와 고든 무어는 1968년 인텔을 공동 창업했고, 유진 클라이너는 HP의 톰 퍼킨스Tom Perkins와 함께 대표적 벤처캐피털 가운데 하나인 KPCBKleiner Perkins Caufield & Byers를 창업해 아마존닷컴, 인튜이트, 선마이크로시스템스 등의 기업에 투자했다. 줄리어스 블랭크는 배신자 8인 중 마지막까지 페어차일드 반도체에 남아 있었으며 퇴사 후에는 금융 스타트업 기업을 창업했다.

배신자 8인은 실리콘밸리에 반도체의 시대를 가져온 실질적 주인공들이다. 그들이 페어차일드 반도체를 창업한 이후 페어차일드 반도체 출신 연구원들이 무수히 많은 반도체 스타트업 기업들을 창업함으로써 스타트업 기업들의 중심지로서 실리콘밸리의 역사가 시작되었다고 볼 수 있다.

인 돈 밸런타인Don Valentine은 스토리텔링을 언급하면서 이렇게 말했다. "많은 창업가들이 잘하지 못하지만 스토리텔링 기술은 매우 중요하다. 스토리텔링이 돈을 움직이기 때문이다."* 그리고 여기에서 주목할 점은 바로, 스토리텔링을 위해서는 무엇보다도 '비전'이 중요하다는 사실이다.

* "Target Big Markets" (2010. 10). Stanford University MBA 강연. YouTube.

사람들은 어디에 끌리는가?

리더십 전문가 사이먼 사이넥Simon Sinek은 강연에서 "사람들은 당신이 무엇을 하는지가 아니라, 왜 그것을 하는지에 끌린다People Don't Buy What They Do, People Buy Why They Do It"라고 이야기했다.* 'What'이 아니라 'Why'를 통해 사람들에게서 신뢰와 행동을 이끌어낼 수 있는 것이다. 기업에 있어 'What'이 기술과 제품이라면 'Why'는 비전이다. 아직 실현되지 않은 아이디어나 기술을 가진 이들 중 대다수가 그것으로 '무엇을 만들지'를 이야기하며 누군가를 설득하고자 한다. 하지만 그보다는 그 아이디어나 기술이 '왜 필요한지' 존재의 이유를 설명할 수 있어야 한다. 그것이 바로 창업의 필수 조건이다. 그렇기 때문에 실리콘밸리에서는 좋은 아이디어와 기술이 어떻게 비즈니스와 연결되고 어떻게 세상에 영향을 미치는지를 자신들의 비전에 명확히 담아내는 것을 중요시한다.

핀터레스트의 창업 스토리를 살펴보면 비전의 중요성이 잘 드러난다. 핀터레스트의 창업자는 벤 실버맨Ben Silbermann이라는 아이오와 주 출신의 청년이었다. 그는 예일대를 졸업한 후 여느 미국 청년들처럼 창업에 대한 청운의 꿈을 품고 실리콘밸리로 건너온다. 그의 첫 시작은 구글이었다. 그는 입사 후 몇 년 동안 고객 분석 업무를 담당했지만 그 업무에 만족할 수 없었다. 결국 회사를 그만두고 친구와 동업하여 콜드브루랩Cold Brew Labs이라는 스타트업을 세운다. 그는 첫 제품으로 '토트Tote'라는

---

* "Start with WHY: How Great Leaders Inspire Action" (2009). TEDxPugetSound in Washington.

아이폰용 패션 카탈로그 애플리케이션을 선보이지만 투자자와 고객들로부터 외면받았다. 실패 이유는 무엇일까? 당시 그는 사업의 비전을 제시하기보다는 '사람들에게 무엇인가 유용한 것을 만들겠다'라는 모호한 목표만을 가지고 있었다. 그러다 보니 기술이나 시장의 흐름을 읽지 못하고 최대한 많은 기능을 집어넣기에 급급해 어느 하나도 제대로 구현하지 못하는 결과를 낳았다. 보기에는 그럴듯한 애플리케이션이었지만 결국 토트는 투자자와 소비자들의 관심을 받는 데 실패했다. 벤 실버맨은 당시에 투자자들이 퇴짜를 놓을 수 있는 모든 방법으로 투자를 거절당해봤다고 고백한 바 있다.**

토트가 막연하게 좋은 제품을 만들어내는 것, 즉 'What'에만 초점을 뒀다면 토트의 실패를 거울삼아 새롭게 내놓은 핀터레스트는 존재의 이유 'Why'에 집중한다. 그는 어릴 적 경험을 바탕으로 우표, 엽서 등 사람들은 관심이 가는 무언가를 모으고자 하는 수집욕이 있다는 데 주목했다. 그리하여 "각자의 관심사를 통해 전 세계 사람들이 연결되게 만든다"라는 구체적이면서 원대한 비전을 세우고, 많은 기능을 집어넣기보다는 마치 보드에 핀으로 사진을 꽂아두듯이 쉽게 이미지 파일을 수집하고 다른 사람들과 공유할 수 있게 해주는 서비스를 구현하는 데 집중했다. 이렇게 만들어진 이미지 중심의 소셜 네트워크 서비스가 핀터레스트이다.

핀터레스트는 입소문을 타면서 점차 사용자가 증가했으며 그의 비전

** Y Combinator Startup School 2012 강연 (2012. 10. 20). YouTube.

을 신뢰하는 투자자들에게 인정받아, 뚜렷한 수익 모델이 없음에도 최근 6년간 전 세계 투자자들에게서 총 13억 달러의 투자금을 유치했다. 현재 핀터레스트는 가장 빠르게 성장하는 소셜 네트워크 서비스 중 하나로, 트위터보다도 많은 사용자를 확보하고 있다.

2

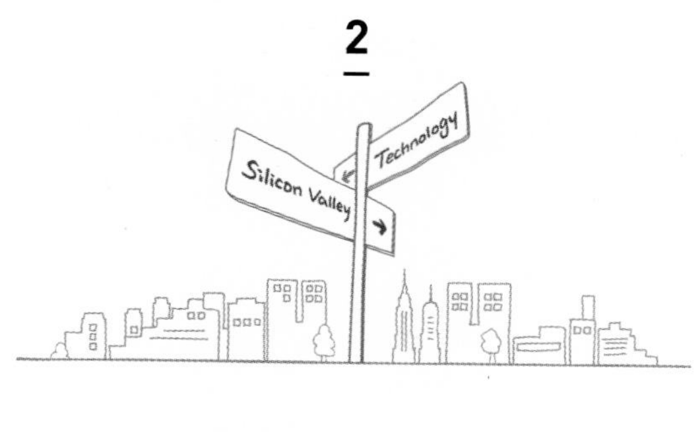

창업자 CEO, 브랜드가 되다

실리콘밸리의 '끝내주는' CEO들

미국의 비즈니스 및 기술 전문 인터넷 매거진 《비즈니스 인사이더 *Business Insider*》 지는 매년 '실리콘밸리의 끝내주는 CEO The Coolest CEOs in Silicon Valley' 리스트를 발표한다. 2016년에는 페이스북의 마크 저커버그가 1위를 차지했고, 구글의 지주회사인 알파벳의 래리 페이지가 2위, 우버의 트래비스 캘러닉이 3위로 그 뒤를 이었다. 리스트에 오른 35명의 CEO 중 창업자가 아니거나 창업 경험이 없는 사람은 애플의 CEO 팀 쿡을 포함해 단 7명뿐이라는 점이 주목할 만하다.

2016년 '실리콘밸리의 끝내주는 CEO' 리스트

순위	기업명	CEO
1위	페이스북	마크 저커버그 (창)[1]
2위	알파벳	래리 페이지 (창)
3위	우버	트래비스 캘러닉 (창)
4위	테슬라, 스페이스X	엘론 머스크 (창)
5위	링크드인	제프 와이너 (창)
6위	트위터, 스퀘어	잭 도시 (창)
7위	애플	팀 쿡
8위	세일즈포스	마크 베니오프 (창)
9위	스템센트릭스[2]	브라이언 슬링거랜드 (창)
10위	구글	선다 피차이

주1: (창)은 창업자를 의미.
주2: Stemcentrx, 2008년 설립된 스타트업 제약사. 폐암 치료제 로바티(Rova-t) 개발로 유명하며, 2016년 애브비(AbbVie)에 매각.
자료: "The Coolest CEOs in Silicon Valley" (2016. 7. 15). *Business Insider.*

실리콘밸리 기업들은 스타트업에서 시작했기 때문에 이처럼 대부분의 CEO가 전문경영인이 아닌 창업자 자신이다. 그리고 이들은 단순히 회사를 창업하고 경영하는 데 그치지 않고 기업 전면에 나서 많은 사람들과 소통하며 마치 스스로가 하나의 브랜드인 것처럼 기업 이미지를 만들어낸다. 실리콘밸리의 창업자 CEO들이 별도의 리스트로 만들어질 만큼 주목받는 것은 이들이 혁신을 선도해 기업을 성공으로 이끈 주역이어서만은 아니다. 그들 자체가 곧 기업의 경쟁력이기 때문이다. 이들은 독특한 복장이나 말, 행동을 통해 차별화된 아이덴티티를 구축한다. 또한 이를 적극적으로 드러냄으로써 기업에 혁신적 이미지나 유행을 선도한다는 이미지를 부여하고, 기업에 대한 친숙함과 신뢰감을 강화한다.

그렇다면, 퍼스널 브랜딩Personal Branding에 성공한 CEO 하면 당신은 가장 먼저 누가 생각나는가? 아마도 많은 사람들이 스티브 잡스Steve Jobs를 떠올릴 것이다. 실제로 스티브 잡스는 CEO 스스로 브랜드가 된 퍼스널 브랜딩의 시초라고 말할 수 있다. 실리콘밸리의 많은 CEO들이 주저 없이 그를 가장 존경하는 인물로 꼽는다. 스티브 잡스라는 인물은 그 자체로 혁신의 상징이며, 이는 그의 분신처럼 여겨지는 애플이 갖고 있는 혁신 기업이라는 이미지와도 직접 연결된다. 애플에는 공식적으로 명문화된 비전이 없다. 그러나 잡스가 항상 언급했던 "우주에 흠집을 내자Let's Make a Dent in the Universe"라는 구호는 애플 직원과 고객들을 열광케 했다. 마치 그것이 애플의 미래이자 비전인 것처럼 그들은 환호를 보냈다. 그리고 스티브 잡스가 공식 석상에 나설 때마다 입었던 검은색 터틀넥과 청바지, 운동화는 자연스럽게 그와 애플을 떠올리게 만드는 상징이 되었다.

현재 실리콘밸리에서는 무수히 많은 CEO들이 스티브 잡스의 후예임을 자처한다. 하버드대 학생이었던 페이스북의 마크 저커버그, 매사추세츠 공대MIT 학생이었던 드롭박스의 드루 휴스턴Drew Houston, 스탠퍼드대 학생이었던 스냅챗의 에반 스피겔Evan Spiegel은 청년 CEO의 대표 주자로서 이들의 젊음과 패기 넘치는 행보는 해당 기업은 물론 제품과 서비스에도 '신세대를 위한', '혁신적인'이라는 이미지를 부여하는 데 일조하고 있다.

소통과 전파의 중심에 선 창업자

비전은 사무실 어딘가에 붙은 포스터에서나 볼 수 있는 단순한 구호가 아니며, 아니어야만 한다. 특히 실리콘밸리 기업들에 있어 비전은 액자 속의 죽어 있는 문구가 아니다. 그들은 내부 직원뿐 아니라 외부의 주주, 고객과 지속적으로 비전을 공유하며, 비단 고객이 아닐지라도 모든 사람들에게 자신들의 비전을 알리고 또 나누고자 한다. 지금 이 순간 당신은 다니고 있는 회사의 비전이 기억나는가? 혹시, "공유를 통해 더 개방되고 열린 세상을 만든다"라는 페이스북의 비전이 당신 회사의 비전보다 더 익숙하지는 않은가?

비전에 대한 소통과 전파의 중심에는 창업자 CEO가 있다. 그들은 강연이나 연설, 인터뷰 등 자기 생각과 의견을 이야기하는 다양한 자리에서 비전을 드러낸다. 그뿐만 아니라 연례 개발자회의 등 외부와 소통하는 자리를 만드는 데도 능동적이다. 물론 연례 개발자회의는 기업들이 새로운 제품과 기술을 공개할 목적에서 개최하는 것으로, 오로지 비전만을 이야기하는 자리는 아니다. 그러나 창업자 CEO들은 신제품을 소개하고 기술 로드맵을 발표하는 이 자리에서 직간접적으로 비전을 표명해왔다. 공식 비전이 없는 애플의 제품 철학과 미래 지향점을 우리가 알 수 있는 것은 1983년부터 매년 실시되고 있는 애플세계개발자회의WWDC; Apple Worldwide Developers Conference의 기조연설 덕분이다. 스티브 잡스는 이 기조연설을 통해 아이팟, 아이폰 등의 신제품을 공개하고 애플이 어떻게 미래를 그려가고 있는지를 지속적으로 보여주었다. 한편 구글도 2016년 연례 개발자회의 'Google I/O 2016'의 기조연설을 이렇게 시작했다. "모바일 기기가 일상생활의 리모컨 역할을 하는 지금, 전 세계 정보를 체계화해서 모두가 편리하게 이용하도록 한다는 구글의 미션이 그 어느 때보다도 중요해졌다."* 이처럼 구글은 지속적으로 구글의 기술이 어떻게 구글의 비전을 확장해왔는지를 언급해왔다. 페이스북 역시 2016년 연례 개발자회의 'F8'의 기조연설에서 3년, 5년, 10년의 로드맵을 발표하면서 그 핵심 키워드를 페이스북의 비전과 일맥상통하는 '연결성'으로 제시했다.

그들이 비전을 전하는 법

현재 실리콘밸리에서 창업자 CEO가 어떻게 스스로 브랜드가 되어 비전에 대해 소통하고 있는지를 보다 구체적으로 살펴보려면 대표적인 두 인물을 이야기해야 할 것이다. 페이스북을 이끌고 있는 마크 저커버그, 그리고 테슬라와 스페이스X를 이끌고 있는 엘론 머스크Elon Musk이다.

---

* "I/O: Building the Next Evolution of Google" (2016. 5. 18). Google Blog.

먼저, 마크 저커버그는 하버드대 재학 중이던 2004년 페이스북을 창업해 12년 만에 17억 명의 유저를 거느린 거대 소셜 네트워크 서비스 기업으로 성장시켰다. 1984년생으로 30대에 접어든 지 얼마 지나지 않은 이 젊은 CEO는 빌 게이츠Bill Gates, 제프 베조스Jeff Bezos, 워런 버핏Warren Buffett의 뒤를 이어 미국 4대 부호*의 자리에 올랐다. 그러나 그는 여전히 회색 티셔츠와 청바지 차림으로 출근하고 별도의 '사장실'이 아닌 직원들과 동일한 공간과 동일한 책상에서 근무하며, 종종 자신의 페이스북을 통해 사람들과 소통하는 보통의 평범한 미국 청년 개발자의 모습을 유지하고 있다. 이러한 마크 저커버그의 모습은 실리콘밸리 젊은이들의 자유로운 개발 문화와 일맥상통하며, 페이스북이 '개발자들의, 개발자에 의한, 개발자들을 위한' 회사임을 상기시킨다.

마크 저커버그는 다양한 방식으로 사람들과 소통하면서 페이스북의 비전을 명확히 설파하였으며, 페이스북이 그 비전을 달성하고자 움직이는 기업이라는 사실을 꾸준히 전파해왔다. 예를 들면, 페이스북 직원들과 함께 비전과 경영 이슈를 공유하는 미팅인 'Q&A with MARK'를 2014년부터는 일반 페이스북 유저를 대상으로도 실시하고 있다. 2014년 11월 페이스북 사옥에서 열린 첫 미팅에서 마크 저커버그는 한 유저에게 이런 질문을 받았다. "당신은 왜 항상 똑같은 옷을 입나요?" 저커버그는 장난처럼 던진 이 질문에 명쾌하고 진지하게 답변했다. "무엇을 입을지, 무엇을 먹을지 등 일상적으로 일어나는 작은 의사결정도 심리

---

* "400 Ranking of the Richest Americans" (2016. 10. 4). *Forbes*.

적으로 에너지를 소모하고 피곤하게 만듭니다. 저는 10억 명이 넘는 사람들에게 도움을 줄 수 있는 위치에 있으며, 따라서 사소한 일에 에너지를 낭비한다면 저의 본분을 다하지 않는 것이라고 생각합니다. 그렇기 때문에 저는 모든 에너지를 '더욱 연결된 세상을 만든다'라는 페이스북의 미션을 달성하는 데 사용하려 하고 가급적 그 밖의 의사결정은 최소화하고자 합니다."** 이는 자연스럽게 페이스북의 비전을 사람들에게 각인시킨 대표적 사례라 할 것이다.

다음으로, 전 세계를 변화시키겠다는 개인의 비전을 자신이 창업한 기업을 통해 실현해나가는 또 한 남자, 엘론 머스크의 이야기를 보자. 대학 시절부터 인류와 세계의 미래에 가장 큰 영향력을 미치는 것은 무엇일지 고민해온 그는 공동 창업한 페이팔***을 이베이에 매각해 확보한 자금으로 자신의 사명을 달성하기 위한 본격 움직임을 시작했다. 즉, 환경오염과 자원고갈 위기에서 인류를 구하는 것을 개인적 사명으로 여긴 엘론 머스크는 이를 실현하기 위해 지속 가능한 에너지와 지속 가능한 이동 수단Transport을 개발하는 일에 주목했다. 이러한 발상으로 2002년 재활용 우주로켓을 개발****하는 스페이스X를 창업했고,

---

** "Facebook Founder Mark Zuckerberg First Public Q&A" (2014. 11. 7). YouTube.

*** 엘론 머스크는 이메일 송금 서비스를 제공하는 X.Com을 창업했으며, 이후 경쟁사 피터 틸(Peter Thiel)의 콘피니티(Confinity)를 인수 합병한 뒤, 콘피니티가 운영하던 온라인 결제 서비스 페이팔(Paypal)로 사명을 변경했다(페이팔은 2002년 이베이에 15억 달러에 매각되었다).

**** 스페이스X는 '화성 거주'라는 비전 달성을 위해서는 천문학적인 로켓발사 비용의 절감이 필요하고, 비용 절감의 열쇠로 '로켓의 재사용'을 꼽았다. 이에 따라 그동안 일회용에 그쳤던 로켓 재활용에 연구를 집중하여 2017년 3월 30일 사상 처음으로 재활용 로켓[2016년 4월 발사 후 회수한 '팰콘 9(Falcon 9)'의 1단 로켓 추진체를 재사용]의 발사에 성공하였다.

2004년 전기차를 제조하는 회사인 테슬라의 최대 주주이자 이사회 의장*이 되었으며, 2006년 태양광 발전 회사인 솔라시티Solar City** 창업에 참여하기도 했다. 그가 주도한 사업들을 보면 모두 정부의 규제가 심하고 대규모 투자가 필요해 일반적으로 스타트업이 뛰어들기에는 어려운 분야였다. 심지어 엘론 머스크 스스로도 성공 확률이 50% 미만이라고 밝힌 바 있다. 그럼에도 자신이 가진 모든 것을 투자해 창업을 감행한 것에 대해 엘론 머스크는 단기간에 벌어들일 "이익" 때문이 아니라 "인류를 위해 반드시 현실화되어야 할" 사업이었기 때문이라고 이야기한다. 인류 발전에 이바지하겠다는 그의 사명은 테슬라와 스페이스X의 비전에 그대로 녹아 있다. 이윤이 아니라 비전을 우선했기 때문에 사람들은 그의 사업이 적자임에도 불구하고 테슬라와 스페이스X의 비전에 여전히 공감하고 열광한다.

---

* 엘론 머스크는 자신의 비전과 테슬라의 방향성이 일치한다고 판단, 2004년 투자를 통해 최대 주주 자리에 올랐으며, 2008년 CEO에 취임했다. 이후 법적 절차를 거쳐 테슬라의 창업자 지위를 인정받았다.

** 솔라시티는 엘론 머스크의 도움을 받아 사촌 린든 리브(Lyndon Rive)와 피터 리브(Peter Rive)가 2006년 공동으로 창업했다. CEO는 린든 리브이며, 이사회 의장은 엘론 머스크이다.

3

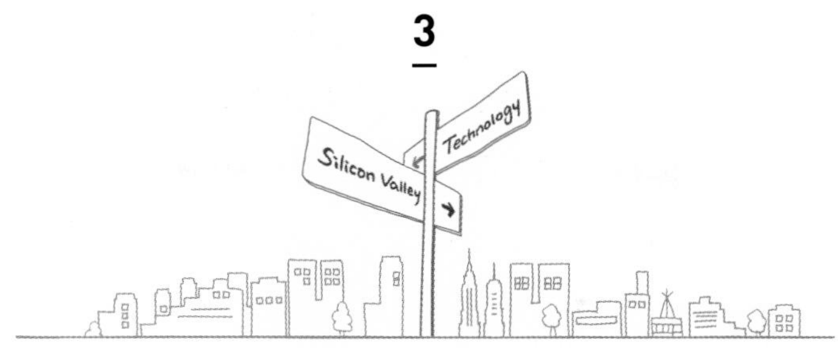

생각하고, 결정하고, 실행하는 모든 것의 기준으로 살아 숨 쉬다

'……답다'는 것!

아무리 좋은 비전을 수립하고 많은 사람들에게 전파한다 해도 단순히 반복될 뿐이라면 뜬구름처럼 공허한 외침에 그치고 말 것이다. 실리콘밸리 기업들은 직원들을 하나로 만드는 구심점으로서 적극적으로 비전을 활용해왔다. 실리콘밸리의 대표적 바이오테크 기업인 암젠의 사례를 살펴보자.

암젠은 2000년대 초 회사의 급성장으로 직원 수 또한 단기간에 2배 이상 급증하면서 직원들을 하나로 융화시켜야 하는 과제에 직면한다.

이때 CEO 케빈 셰어러Kevin Sharer는 비전을 중요한 요건으로 제시하였다. 그는 《하버드 비즈니스 리뷰》와의 인터뷰에서 "암젠 직원 중 절반이 입사 2년이 채 되지 않은 이민자들이었던 시기, 이들을 융화시키기 위해 무엇보다도 직원들이 '환자에게 봉사한다'라는 암젠의 비전을 믿고 이를 바탕으로 행동할 것을 강조했다"라고 밝혔다.* 비전을 암젠의 일원이 되기 위한 조건이자 행동 원칙으로 제시한 것이다. 실리콘밸리에서 비전은 마치 DNA처럼 직원들의 행동 속에 살아 있다.

그렇다면 실리콘밸리에서 기업의 비전은 실제로 어떻게 작용할까? 비전은 적합한 사람들을 채용하는 기준이며, 직원들의 의사결정 원칙이자 동기부여 수단으로 내재화된다.

우선, 실리콘밸리 기업들은 비전을 채용의 중요한 기준으로 생각한다. 실리콘밸리 기업들이 성공을 위해 무엇보다 중요하게 생각하는 것 중 하나가 바로 함께 일하는 직원들이다. 이들이 원하는 직원은 단순히 명문 학교를 졸업하고 누구라도 알 만한 대기업에서 근무한 이른바 '스펙 좋은' 인재가 아니다. 각각의 생명체가 저마다 살아가기에 적합한 환경이 다르듯 기업 역시 그 기업에서 근무하는 사람들의 '적합성Fit'이 중요하다. 실리콘밸리 기업들은 특히나 이 적합성을 굉장히 중요하게 여기며, 그에 따라 비전에 공감하고 비전을 달성하는 데 필요한 역량을 갖춘 사람을 채용하고자 심혈을 기울인다.

---

* "A Time for Growth: An Interview with Amgen CEO Kevin Sharer" (2004. 7). *Harvard Business Review*.

예를 들어, 스페이스X에서는 문제 해결 능력이 우수한 인재의 채용을 가장 중요시한다. '화성에 사람이 살게 하려면 어떻게 해야 할까?' 스페이스X는 이처럼 현재의 기술 수준으로는 무리인 듯 보이는 비전을 달성하기 위해 지금껏 경험하지 못한 문제에 부딪히더라도 적극적으로 뛰어드는 도전의식과 그것을 해결할 수 있는 능력이 필요하다고 판단한 것이다. 스페이스X의 CEO 엘론 머스크는 채용 인터뷰에서 지원자들에게, 어려운 문제에 직면해 해결한 적이 있는지, 또 어떻게 해결했는지를 즐겨 질문한다. 그는 'Best of the Best' 인재를 심사숙고해서 선발하는 'Hire Slowly'를 인재 선발의 오랜 원칙으로 삼고 있다. 그는 스페이스X를 위한 엔지니어 1,000명을 직접 인터뷰해서 채용했고, 지금도 가장 적극적으로 활동하는 리크루터 가운데 한 사람이다.

또한 실리콘밸리 기업들에서 비전은 직원들에게 고유의 의사결정과 행동 원칙으로 내재화된다. 실리콘밸리 기업들은 지속적으로 비전을 공유하면서 비전 달성에 적합한 조직 문화를 확립해나간다. 그런데 이 과정이 입사 후 실시하는 일방적 주입식 교육으로 진행되는 것이 아니라, 회사와 직원 혹은 직원들끼리의 끊임없는 상호작용을 통해 자연스럽게 이루어진다. 그 상호작용의 결과가 특별한 고유명사 혹은 구체적인 행동 원칙으로 발전하면서 하나의 비전 공동체가 형성된다.

구글 직원들은 서로를 '구글러Googler'라고 부르며, '구글리Googley' 혹은 '구글리니스Googliness'라는 단어는 '구글러다운 행동'을 의미한다. 구글러는 구글의 비전을 공유하면서 구글러다운 행동을 하는 사람이다. 그런데 흥미롭게도 '구글러답게'가 구체적으로 무엇인지는 한마디로 설명하기가 어렵다. 직원들에게 '구글러답게'의 의미를 물어보면 '주도적', '수평적', '동료와의 협업' 등 공통 키워드가 제시되기는 하지만 모든 사람들이 동일한 정의를 내리지는 않는다. 그렇지만 구글에서는 '구글러답게'라는 말로 모든 것을 설명할 수 있다. 자세한 규정이나 지침보다 "구글러답게 행동하라"라는 한마디가 더 큰 힘을 발휘하는 것이다. 이 한마디야말로 위에서 내려온 지침이나 교육을 통해 학습한 것이 아닌, 구글 직원들에게 자연스럽게 내재화된 일하는 방식이자 판단 기준이기 때문이다.

페이스북은 "더욱 개방되고 연결된 세상을 만든다"라는 비전을 달성하기 위한 페이스북 고유의 조직 문화를 '해커웨이The Hacker Way'라는 말로 정의한다.* '해커'란 끊임없는 개선과 빠르고 능동적인 실행을 통해 세상에 긍정적 영향을 미치는 사람이다. 페이스북은 해커의 행동 원칙을 "영향력에 집중하라, 빠르게 움직여라, 과감하게 추진하라, 열린 자세를 가져라, 사회적 가치를 창출하라"라는 5가지 핵심 가치로 표현한다. '해커웨이'를 강조하기 위해 페이스북 본사에는 기업명 대신 '해커 기업The Hacker Company'이라는 간판이 붙어 있으며, 심지어 본사 앞 도로명도 '해커 길Hacker way'을 사용하고 있다.** 직원들은 사무실 곳곳에 해커웨이와 5대 핵심 가치를 상징하는 다양한 포스터를 직접 제작해 부착해놓았는데, 이 역시 내재화된 비전과 조직 문화를 보여주는 사례이다.

---

* "Letter to Shareholders from Mark Zuckerberg" (2012. 2. 12). *Financial Times*.

** 페이스북 본사의 주소는 1 Hacker way, Menlo Park, CA94205이다.

페이스북 5대 핵심 가치

1. 영향력에 집중하라 Focus on Impact

최대의 영향력을 미치고 싶을 때 가장 좋은 방법은 매 순간 가장 중요한 문제에 집중하는 것이다. 간단해 보이지만 대다수 기업이 이를 실행하지 못한다. 우리는 페이스북의 모든 직원이 가장 중요하고 핵심적인 문제를 찾아내는 능력을 갖기를 바란다.

2. 빠르게 움직여라 Move Fast

빠르게 움직여야 더 많은 것을 만들어내고 더 빨리 학습할 수 있다. 그러나 대다수 기업은 성장할수록 (느린 행동에 따른 기회 상실에 대한 두려움보다는) 실수에 대한 우려로 움직임이 느려진다. 우리의 원칙인 "빠르게 움직이고 저지른다Move Fast and Break Things"는 무엇이든 저지르지 않고서는 빠르게 움직일 수 없다는 의미다.

3. 과감하게 추진하라 Be Bold

위대한 것을 만들어내려면 위험을 감수할 필요가 있지만 대다수 기업에서는 과감하게 결단을 내리지 못한다. 그러나 빠르게 변하는 세상에서 위험을 감수하지 않는다면 실패할 수밖에 없다. 우리의 또 다른 원칙 "가장 위험한 것은 아무런 위험도 감수하지 않는 것이다The Riskiest Thing Is to Take No Risks"는 설사 잘못된 결과를 초래한다 해도 모든 직원이 과감한 결정을 내리도록 독려한다는 의미다.

4. 열린 자세를 가져라 Be Open

우리는 더 많은 정보가 더 나은 판단과 더 큰 영향력을 가져오기 때문에 열린 세상이 더 좋은 세상이라는 것을 믿는다. 따라서 페이스북은 최고의 결정을 내리고 영향력을 발휘하기 위해 모든 직원이 가능한 한 많은 정보에 접근하도록 최선을 다한다.

5. 사회적 가치를 창출하라 Build Social Value

다시 한 번 말하지만, 페이스북은 더 개방되고 연결된 세상을 위해 존재한다. 페이스북의 모든 직원은 우리가 날마다 수행하는 모든 것이 어떻게 실제 가치를 만들어낼 수 있는지 고민한다.

자료: "Letter to Shareholdens from Mark Zuckerberg" (2012. 2. 12). *Financial Times*.

그런가 하면 에어비앤비에서는 직원들이 서로를 '가족'이라고 부른다. 서로를 지칭하는 '에어팸Airfam'이라는 고유명사는 '에어비앤비 패밀리Airbnb Family'를 줄인 말로, 에어비앤비의 비전에서 나오는 '소속감Belong'과도 일맥상통하는 단어다. 숙박 공유업이라는 비즈니스의 특성상 에어비엔비의 직원들은 전 세계에 흩어져 있을 수밖에 없다. 하지만 고객들에게 낯선 도시에서도 내 집 같은 소속감을 느끼도록 한다는 공통 목표 곧 비전을 달성하기 위해 직원들이 갖는 일체감이 '가족'이라는 단어로 표현된다.

마지막으로, 실리콘밸리 기업들에서 비전은 직원들에게 업무에 대한 강력한 동기부여가 된다. 비전에 공감하고 비전을 행동 원칙으로 내재화한 직원들은 업무를 수행할 때 자연스럽게 기업의 비전과 개인의 목표를 일치시킨다. 그럼으로써 업무에 더 몰입하게 되고 이는 스스로 의미 있는 업무를 수행하고 있다는 사명감과 자부심으로 연결된다.

2016년 미국 온라인 연봉 정보 업체인 페이스케일PayScale에서 전 세계 최고 수준의 IT 기업 직원전직자 포함들을 대상으로 연봉 수준, 직무 만족도, 업무 의미감, 업무 스트레스에 대한 설문 조사를 실시해 결과를 발표했다.* 조사 대상 기업은 모두 18개였는데, 이 중에서 테슬라와 스페이스X의 경우 매우 흥미로운 결과를 보였다. 두 기업은 조사 대상 기업들 중 연봉 수준이 낮은 편인 데다 업무 스트레스는 매우 높은 것으로 나타났음에도 불구하고 일에 대해 느끼는 의미감은 각각 1위와 2위를 차지한 것이다. 다르게 말하면, 지속 가능한 에너지로 세상을 변화시킨다는 테슬라의 비전이 직원들을 움직이는 동력이 되어 고된 업무도 기꺼이 받아들일 수 있도록 한다는 이야기다. 이는 테슬라 직원들이 직장생활을 '테슬라 라이프Tesla Life'라고 부르는 데서도 잘 나타난다. 스스로의 한계를 시험할 만큼 업무가 힘들고 퇴근 후에도 늦은 시간까지 집에서 업무를 해야 하지만 그들은 이러한 생활 자체를 즐기고 있다고 이야기한다. 스스로 자동차와 에너지 산업의 중요한 변화에 크게 기여한다고 느끼기 때문이다.

---

* "PayScale Releases Tech Employers Compared 2016" (2016. 3. 2). 조사 대상 18개 기업은 다음과 같다. 어도비, 아마존, 애플, 시스코, 이베이, 페이스북, 구글, HP, IBM, 인텔, 링크드인, MS, 오라클, 퀄컴, 세일즈포스, 삼성, 스페이스X, 테슬라.

그들이 엄청난 제안을 거절할 수 있었던 이유

실리콘밸리 기업들은 비즈니스의 추진 방향과 비전을 일치시켜 비전을 실현할 수 있는 방향으로 비즈니스를 전개하고 전략을 수립한다. 우선, 비전은 창업 초기에 용기 있는 도전을 하는 원동력이 된다. 미래의 불확실성 아래서도 비전을 믿고 도전을 감행하도록 만드는 것이다.

페이스북은 창업 초기부터 구글, 야후, 마이크로소프트 등 많은 기업들에게서 매각 제안을 받았다. 그중 2006년 야후가 제시한 10억 달러는 그야말로 파격적인 제안이었다. 당시 페이스북은 창업한 지 2년밖에 되지 않은 신생 기업으로, 대학생들을 중심으로 1,000만 명 정도의 유저를 확보하긴 했지만 수익은 거의 없다시피 한 상태였다. 페이스북 경영진과 투자자 대부분이 야후의 인수 제안으로 '홈런'을 쳤다고 생각했고, 페이스북 초기 투자자였던 피터 틸을 포함한 이사회 멤버들은 적어도 고려할 가치는 있다고 판단했다. 그러나 마크 저커버그는 이 놀라운 제안을, 더 놀랍게도 단호히 거절했다. 피터 틸은 자신의 책에서 마크 저커버그가 "자 여러분, 오늘 회의는 그냥 형식적인 거예요. 10분도 걸리지 않을 겁니다. 여기서 팔 수는 없죠"라고 자신감 있게 말했다면서 이 장면을 회고했다.* 마크 저커버그는 페이스북을 통해 사람들을 서로 연결하기 위한 여러 사업을 구상했지만, 야후는 단순히 온라인 광고 시장을 선점하기 위해 페이스북 유저들이 필요할 뿐이었고 페이스북의 발전

* 피터 틸 (2014). 《제로 투 원》. 이지연 역. 한국경제신문.

가능성을 전혀 인정하지 않았다. 페이스북의 비전에 확신을 가지고 있었던 저커버그는 이에 부합하지 못하는 야후의 제안을 거절했고, 이후 비전에 대한 확고한 믿음을 기반으로 사업을 추진한 결과 17억 유저를 확보한 거대 기업을 탄생시켰다.

드롭박스의 사례도 유사하다. 드루 휴스턴 역시 창업 2년 차가 되던 2009년 스티브 잡스에게서 직접 놀라운 제안을 받는다. 클라우드 파일 공유 서비스의 성장 잠재력을 높이 평가한 잡스가 10억 달러에 드롭박스를 인수하겠다고 나선 것이다. 하지만 드루 휴스턴은 클라우드 파일 공유 서비스가 애플의 일개 '기능Feature'이 아닌 독자적 '제품Product'으로서 가치가 있음을 확신했기에 존경해 마지않던 잡스의 제안일지라도 과감히 거절할 수 있었다. 드롭박스는 이후 드루 휴스턴이 생각한 대로, 5년이 채 지나지 않아 당시 제안받은 금액의 10배에 이르는 100억 달러 가치의 기업으로 성장했다.

나아가 실리콘밸리 기업들은 중장기적 관점에서 비즈니스를 추진할 수 있는 방향타 역할도 비전에서 찾고 있다. 중요한 갈림길에서 전략의 선택이나 비즈니스의 추진 여부를 의사결정해야 하는 순간 '이것이 비전 달성에 도움이 될지'를 고려해서 선택하는 것이다.

대표적 사례로, 시스코의 성장 전략에서 비전의 역할을 확인할 수 있다. 시스코가 1984년 창업 후 세계 최대의 네트워크 장비 기업의 자리까지 오를 수 있었던 것은 성공적인 M&A 덕분이었다. 시스코는 "큰 기업이 작은 기업을 항상 이기는 것은 아니지만 빠른 기업은 항상 느린 상대를 물리친다"라는 속도의 경제Economics of Speed를 기조로 2015년까지

175개 기업을 인수 합병했고 그중 90%가 성공적 결과를 이끌어냈다. 시스코의 전 CEO 존 챔버스John Chambers는 성공적 M&A를 위한 시스코의 6가지 원칙 중 첫 번째 원칙으로 비전 공유를 꼽았다.* 그는 인수 대상 기업의 비전이 시스코의 비전과 일맥상통하는지가 중요한 판단 기준이 되며, 그 이유는 비전이 다르면 겉보기에 합친 것처럼 보여도 결국은 문제가 발생할 수밖에 없기 때문이라고 설명했다.

그런가 하면 구글은 2015년 10월** 알파벳을 설립해 지주회사 체제로 전환했다. 알파벳이 구글을 포함한 12개의 자회사를 거느리는 방식으로 조직 체계를 개편한 것이다. 좀 더 자세히 설명하면, "정보의 체계화"라는 구글의 비전에 부합하는 핵심 사업인 검색, 맵, 안드로이드, 크롬, 유튜브 등은 구글이 유지하고, 이질적 사업과 프로젝트는 별도 법인으로 독립시키며, 이들 모두를 알파벳 산하의 자회사로 만든 것이다. 이러한 지주회사 체제로의 전환은 다각적 사업 확장과 실험적 프로젝트를 지속하면서 구글의 비전과 사업의 연계성이 점차 약화된 것에 대한 반성의 결과였다. 구글의 비전에 부합하지 않는 사업을 구글과 분리함으로써 이질적 사업 추진에 따른 투자자들의 불만을 해소하고, 구글은 "정보를 체계화하여 누구나 접속 가능하고 유용하게 활용하도록 한다"라는 본연의 비전에, 나머지 자회사들은 모험적 시도에 충실할 수 있게 되었다. 사업 분리를 통해 구글은 사업과 비전 간의 적합성을 지켜낸 것이다.

---

* "Cisco's John Chambers: What I Look for Before We Buy a Startup" (2014. 7. 23). *Business Insider*.

** 2015년 8월 10일 '구글, 지주회사 체제로의 전환' 발표에 이어 그해 10월 2일에 알파벳을 설립했다.

구글의 구조도

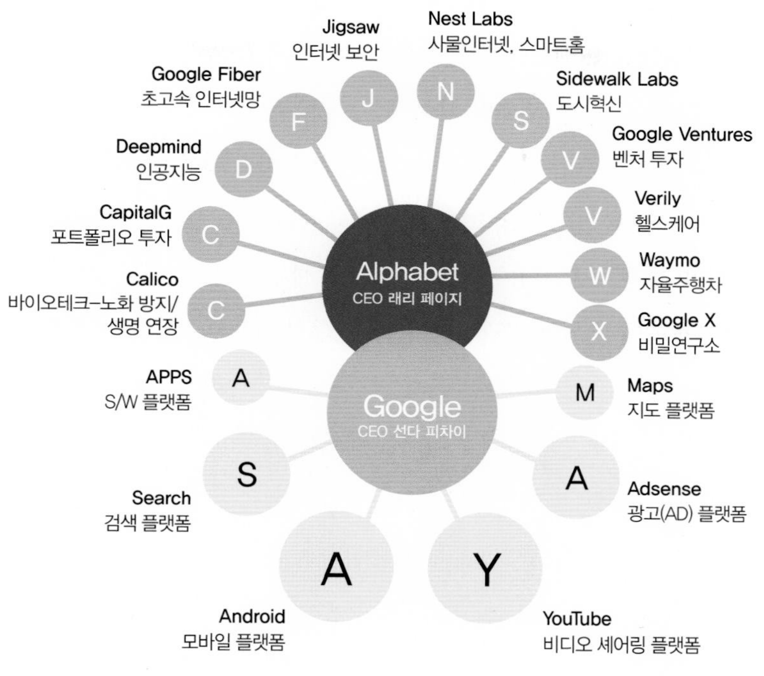

구글은 알파벳을 설립해 지주회사 체제로 전환하였고 이러한 사업 분리를 통해 사업과 비전 간의 적합성을 지켜냈다. 2016년 말 기준으로 자회사는 다음과 같다. Google, Calico, Deepmind, GV, CapitalG, X, Google Fiber, Nest Labs, Jigsaw, Sidewalk Labs, Verily, Waymo.

살아 있기에 변화하는 비전

그렇다면 기업이 살아 있는 한 비전은 바뀔 수 없고 모든 사업은 비전이 정한 방향으로만 제한되어야 하는 걸까? 환경은 언제나 예측이 불가능할 정도로 역동적으로 변하며, 변화 속도는 점차 빨라지고 있다. 이러한 환경에 적응해 미래를 만들어나가려면 기업의 존재 이유이자 목표인 비전마저 수정해야 하는 순간이 올 수도 있다. 환경 변화에 맞춰 기업의 업業이 바뀌거나 사업 범위가 확장되었는데도 처음에 내세운 비전만을 고집한다면 그것은 살아 숨 쉬는 비전이라고 말하기 어려울 것이다.

대표적 사례로 2016년 비전을 수정한 테슬라를 들 수 있다. 본래 테슬라의 비전은 "지속 가능한 이동 수단으로 세상을 변화시킨다"였다. 여기서 지속 가능한 이동 수단이란 두말할 것도 없이 전기차를 의미한다. 테슬라는 그 비전을 달성하기 위해 전기차 개발·제조·판매를 통한 이윤 창출뿐 아니라 전기차 시장 자체를 키우기 위해 배터리 충전 문제를 해결하는 데 집중해왔다. 미국 전역에 '슈퍼차저Supercharger'라는 급속 배터리 충전소를 설립했으며, 미국 네바다 주에 리튬이온 배터리 공장 기가팩토리Gigafactory를 건설하고 있다. 또한 솔라시티 인수 합병을 결정한 후 첫 합작 프로젝트로 테슬라 차량 충전용으로 활용하게 될 '태양광 지붕Solar Roof'을 발표하기도 했다.

이러한 발걸음은 더 이상 테슬라를 전기차 생산 업체로만 볼 수 없게 만들었다. 전기차 기업을 넘어 에너지 기업으로 발돋움하고 있는 것이다. 이러한 변화에 따라 2016년 7월 테슬라는 비전에 포함된 한 단어 '이동 수단Transport'을 '에너지Energy'로 수정했다. 즉 "지속 가능한 에너지로 세상을 변화시킨다"로 비전이 확대, 수정된 것이다.

지금까지 살펴보았듯 실리콘밸리 기업들은 스스로를 비전을 통해 움직이는 회사라고 강조한다. 이들에게 비전이란 단순한 사업 목표 이상이다. 실리콘밸리에서 비전이 중요하게 여겨지는 것은 실리콘밸리가 스타트업의 중심지라는 점과 무관하지 않다. 우선, 실리콘밸리에서 비전은 창업을 위한 자산이다. 창업을 위해서는 전문 투자자들에게 투자를 받아야 하는데, 아직 현실화되지 않은 아이디어나 기술 그 자체를 강조하기보다는 이 기술이 세상을 어떻게 바꿀 수 있는지 비전으로 스토리텔링하는 것이 효과적이다. 그렇기 때문에 실리콘밸리 기업들의 비전은 비즈니스의 특성을 단순 명료하게 설명하면서도 원대한 목표를 담고 있다. 또한, 실리콘밸리 기업들의 CEO는 대부분 창업자로서 누구보다도 기업의 비전을 잘 이해한다. 그들은 기업 전면에 나서서 스스로 브랜드가 되어 기업 이미지를 만들어내고, 이를 바탕으로 많은 사람들에게 적극적으로 비전을 전파해왔다.

실리콘밸리 기업들은 비전을 사무실 벽에 붙은 액자에서나 볼 수 있는 구호로 남겨두지 않는다. 비전에 적합한 사람을 채용하고 비전을 행동 원칙과 동기부여의 토대로 활용함으로써, 비전은 직원들을 하나로 만드는 구심점 역할을 수행한다. 더불어 비즈니스 추진과 전략 수립의 이정표가 된다. 명확한 비전이 있기에 실리콘밸리 기업들은 도전적으로 비즈니스를 추진하고, 중장기적 관점에서 비즈니스를 이끌어나갈 수 있었다. 이처럼 실리콘밸리 기업들에 있어 비전은 달성해야 할 목표이자 확고한 신념으로서 생생하게 살아 있으며, 비전을 기반으로 실리콘밸리 고유의 조직 문화가 형성된다.

Zoom in 실리콘밸리 혁신 기업 ❶ Facebook

'지구촌村'을 현실로 만든 페이스북,

'해커웨이'를 통해 고유한 조직 문화를 창조하다

미국의 사회심리학자 스탠리 밀그램Stanley Milgram은 하버드대 교수로 재직하던 1967년, '좁은 세상 실험Small World Experiment'을 통해 약 6명의 사람만 거치면 전 세계 모든 사람이 연결된다는 놀라운 현상을 밝혀냈다.* 약 40년이 지난 2008년, 마이크로소프트 사와 카네기멜론 대학이 실시한 메신저 분석 연구에서도 사람 간의 평균 거리는 6.6명인 것으로 나타나 기술의 발전도 이 거리를 더는 줄이지 못할 것처럼 보였다.** 그러나 그로부터 다시 8년이 지난 2016년 2월, 약 3.57명만 거치면 전 세계 누구와도 연결될 수 있다는 놀라운 결과가 발표되었다.***

* Milgram, Stanley (1967). "The Small-World Problem". *Psychology Today*. Vol. 1, No. 1. pp. 61-67.

** Leskovec, Jure & Horvitz, Eric, "Planetary-Scale Views on a Large Instant-Messaging Network". *Proceedings of the 17th International Conference on World Wide Web*. ACM. pp. 915-924.

*** Bhagat, Smriti et al. (2016. 2. 4). "Three and a Half Degrees of Seperation". *Facebook Research*.

40년 동안 변하지 않던 사람 간의 거리가 8년 만에 거의 절반으로 줄어든 이유는 무엇일까. 누가 뭐래도 가장 유력한 답은 페이스북의 등장이다.

페이스북 CEO 마크 저커버그는 2004년 하버드 대학 재학 시절 온라인 학생 편람 서비스 운영을 주저하는 대학 부처에 반발하며 교내 학생들의 근황과 정보를 공유할 수 있는 페이스북을 개설했다. 가입 절차가 간단한 데다 실시간 소식 공유, 상태 메시지, 알림 등 다양한 기능을 제공한 페이스북은 큰 반향을 일으키며 개설 1년 만에 가입자 수가 500만 명을 넘어서는 폭발적 인기를 끌었다. 가입자 수가 기하급수적으로 늘어나자 마크 저커버그는 캘리포니아 팰로앨토에 사무실을 마련해 실리콘밸리의 초기 입주자가 되었다. 이후 광고 수익에 기반한 비즈니스 모델을 바탕으로 창립 12년이 지난 2016년 현재 가입자 수 18억 명, 매출 276억 4,000만 달러(2016년 기준), 기업가치 3,435억 달러****로 명실상부한 실리콘밸리 대표 기업으로 자리 잡았다. 이에 그치지 않고 2016년 4월에 개최된 페이스북 개발자 콘퍼런스인 'F8'에서 마크 저커버그는 차세대 상품 및 신기술 개발에 대한 향후 3년, 5년, 10년 로드맵을 공개하며 혁신과 성장에 대한 끝없는 야심과 자신감을 내보였다. 지지 않는 태양은 없다지만, 지금 이 순간에도 페이스북은 여전히 떠오르는 태양이다.

**** 가입자 수는 2016년 3/4분기 기준, 페이스북 홈페이지 공시. 매출은 2016년 페이스북 "Annual Report". 기업가치는 2016년 12월 기준, Google Finance.

2016년 《비즈니스 인사이더》가 발표한 세계 50대 갑부 중 30대 나이로 이름을 올린 사람은 마크 저커버그가 유일하다. 페이스북 가입자 수는 전 세계 인구수 1위 국가인 중국의 14억 인구보다도 많다. 지금의 페이스북을 만들어준 대표적 성공 요인으로는 '개방Openness과 연결Connectedness'의 가치를 추구하는 CEO의 확고한 미션과 비전, 이를 실제로 구현해준 페이스북만의 고유한 기업 문화, '해커웨이'가 있다. 해커웨이를 기반으로 직원들은 모두가 페이스북을 이끌어나가는 주체가 되어 스스로 판단하고 행동한다. 평균 나이 28세*의 젊은 직원들이 주도하는 활기찬 근무 환경 또한 직원들 간의 소통과 협업을 자연스럽게 유도하여 페이스북의 성공을 이끌어낸 중요 요인이다. 이 속에서 직원들은 새로운 도전을 두려워하지 않고 실패를 당연하게 받아들이며 더 나은 내일을 모색한다. 3.57번의 클릭으로 전 세계를 연결해준 페이스북 성공의 핵심, 해커들의 문화를 좀 더 자세히 살펴보도록 하자.

:흩어진 세상을 하나로 연결하는 기적:

2013년 2월, 사만다 푸터먼Samantha Futerman은 아나이스 보르디에Anais Bordier라는 낯선 이름의, 그러나 자신과 외모가 굉장히 유사한 여성에게

* Bort, Julie & Nudelman, Mike (2015. 11. 22). "Look How Young Facebook's Workforce Is Compared, to Hewlett-Packard's". *Business Insider*.

서 페이스북 친구 신청을 받는다. 둘은 페이스북 메신저를 통해 태어난 곳과 날짜, 입양 사실이 모두 일치하는 쌍둥이 자매라는 사실을 확인한다. 이 작은 기적은 영화 〈트윈스터즈Twinsters〉로도 제작되어 사회에 큰 반향을 일으켰다. 흩어져 있는 세상을 하나로 연결해준 작은 기적, 페이스북의 힘이었다.

'세상을 더 개방적이고 연결된 것으로 만드는 것Give People the Power to Share and Make the World More Open and Connected'은 페이스북의 미션이자 존재 이유다. 마크 저커버그는 페이스북의 미션을 실현하기 위해 페이스북의 모든 사업이 미션과 연결되어야 한다는 것을 끊임없이 강조해왔다. 확고한 미션을 바탕으로 페이스북은 사업 방향성이 흔들리는 일 없이 일관된 전략을 수립했고 야후로부터 받은 10억 달러 인수 제안을 거절할 정도로 때로는 과감한 선택과 무모한 도전을 감행했다.

'개방과 공유'를 강조하는 페이스북의 미션 달성을 위해서 마크 저커버그는 5개 핵심 가치Core Value를 제시했으며, 이는 직원들의 구체적 행동 강령이자 의사결정 원칙으로 작용한다. 2012년 IPO 직전, 마크 저커버그는 주주들에게 보내는 편지에서 페이스북의 혁신적 성공에 기여한 핵심 가치의 역할을 강조했다.

특히, 마크 저커버그는 핵심 가치를 몸소 실천하며 직원들의 롤모델 역할을 하고 있다. 단적인 예를 들면 마크 저커버그는 항상 똑같은 회색 티셔츠만을 입는 것으로 유명한데, 이는 옷차림에 쓰는 시간이나 노력조차 아까워하며 자신의 모든 에너지를 더 나은 제품과 서비스 개발에 쏟고자 하는 그의 의지를 반영한다. 그야말로 페이스북의 핵심 가치인

"육아휴직이 끝난 첫날, 뭘 입을까?"
마크 저커버그는 2016년 1월, 2개월간의 부성휴가에서 복귀하면서 자신의 페이스북에 옷장 사진을 공개했다.

"영향력에 집중하라Focus on Impact"에 부합되는 일관성 있는 행동이라 할 것이다. 또한 마크 저커버그는 딸을 출산한 것을 계기로 "딸이 우리보다 더 나은 세상에서 살기 원한다"라면서 자신의 페이스북 지분 99%를 사회에 환원함으로써 "사회적 가치를 창출하라Build Social Value"라는 페이스북의 핵심 가치를 몸소 실천했다.

그러나 페이스북의 핵심 가치를 회사 곳곳에 내재화할 수 있었던 것은 무엇보다도 페이스북만의 문화, 즉 해커웨이의 구축 덕분이다. 해커웨이란 혁신 기업 페이스북의 고유한 경영 방식이며, 끊임없는 개선과 이터레이션Iteration,* 스피드, 능동적 실행과 개방성이라는 5가지 핵심 요소로 구성되어 있다. 해커웨이를 통해 직원들은 무엇이든 지금보다 나아지게 할 수 있다는 신념을 가지며 불가능 혹은 현실 안주에 맞서기 위해 노력한다.** 해커웨이를 내재화하기 위해 페이스북은 부트캠

---

* 소프트웨어 개발 시 반복을 통해 계속적으로 개선해나가는 과정을 의미한다(2012년 페이스북 Registration Statement, "Letter from Mark Zuckerberg").

** 2012년 페이스북 Registration Statement, "Letter from Mark Zuckerberg".

프Bootcamp, 해커톤Hackathon, 해커먼스Hackamonth 등 해커웨이의 핵심 요소를 실현시킬 수 있는 다양한 활동을 펼친다. 그뿐만 아니라 해커 기업이라고 쓰인 대형 간판을 페이스북 본사 건물에 설치하고, 건물 내부 곳곳에도 해커웨이와 관련된 슬로건을 게시하여 해커웨이의 정신을 가시적으로 보여주고 있다. 페이스북이 자신들만의 고유 문화를 구축하기 위해 얼마나 노력하는지를 알 수 있는 대목이다.

이렇듯 페이스북은 세상을 더 개방적이고 연결된 곳으로 만드는 것을 목적으로 움직이고 있다. 확고한 미션과 핵심 가치를 기반으로 만들어진 해커들의 문화 '해커웨이', 이는 페이스북의 성공을 가장 앞에서 이끌어준 힘이다.

:자율성을 바탕으로 스스로 내딛는 발걸음:

페이스북은 직원들에게 회사의 미션과 핵심 가치를 통해 나아가야 하는 큰 방향을 제시할 뿐 직원 각자의 업무나 업무 방식에는 일절 관여하지 않는다. 회사는 직원을 신뢰하고 직원들 또한 이러한 신뢰를 바탕으로 각자가 회사의 주인이 되어 회사를 성장시키기 위해 자발적으로 노력한다. 페이스북 직원들이 가진 주인의식Ownership은 이들이 가진 무한한 자유에서 비롯된다.

그 자유는 페이스북에 입사하는 순간 시작된다. 페이스북은 자사의 미션과 핵심 가치를 알리고, 일하는 방식에 대한 빠른 적응을 돕기 위해 신규 입사자들을 대상으로 6주간의 입문 교육 프로그램인 '부트캠프'를 실시하는데, 부트캠프가 종료되면 일하고 싶은 부서를 스스로 자유롭게 결정할 수 있다. 채용 면접을 수행한 부서를 선택하지 않아도 무방하다. 입사 후에도 자신이 희망한다면 관리자의 승인 없이 직무 전환이 가능하다고 알려져 있다. 이러한 직무 전환과 관련하여 페이스북은 1년 이상 동일한 업무를 수행한 직원을 위해 4주간 신규 프로젝트에 참여할 수 있는 제도인 해커먼스를 운영한다. 해당 직원은 해커먼스를 통해 새로운 프로젝트팀을 구성하거나 다른 부서의 혁신 프로젝트에 참여할 수 있으며 프로젝트가 완료된 후에도 본업으로 복귀할지, 참여했던 그 프로젝트의 일원으로 남을지를 스스로 결정할 수 있다.

페이스북은 프로젝트 운영에서도 개발자들에게 모든 권한을 위임하며, 이를 통해 개발자 중심의 업무 문화를 구축해놓고 있다. 페이스북에서 일하는 엔지니어들은 인터페이스 설계부터 QA 테스트Quality Assuarnce* 까지 프로그램 개발에 대한 전권을 부여받으며 프로젝트의 종류와 기간, 일정 등을 직접 결정한다. 각자가 수행하는 프로젝트는 온전히 본인의 것으로, 직원들은 스스로 내린 의사결정을 토대로 자신의 프로젝트를 관리하고 성과를 창출해낸다.

직원들에게 주어진 권한과 자율성은 이들의 업무 수행 방식까지 포괄한다. 최적의 업무 환경은 개인 스스로 만드는 것이라는 믿음 아래 페이스북에서는 재택근무제나 유연근무제를 자유롭게 사용할 수 있다. 페

* 게임 출시 전에, 문제가 될 수 있는 부분을 미리 테스트하는 것을 가리킨다.

이스북의 최고운영책임자COO; Chief Operating Officer 셰릴 샌드버그가 오후 5시에 퇴근해 재택근무를 한다는 일화에 빗대어 페이스북 직원들은 재택근무제를 '셰릴 타임Sheryl Time'이라고 지칭하며, 원하는 사람은 누구나 이러한 유연근무 방식을 선택한다. 그뿐만 아니라 회사 차원에서도 수요일을 '미팅 없는 날No-Meeting Wednesdays'로 지정해 직원들이 각자의 방식으로 업무에 집중할 수 있도록 지원한다.

페이스북 직원들은 회사가 제시한 방향으로 나아가되 나름의 속도와 스텝을 스스로 선택해서 능동적으로 움직인다. 직무와 업무 수행 방식에 대한 자율성과 권한을 바탕으로 모두가 페이스북의 주인이 되어 자신만의 방식으로 주도적으로 업무에 임하는 것이다. 따라서 직원들은, 타인의 것이 아닌 내 것이기에 보일 수 있는 몰입과 탁월한 성과를 만들어낸다. 지금의 페이스북을 만든 또 하나의 성공 요인이다.

:더 새롭게, 더 다양하게 두드려라, 그러면 열릴 것이다:

"해보는 것이 완벽한 것보다 낫다Done is Better Than Perfect." 페이스북 본사 벽면 여기저기에 붙어 있는 표어 중 하나로, 마크 저커버그가 페이스북의 고유한 문화 '해커웨이'를 나타내기 위해 즐겨 사용하는 문구다. 페이스북은 해커웨이가 추구하는 '현실에 맞서는 힘'을 키우기 위해 시도와 실패를 장려하는 제도를 실시하고 있으며, 창의성을 기를 수 있는 업무 환경까지 구축했다.

먼저 페이스북은 "다양성Diversity이 전문성Expertise보다 혁신적이다"라는 철학을 바탕으로 다방면에서 도전과 시도를 지원한다. "끝나지 않은 업무Unfinished Work", "일단 해보고, 재보라Do it, Scale it" 등 아이디어의 발현과 시도를 장려하는 문구를 사내 곳곳에 게시하고, 직원들의 기발함과 창의성이 최대한 발휘되도록 다양한 제도를 통해 체계적으로 독려한다.

대표적 제도가 개발자들의 축제인 '해커톤'이다. 해커톤은 제한된 시간 안에서 쉬지 않고 프로그램을 개발하는 정기적 코딩 세션이다. 기존 제품의 개선안이나 신제품 개발 등 흥미로운 아이디어가 떠오른 직원이 자발적으로 해커톤을 제안하면 직원들은 자유로운 분위기에서 기획자, 디자이너, 프로그래머 등 5명 내외의 직원들이 한 팀이 되어 기획에서 시제품 제작까지 전 과정을 토론과 협업으로 진행한다. 일반적으로 4~6주마다 실시되며 오후 8시에 모여 이튿날까지 계속되거나 최대 48시간까지 지속되기도 한다. 짧은 시간에 새로운 아이디어를 실험할 수 있는 기회인 해커톤에서 나온 성과가 바로 페이스북의 대표적 기능, '좋아요Like' 버튼, 뉴스피드News Feed, 채팅 등이다. 그 밖에도 앞서 언급했던 해커먼스 또한 4주간 본업이 아닌 완전히 다른 업무를 경험하는 기회로서 새로운 시도를 장려하는 해커웨이의 일환이다.

페이스북이 직원들의 도전과 시도를 독려하는 또 다른 방식은 아이디어 공유의 장을 마련하는 것이다. 페이스북은 해마다 연례 개발자 콘퍼런스인 F8을 개최해 내·외부 개발자들 간의 신기술 및 아이디어 공유를 장려한다. 2007년부터 비정기적으로 개최해왔으나 개발자 커뮤니

페이스북 본사에서는 지역 예술가들의 예술 작품을 만날 수 있다(자료: 페이스북 뉴스룸).

티가 확대됨에 따라 2014년부터는 정기적으로 매년 봄에 2일간 실시한다. 그리고 이 콘퍼런스의 내용은 전 세계 임직원들에게 실시간으로 공유된다. F8을 통해 임직원들은 기술 지식과 새로운 통찰력뿐만 아니라 외부 전문가들과의 협력 기회까지 얻어내며 새로운 시도와 도전을 위한 주춧돌을 마련한다.

그 외에도 페이스북은 직원들의 창의성을 높일 수 있는 근무 환경을 조성하는 것을 목적으로 지역 예술가들에게 입주 공간을 제공하여 그들의 창작 활동을 지원하는 입주 작가 프로그램Artist-in-Residence을 운영한다. 이 프로그램에 신청한 예술가들은 4~16주간 회사 내 아날로그 연구소Analog Research Lab 소속으로 캠퍼스에 출퇴근하며 벽이나 천장, 복도 등 사무실 어디서나 작품을 창작할 수 있다. 이로써 근무 환경을 예술적으로 조성할 뿐만 아니라 예술가와 직원들이 아이디어를 구현하는 방식을 소통하도록 촉진하여 직원들의 창의성 발현을 돕는다.

페이스북은 이처럼 도전을 장려하는 다양한 제도와 창의적 근무 환경을 조성하여 직원들이 색다른 시각으로 현실의 벽을 끊임없이 두드리도록 유도한다. 더 두꺼워지고 단단해지는 현실의 벽을 페이스북이 또 어떤 새로운 방식으로 열어나갈지 기대해볼 일이다.

:협력의 힘으로 성장에 박차를 가하다:

"조직을 승리로 이끄는 힘의 25%는 실력이고, 나머지 75%는 팀워크다."

(풋볼 감독 딕 버메일Dick Vermeil)

2011년, 구글의 SNS 구글플러스Google+ 론칭 당일, 마크 저커버그는 구글과의 전쟁을 선포하며 전사적 차원의 록다운Lockdown을 실시했다. 직원들은 자발적으로 60일간 출퇴근도 없이 개발에만 몰두했고, 11개의 신규 서비스를 만들어내며 새로운 사용자들의 유입을 이끌어낸다. 3년 후 결국 구글플러스 사업은 철수했고 전쟁의 승자는 페이스북으로 판가름이 났다.* 구글플러스 철수를 포함한 페이스북의 모든 성공은 1만 5,724명** 직원들이 함께 모여 일구어낸 팀워크의 산물이다. 페이스북의 성공을 이끈 해커들의 팀워크는 무엇보다 활발하고 투명한 소통과 열린 공간을 토대로 만들어졌다.

소통 활성화를 위해 페이스북은 매주 목요일 CEO가 주관하는 타운홀미팅 'Q&A with Mark'를 운영하며, 여기서 회사의 이슈를 공유하고 적극적으로 토론한다. 본사 건물에서 마크 저커버그가 직접 질의응답과 토론을 진행하며, 전 세계 임직원들과 실시간으로 공유된다. 이 Q&A 세션을 통해 회사의 전략이나 주요 현안 이슈부터 아주 사소한 주제까지 경영진과 직원 간의 자유로운 의사소통이 가능하다. 직원들은 Q&A 세션을 바탕으로 자칫 왜곡될 수 있는 사업 의도나 의사결정의 이유를 정확하게 인지하게 되어 이견이나 갈등이 있더라도 결국 같은 목표를 향해 다시금 방향을 맞춰나가면서 성공적 팀워크를 형성해낸다.

페이스북의 열린 공간 또한 팀워크를 활성화해준 요소다. 2015년 9월 마크 저커버그는 페이스북의 개방형 오피스를 소개하는 4분짜리 동영상을 게시했다.*** 이 영상에서 마크 저커버그는 "열린 공간에서 서로 가깝게 일하는 것이 더 나은 협력을 가져온다"라고 말하며 다른 직원들과 함께 사용하는 자신의 책상과 별도의 가림막 없이 트인 공간에서 자유롭게 일하는 직원들의 모습을 보여준다. 마크 저커버그가 소개한 곳은 세계적 건축가 프랭크 게리Frank Gehry가 설계한 페이스북의 신사옥

---

* Martínez Antonio, García (2016. 6. 3). "How Mark Zuckerberg Led Facebook's War to Crush Google Plus". *Vanity Fair*.

** 2016년 12월 페이스북 공식 홈페이지 공시.

*** Zuckerberg, Mark (2015. 9. 14). "First Live Video at Facebook Headquarters". YouTube.

MPK20으로, 축구장 7개 면적의 사무실이 문이나 벽, 복도 없이 한 공간으로 연결된 세계 최대의 단일 공간이다. 모든 공간에 칸막이 없는 책상이 배치되어 있고 곳곳에 회의실과 휴게 공간이 마련되어 소통과 협업이 자연스럽게 이루어진다. 경영진을 위한 별도의 공간도 존재하지 않아 경영진과 직원들의 마주침이 일상적이며 따라서 직원들이 언제든 자유롭게 경영진과 생각을 나눌 수 있다.

이러한 열린 공간은 온라인에서도 찾아볼 수 있다. 페이스북은 2015년 사내 온라인 협업 시스템의 일환으로 기업용 SNS 플랫폼인 페이스북앳워크Facebook@Work를 도입하여 부서 간 장벽을 없애고 팀워크 증진을 도모했다. 페이스북앳워크의 운영으로 직원들은 업무 내용을 효율적으로 공유하고 지시 사항을 전달받는다. 또한 이를 기반으로 부서, 지역, 프로젝트 및 개인 관심사를 포함하는 2만여 개의 내부 온라인 커뮤니티가 운영되어 직원들 간에 자연스러운 소통이 이루어지고 있다.

페이스북은 소통을 장려하는 제도와 환경을 구축하여 성공적 팀워크를 창출해낼 수 있는 기반을 마련하였고 이로써 여러 위기 상황을 잘 극복해왔다. 페이스북이 가진 소통과 협력의 힘은 이들의 성장에 가속도를 붙여준 가장 큰 원동력이다.

:책임 없이는 자유도 없다:

"자유는 곧 책임을 뜻한다. 이것이 많은 사람들이 자유를 두려워하는 이유다Liberty Means Responsibility. That Is Why Most Men Dread It." (조지 버나드 쇼George Bernard Show)

자유는 방종이 아니다. 영국의 문학가 조지 버나드 쇼가 말했듯 자유에는 책임이 뒤따른다. 무한한 자유를 가진 페이스북 직원들 또한 마찬가지로, 이러한 책임을 피할 수는 없다.

페이스북의 직원이 된 순간부터 이들은 직무나 근무 환경, 수많은 정보와 코드 접근에 대한 자율권을 부여받는다. 그러나 동시에 그만큼 강한 책임감과 성과 창출을 요구받는다. 페이스북은 직원들의 성과 관리를 위해 매년 1월과 7월, 2회에 걸친 7단계 상대평가를 진행하여 직원들의 성과를 측정한다. 성과 평가의 목적은 탁월한 고성과자 보상 및 임직원 육성이며, 부서의 목표와 연계하여 개인의 목표를 수립한 후 목표 달성 기여도에 따라 평가를 수행한다. 평가에 따른 최종 등급을 결정하기 위해서 본인 평가, 동료 평가, 1차 관리자 평가 후 3회에 걸친 평가 조정 회의를 진행한다. 동료 평가의 경우, 피평가자는 프로젝트를 함께한 3~5명에게 프로젝트 기여도와 협업 정도에 관련된 평가를 받으며 동료 평가자가 원할 시 이를 공개하는 것이 가능하다. 개인별 성과 평가 결과에 따라 직원들은 임금 인상률, 인센티브와 스톡옵션 등을 차등적으로 보상받는다. 전체의 2% 수준인 최고 성과자들에게는 동일 직급의 하위 고과자 대비 300% 이상의 차별적 보상을 제공하는 반면에 저성과자들은 엄격한 성과 향상 프로그램PIP; Performance Improvement Program을 적용당함으로써 보이지 않는 채찍질을 감수해야 한다.

페이스북은 직원들에게 성과 창출에 대한 강한 책임을 묻는 동시에 자신의 성과에만 집중하도록 제도적 장치도 마련해놓고 있다. 먼저, 개발팀의 유연성과 효율성 확보를 위해 프로젝트 단위의 소규모 인원을 중심으로 조직을 운영한다. 프로젝트별 독립성을 인정하고 한 명의 리더 아래 7~10명 수준의 팀원을 유지한다. 또한 효율적 조직 문화를 저해하는 조직 내 위계Hierarchy, 사내 정치Office Politics, 부서 간 장벽Departmental Distinction을 3대 장애물로 규정하고 이를 없애기 위해 다양한 방안을 모색한다. 관리자와 팀원 간의 상시 피드백On-going Feedback이 그 대표적 조치다. 조직 내 위계를 줄이기 위해 관리자는 직원과 최소 2주에 1회 일대일 피드백 면담을 진행하는 '상시 피드백'을 실시한다. 시스템 구축을 통해 회의나 프레젠테이션 내용에 대해서도 리더와 팀원 간 실시간 피드백을 진행할 수 있게 지원한다. 또 사내 정치를 없애기 위해 앞서 언급한 동료 평가, 관리자 평가, 평가 조정 회의 등의 평가 프로세스를 투명하게 공개하여 절차상의 공정성과 투명성을 강조한다.

페이스북은 결코 일하기 '쉬운' 회사가 아니다. 끊임없는 성과 압박과 IT 산업의 특성에 따른 짧은 제품 개발 주기로 인해 업무 강도가 엄청나다. 하지만 페이스북 직원들은 생기가 넘친다. 직원들이 마음껏 업무에 집중할 수 있도록 환경이 조성되기 때문이다. 업무에 따른 평가도 투명하고 공정하며 보상 또한 확실하다. 무한한 자유 속에서 만들어내는 무한한 성과, 창업 후 12년이 지난 지금도 페이스북은 전년 대비 월 활동 사용자 16%, 총매출 56% 증가라는 실적을 과시하며* 실리콘밸리를 선도하는 대표 기업으로서 지금 이 순간에도 성장하고 있다.

---

* 2016년 3/4분기 기준. *Facebook Reports Third Quarter 2016 Results.*

Zoom in 실리콘밸리 혁신 기업 ❷ Adobe

그래픽 소프트웨어의 최강자 어도비시스템즈,

"People Are Our Greatest Asset!"

우리 연구팀이 어도비를 방문한 것은 2015년 4월 어느 따뜻한 봄날이었다. 어도비 본사 건물은 구글, 페이스북 등 여타 실리콘밸리 기업들과는 사뭇 다른 모습이었다. 산호세 도심에 위치해서인지 지하 주차장을 갖춘 규모가 큰 현대식 고층 건물이었고, 쌍둥이 빌딩이 1층 로비로 연결된 형태였다. 미국 서부의 이미지와는 어울리지 않는 최신식 고층 빌딩이 매우 낯선 인상을 주었다. 미국답지 않다는 표현이 가장 적합할 듯하다.

어도비시스템즈는 유타 대학 공학 박사 출신의 존 워녹John Warnock과 카네기멜론 대학 컴퓨터공학 박사 출신의 찰스 게스케Charles Geschke가 1982년 2월에 공동 설립한 그래픽 및 출판 소프트웨어 개발 회사다. 존 워녹은 자신의 지도교수가 유타 대학 내에 설립한 상호작용 디자인과 컴퓨터그래픽 연구팀에서 연구원으로 커리어를 쌓기 시작해 점차 그래

어도비시스템즈 본사 전경. 최신식 고층 빌딩이 기존의 미국 서부 이미지와는 사뭇 다른 인상을 준다.

픽 소프트웨어 분야에 대한 전문성을 키워나갔다. 이후 캐나다와 미국의 여러 벤처회사에서 경험을 쌓은 후 제록스의 부설 연구소 팰로앨토연구소PARC; Palo Alto Research Center에서 근무했는데, 이때 그래픽과 이미지 프로세싱 분야의 수석 연구원이었던 찰스 게스케를 만나게 된다.

제록스의 팰로앨토연구소에서 공동 연구 작업을 하며 친분을 쌓은 두 사람은 어디서든 문서 출력을 가능하게 하는 포스트스크립트PostScript*를 개발하자는 데 의기투합하고 벤처기업을 설립하기로 결심한다. '어도비'라는 회사 이름은 당시 두 사람이 살던 샌프란시스코의 남부 끄트머리에 위치한 소도시 로스앨터스Los Altos 시에 있는 어도비 계곡Adobe Creek에서 따왔다고 알려져 있다. 어도비는 앞서 설명한 포스트스크립트 기술과 이 기술을 구동하게 해주는 그래픽 프로그램 '어도비 일러스트레이터'라는 핵심 기술을 기반으로 PDF, 아크로벳 등의 상품을 만들어 1990년대 초반부터 출판 산업 종사자는 물론이고 점차 일반 소비자들에게도 지대한 영향을 미치게 된다.

* 어도비가 1985년 개발한 페이지 기술언어로, 기기나 플랫폼에 상관없이 문서를 동일하게 표현해내는 프로그램 언어를 말한다.

2010년 마르코니상을 수상한 찰스 게스케(왼쪽)와 존 워녹(오른쪽). 마르코니 재단은 이탈리아 출신 무선통신 발명자인 굴리엘모 마르코니의 업적을 기리기 위해 1974년에 설립됐으며, 매년 통신 분야에 획기적 기여를 한 과학자에게 '마르코니상'을 수여하고 있다(자료: 마르코니 협회).

어도비시스템즈가 전 세계 그래픽 소프트웨어 분야의 최강자가 된 것은 존 워녹과 찰스 게스케라는 훌륭한 개발자이자 창업자 덕분에 가능한 일이었다고 평가받는다. 존 워녹은 2001년 CEO 자리에서 물러나 현재는 이사회 의장을 맡고 있고, 2007년부터 현재까지는 인도 출신의 샨타누 나라옌Shantanu Narayeon*이 CEO를 맡고 있다.

《포천》 지 선정 '세계에서 가장 존경받는 기업World's Most Admired Companies' 컴퓨터 소프트웨어 분야 1위에 선정되었을 뿐 아니라, '일하기 가장 좋은 100대 기업100 Best Companies to Work For'에도 16년간 선정되고, 《포브스》 선정 '2016년 최고 혁신 기업World's Most Innovative Companies' 목록에도 포함된 회사가 바로 어도비시스템즈이다. 또한 2016년 9월

* 인도 오스마니아 대학 전자공학 학사, 미국 버클리 대학 MBA와 볼링그린 주립대학 전자공학 석사를 마치고, 애플을 거쳐 1998년 어도비에 입사해 2007년 CEO 자리에 오른 인물이다.

GPTW(Great Place To Work) 설문 조사에서는 무려 93%의 임직원이 최고의 회사임을 인정한 회사이기도 하다! 미국 본사에서 만난 어도비시스템즈의 조직 문화 담당자는 직원 중심의 조직 문화와 어도비만의 독특한 핵심 가치가 회사의 혁신과 성장에 큰 역할을 했다면서 그 중요성을 거듭 역설했다.

핵심 가치 ① Genuine
: 회사의 진정성에 직원은 성과로 보답한다 :

어도비시스템즈는 자신들이 생산하는 제품에 진정성을 담을 뿐 아니라 제품을 창출해내는 1만 4,000명 임직원들에 대해서도 진정성을 최우선 가치로 여긴다. 그 진정성의 바탕에는 윤리 의식(Integrity)이 자리하며, 회사와 구성원들은 이러한 문화가 있다는 데 커다란 자부심을 갖는다. 실제로 어도비시스템즈의 고위 임원들은 일반 직원들보다 더 높은 수준의 도덕성을 요구받으며, 일반 직원들에게 충분히 많은 정보를 공정하고 정확하게 제공한다는 윤리 강령을 엄격히 실천할 의무를 갖는다. 고위 임원들이 윤리 강령을 위반할 경우 일반 직원들이 상부에 보고할 수 있도록 하고 있다.

어도비시스템즈는 여느 글로벌 회사들과 마찬가지로 임직원들의 다양한 의견을 듣고자 1년에 2회 조직 몰입도 조사를 실시한다. 회사는 몰입도 조사를 실시할 때마다 최소 1개 이상의 인사 제도 및 복리후생

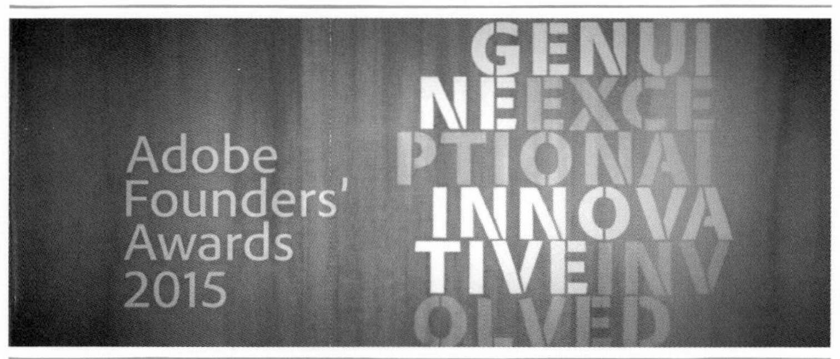

2015년 10월 15일 미국 산호세에서 열린 Adobe Founders' Awards 시상식장에 게시된 어도비 4대 핵심 가치의 이미지.

제도를 개선하겠다는 점을 원칙으로 삼고 있다. 이런 내부 원칙을 바탕에 두고 설문 조사를 실시한다는 사실이 놀라웠는데, 조직 문화 담당자는 그 이유에 대해 회사가 직원들에게 진정성을 보여주기 위한 최소한의 의무라고 생각하기 때문이라고 밝혔다. 회사의 이러한 노력 덕분에 어도비의 조직 몰입도 조사는 회사와 직원 간의 소통 수단으로서 충분한 역할을 했고 결과적으로 직원들은 회사의 진정성을 체감하게 되었다.

진정성을 첫 번째 핵심 가치로 정해두고 이를 강조하는 어도비시스템즈이니만큼 직원들에게 제공하는 복지 수준도 남다르다. 어도비는 임직원 모두에게 유급 휴일Holiday Pay, 퇴직연금Retirement Plan, 교육비 상환Education Reimbursement, 사내 스포츠팀Sporting Teams, 유기농 카페Organic Cafe, 체력 단련비Healthy Living Allowances 등 높은 수준의 복리후생을 제공한다. 이처럼 회사가 진정성을 가지고 직원들을 대한다면 직원들 역시 성과로 보답하겠다고 마음먹지 않을 수 없다. 나아가, 회사의 진정성을 몸소 체험한 직원들이 창조해낸 제품이 시장에서 사랑받는 것 또한 너무도 자연스러운 결과일 것이다.

핵심 가치 ② Exceptional

:독특한 평가 제도로 최고 수준의 직원을 만든다:

어도비시스템즈가 디지털 미디어 분야에서 최고 기업이 될 수 있었던 것은 직원들이 각자의 분야에서 최고 전문가가 될 수 있도록 회사에서 끊임없이 동기부여를 해주기 때문이다. 그 대표적 예로 어도비 리서치 Adobe Research 프로그램을 들 수 있다.

어도비 리서치는 컴퓨터공학 분야의 최고 사내 전문가들과 최고 대학 재학생들이 함께 연구하며 아이디어를 발전시키는 공동 프로그램이다. 회사는 이 프로그램의 활성화를 위해 교육비 상환, 멘토링 제공, 온라인 강의, 오프라인 리더십 개발 교육 프로그램 참여 등 직원들을 위한 지원을 아끼지 않는다. 또한 참여 대학생에게는 인턴십 기회를 제공한다. 어도비 리서치 프로그램을 통해 어도비시스템즈 내부 직원들뿐 아니라 참여 대학생들도 자신의 전문성을 꾸준히 키워나갈 수 있게 되는 것이다.

한편 어도비시스템즈는 부서장의 수시 피드백을 통해 직원들의 업무 역량을 높이는 노력을 계속하고 있다. 그런 노력의 일환으로 2011년에는 기존 기업들이 해온 '연례 평가' 관행에서 크게 벗어난 '수시 평가/피드백' 개념을 최초로 도입했다. 프로젝트를 짧은 단위Sprints로 분할한 후 그 단위 업무가 종료된 직후 업무 평가와 피드백을 받는 평가 방식을 도입한 것이다. 어도비의 지속적 평가와 수시 피드백 개념은 델과 마이크로소프트 등 다른 기업들에도 큰 영향을 미쳤다.

2012년에는 어도비만의 독특한 평가 제도인 '체크인Check-in'을 도입했다.* 당시 부서장들은 평가에 지나치게 많은 시간과 노력을 소모해야 한다는 데 불만이 많았다. 평가 절차는 복잡했고 평가와 관련된 많은 리포트를 정해진 양식에 맞춰 작성해야만 했기 때문이다. 직원들도 성과관리 면담의 횟수가 적은 것과 면담의 질이 부실하다는 불만이 많았고 결국 퇴직하는 직원이 급증했는데, 이것이 체크인을 탄생시킨 계기가 되었다. 체크인이라는 이름은 사내 브랜드마케팅팀에서 만든 것으로, 작명에 앞서 몇 가지 원칙이 있었다. 첫째는 직원들이 기억하기 쉽도록 심플하고 가벼운 관용구로 만들면 좋겠다는 것이었고, 둘째는 부서장과 부서원 간에 형식에 구애받지 않고 수시로 쌍방향 소통을 한다는 느낌을 주면 좋겠다는 것이었다.

어도비의 '체크인' 평가 제도에는 다른 기업의 성과 관리와는 다른 특징이 4가지 있다. 첫째, 톱다운Top-down 방식이 아닌 보텀업Bottom-up 방식, 즉 조직의 아래에서부터 발현된 제도라는 점이다. 효과적 성과 관리 방안에 대한 구성원들의 다양한 의견을 모아 최고경영진에 전달함으로써 관심을 이끌어낼 수 있었던 것이다. 둘째, 다양한 계층의 의견

* "The Performance Management Revolution" (2016. 10). *Harvard Business Review*.

부서장에게 배포되는 엽서 크기의 카드 1장으로 이루어지는 체크인 평가 제도의 가이드.

을 오랜 기간 수렴해서 만든 제도라는 점이다. 약 한 달 동안 임직원 모두에게 설문 조사를 실시하고, 수십 번의 표적집단면접법FGI; Focus Group Interview을 통해 다양한 의견을 청취했다. 이를 통해 제도 설계 단계부터 조직 구성원의 적극적 동참을 이끌어낼 수 있었다. 셋째, 매우 심플한 제도다. 체크인 평가는 기대/목표Expectation, 피드백Feedback, '성장과 개발Growth and Development'의 단 3가지 요소를 엽서 크기의 카드 1장에 간단히 정의하고 부서장에게 배포하여 부서원의 성과 관리에 활용하게 한다. 그 3가지 요소에 성과 평가 단계별로 부서장의 역할과 주요 질문 리스트를 덧붙여 부서장이 부서원 면담 시에 활용하도록 했다. 넷째, 유연성 있는 제도다. 기대/목표, 피드백, 성장과 개발에 있어 어느 시점에 무엇을 어떻게 해야 하는지 시간과 방법을 규정하지 않는다. 그래픽 소프트웨어 회사지만 체크인을 위한 전산 시스템도 없고 정해진 면담 기록 양식이나 평가 양식도 없다. 평가 프로세스의 전 과정을 부서장 재량에 맡김으로써 성과 관리에 대한 책임을 극대화하고 혹시 있을지 모를 비효율 요인을 제거하고자 한 것이다.

대신 회사는 부서장의 평가 역량을 점검한다. 체크인 만족도를 묻는 문항을 조직 몰입도 조사에 탑재해 모니터링하는데 부서장의 평가 역량 수준에 따라 초록·노랑·빨강 등 3색으로 관리한다. 새로 부임한 부서장이라면 평가 역량이 낮더라도 재기의 기회를 얻지만, 기존 부서장의 평가 역량이 낮으면 부서 이동, 보직 박탈 등의 인사 조치를 시행하기도 한다. 회사는 이처럼 직원 양성 제도와 평가 제도의 지속적 개선을 통해 직원들이 각자의 분야에서 최고가 되게끔 돕는다.

핵심 가치 ③ Innovative

: 1,000명의 아이디어를 이끌어내는 빨간 상자, '킥 박스' :

어도비시스템즈에는 킥 박스Kick Box라는 독특한 혁신 프로그램이 있다. 이는 자신의 아이디어를 실현해보고 싶어하는 어도비 직원이라면 누구나 참여할 수 있는 프로그램으로, 빨간 상자Red Box 하나를 건네받는 것에서 시작된다. 어도비 직원 모두가 도전할 수 있는 프로그램이기에 직속 상사는 직원의 요구를 거부할 수 없다. 빨간 상자 안에는 필기구, 포스트잇, 타이머, 노트 등 문구류, 초콜릿바 등 간단한 스낵, 1,000달러짜리 스타벅스 선불카드 등 아이디어 발현에 도움이 될 만한 물품들이 들어 있다.

킥 박스 프로그램을 진행하는 마크 랜달Mark Randall 어도비 최고전략

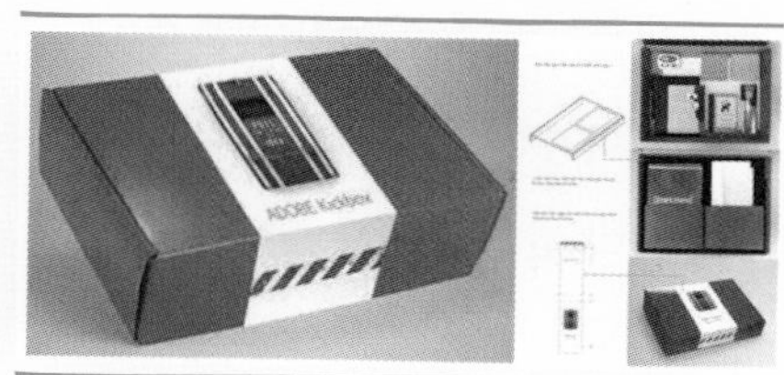

아이디어 발현에 필요한 물품이 담긴 빨간 상자인 킥박스의 내외부 모습.

가 겸 크리에이티브 부문 부사장은 2015 어도비 맥스Adobe Max*에서 "성공하기 위해선 잘 실패하는 것이 중요하다"라고 킥 박스 프로그램의 취지를 설명한 바 있다. 2012년 처음 시작한 이 프로그램은 개인의 도전이 실패로 끝나더라도 그 실패가 결국 개개인뿐 아니라 회사 전체의 혁신을 이끈다는 믿음을 바탕으로 한다.

킥 박스 프로그램은 보통 이틀짜리 워크숍으로 진행되며, 워크숍은 시작하기Inception, 생각하기Ideate, 개선하기Improve, 조사하기Investigate, 반복하기Iterate, 설득하기Infiltrate의 6단계로 구성된다.** 킥 박스 프로그램에는 매년 약 1,000명의 직원들이 참여하는데 그중 20~30개의 아이디어가 투자로 이어질 수 있는 파란 상자로 발전한다. 파란 상자로 격상된 아이디어 중 일부는 실제 제품에도 적용된다.

어도비시스템즈는 아이디어 발굴을 위해 100만 달러 상금을 내걸고 대회를 여는 대신 같은 100만 달러를 1,000명에게 1,000달러짜리 스타

---

* 어도비가 주관하는 세계적 크리에이티브 콘퍼런스로, 해마다 개최되며 60개국에서 1만 명 이상의 전문가가 참여한다.

** 어도비 킥 박스 웹사이트에는 킥 박스로 워크숍을 진행하는 데 필요한 교보재(敎補材)와 도안에 대한 설명이 나와 있다(〈https://kickbox.adobe.com/kickbox-at-your-organization〉).

벅스 선불카드가 든 빨간 박스를 나누어 줌으로써 리스크를 분산하는 동시에 다양한 양질의 아이디어를 얻는 방법을 택했고, 결과적으로는 나름 의미 있는 성과를 얻어내고 있다. 킥 박스가 어도비시스템즈의 세 번째 핵심 가치인 혁신Innovative을 실천하는 대표적 프로그램으로 자리 잡으면서, 지금은 발굴된 모든 아이디어가 오픈소스로 공개되어 소프트웨어 생태계의 발전에도 기여하고 있다.

핵심 가치 ④ Involved
: 기부와 자원봉사, 그리고 다양성에 대한 존중 :

어도비시스템즈는 지역사회에 참여하고 사회 공헌 활동을 많이 하는 것으로도 유명하다. 임직원들의 자원봉사 및 기부 실천뿐 아니라 회사 차원에서도 전 세계 1만 5,000개 이상의 비영리단체에 제품과 서비스를 지원한다. 또한 프로젝트 1324Project 1324, 청소년 코딩 이니셔티브Youth Coding Initiative, 걸스 후 코드Girls Who Code 등의 프로그램을 통해 전 세계 학생들에게 장학금과 인턴십 기회를 제공하는 사회 공헌 활동도 진행 중이다. 2015년의 경우, 어도비시스템즈는 회사 차원에서는 3,100만 달러를 기부했고 직원들도 460만 달러를 기부했다.

어도비시스템즈는 회사 구성원들의 다양성도 중시한다. 예를 들면 리더급 여성들을 위한 프로그램으로 어도비 리더십 서클Adobe Leadership Circle이 있다. 어도비 리더십 서클은 전 세계 여성 리더들이 콘퍼런스 전

어도비시스템즈는 사회 공헌 활동의 일환으로서 프로젝트 1324, 청소년 코딩 이니셔티브 등 다양한 프로그램을 운영하고 있다(자료: 어도비 홈페이지).

화 연결을 통해 인사이트를 공유하고 경력 변경에 관해 조언하며 네트워킹을 형성하도록 하고 있는데 이때 회사에서 강의와 프로그램 코칭 등 각종 운영 프로그램을 지원함으로써 활성화를 돕는다. 그 밖에도 여성리더십협의회Women's Leadership Council and Women Unlimited, 조찬회Networking Breakfasts, 소셜포럼Social Forums 등 여성 리더 양성을 위한 여러 프로그램들을 제공한다.

또한 어도비시스템즈는 다양한 소수집단에 소속된 인력을 적극적으로 채용하고 그들을 위한 사내 커뮤니티가 자발적으로 생성되고 운영될 수 있도록 지원을 아끼지 않는다. 2015년 기준으로 어도비의 여성 임원 비율은 25%이고, 소수자 임원 비율은 23% 수준이며, 일반 직원 중 여성 비율과 소수자 비율이 모두 32% 수준에 달한다. 어도비시스템즈의 경영진은 다양한 구성원들에게서 얻는 아이디어의 다양성이 어도비의 가장 가치 있는 자산이자 어도비의 힘이라고 자랑한다.

> 어도비는 진정성을 가지고 직원들의 마음을 움직이고자 한다.
> 어도비는 직원들이 최고 수준의 전문가가 될 수 있도록 지원한다.
> 어도비는 혁신적 아이디어를 끊임없이 생성해낸다.
> 어도비는 지역사회에 공헌하며, 구성원의 다양성을 중시한다.

어도비시스템즈가 30년 이상 그래픽 소프트웨어 분야에서 최강자 자리를 유지해온 데는 어도비가 추구한 직원/고객 중심 경영 철학과 4대 핵심 가치를 실천하며 쌓아온 창의적 조직 문화가 큰 역할을 해왔음을 부인할 수 없다. 고객과 직원을 향한 어도비의 진정성이 앞으로도 오래도록 이어지기를 기대해본다.

Zoom in 실리콘밸리 혁신 기업 ❸ Salesforce

소프트웨어의 종말을 선언한 세일즈포스닷컴,

'소유'에서 '서비스'로 패러다임을 바꾸다

글로벌 소프트웨어 업계를 평정해나가면서도 정작 자신들은 노 소프트웨어No Software를 외치는 특이한 회사가 있다. 바로 세일즈포스닷컴이다. 이들은 세일즈포스라는 이름에서 유추할 수 있듯이 영업 인력들을 위한 고객관계관리CRM; Customer Relationship Management 프로그램 소프트웨어를 주력 상품으로 내놓으며 급격한 성장을 이룩해왔다. 그런데 그들은 왜 '노 소프트웨어'를 외친 것일까? 그 이유는 세일즈포스닷컴의 사업 전략에서 찾아볼 수 있다.

세일즈포스닷컴은 과거의 익숙한 방식에서 벗어나고자 했다. 기존에는 고객이 소프트웨어 패키지를 시디롬CD-ROM으로 구입하여 자기 소유의 서버에 직접 설치해 사용하다가 새로운 제품이 나오면 또다시 구입하는 방식이었다. 이렇듯 매번 새로운 제품을 구매해야 하고 설치와 업그레이드를 해야 하기 때문에 고객 입장에서 그 방식은 비용도 많이

'노 소프트웨어'를 외치는 세일즈포스닷컴의 로고. 사실 세일즈포스닷컴은 소프트웨어 전부를 부정한 것이 아니라 클라우드 기반 소프트웨어의 시대가 열렸음을 이야기하고자 한 것이다(자료: 세일즈포스닷컴 홈페이지).

들고 여러모로 번거로운 일이었다. 고객의 그런 불편함을 덜어주고자 세일즈포스닷컴이 내놓은 전략은 서비스형 소프트웨어SaaS; Software as a Service라는 방식이다. 간단히 말해, 고객사가 자신들의 서버에 소프트웨어를 설치할 필요 없이 가상의 네트워크 공간인 클라우드 환경에 설치되어 있는 소프트웨어에 고객들이 접속해 서비스를 받는 형태로 소프트웨어를 사용하도록 했다. '소유' 개념에서 '서비스 이용' 개념으로 소프트웨어의 패러다임을 일찌감치 바꾼 것이다. 세일즈포스닷컴은 기존 소프트웨어 사업 방식과의 이러한 차별성을 보다 극대화해서 표현하기 위해 '노 소프트웨어'라는 재미있고도 파격적인 로고를 내걸게 된다.

세일즈포스의 혁신을 논함에 있어 CEO 마크 베니오프Marc Benioff를 빼놓을 수 없다. 2미터 가까운 거구에 항상 자신감이 넘치고 말수가 많은 베니오프는 첫눈에도 강렬한 인상을 주는데, 그의 커리어는 더욱 다이내믹하다. 그는 15세에 이미 게임회사를 만들었으며, 서던캘리포니아대학 경영학과 재학 시절에는 애플에서 잠시 인턴 생활을 하기도 했다. 대학을 졸업한 후 오라클Oracle에 취직하면서 본격적 커리어를 시작하는데, 곧바로 두각을 나타내며 사내에서 '올해의 루키'로 선정되었다. 특히, 오라클 창업자 래리 엘리슨Larry Ellison이 베니오프의 능력을 높이 평가하면서 마크 베니오프는 겨우 26세의 나이에 오라클 역사상 최연소 부사장으로 승진한다.

모두의 부러움을 받는 자리에 올랐지만 만족할 수 없었던 베니오프는 자신이 진정 무슨 일을 하고 싶은지 차분히 생각할 시간을 갖기 위해 하와이에 있는 오두막집으로 떠났다. 자연이 어우러진 이곳에서 베니오프는 심도 있는 고민에 빠진다. 당시에도 아마존과 이베이 등 인터넷으로 서비스를 제공하는 기업들이 있었다. 마크 베니오프는 왜 CRM 소프트웨어는 인터넷 기반 서비스가 되지 않는지 고민했다. 사실 SaaS 개념은 이전에도 존재했으나 대다수 사람들은 그것이 과연 실제로 가능할지 반신반의했다. 하지만 도전을 두려워하지 않는 베니오프는 누구보다 먼저 자신이 시도해보겠다는 결단을 내렸고, 이것이 앞서 설명한 SaaS가 상용화되는 시발점이 된다.

물론 세일즈포스닷컴이 사업 초기부터 승승장구한 것은 아니다. 당시 CRM 시장은 시벨Siebel이라는 업체가 지배하고 있었으며 여전히 시벨의 장악력은 공고해 보였다. 당연히 많은 사람들이 베니오프의 생각을 반

《포브스》의 표지를 장식한 마크 베니오프. 2016년 《포브스》가 선정한, '세계에서 가장 혁신적인 기업' 순위에서 세일즈포스닷컴은 2위를 차지했다.

대하고 비판했다. 하지만 베니오프는 꿋꿋이 앞으로 나아갔다. 오히려 '노 소프트웨어' 브랜드를 기반으로 탁월한 마케팅 전략을 펼칠 수 있었다. 세일즈포스를 상징하는 전투기가 기존 소프트웨어 업체를 상징하는 구식 비행기를 격추하는 광고를 제작했으며, 시벨과의 경쟁을 다윗과 골리앗의 싸움으로 포장해서 사람들의 마음을 사로잡으며 홍보 효과를 높였다. 또한 '드림포스' 행사를 통해 고객 최우선이라는 가치관을 시장에 전달하며 고객과의 커뮤니티를 구축했다. 이 커뮤니티는 2003년만 해도 약 1,300명에 불과한 적은 수의 참석자로 시작되었으나 현재는 17만 명이 참석하는, 세일즈포스를 대표하는 콘퍼런스로 자리를 잡았다. 결국 이러한 노력이 결실을 거두기 시작해 세일즈포스 제품의 단순함과 편리함에 고객들 역시 서서히 반응을 보였으며 결국 시벨이 시장에서 퇴출되어 오라클에 인수되고 만다. 2012년 세일즈포스는 드디어 CRM 분야 시장 점유율 1위를 기록했으며, 2016년에는 회계연도 매출액이 67억 달러에 달했다. 베니오프는 이에 만족하지 않고 2020년 매출액을 170억 달러로 확대하고 세일즈포스를 1,000억 달러 규모로 성장시키겠다고 밝힌다.*

지금까지 급속도로 성장해왔으며, 앞으로도 지속적인 성장을 장담하는 세일즈포스의 비결은 과연 무엇일까? 그것은 무엇보다 베니오프의 강력한 리더십과 전 임직원이 연계되어 있는 조직 공동의 비전일 것이다. 아울러 신뢰를 기반으로 한 권한 위임과 소통, 그리고 더 나은 세상을 만드는 데 공헌하려는 노력이 직원뿐 아니라 고객들의 마음까지 움직인 덕분이다.

:V2MOM을 활용한 조직 관리 체계의 정립과 유지:

"우리는 운행 중인 747 비행기에서 엔진을 바꾸고 있는 것이나 다름없습니다." (마크 베니오프, 《포브스》 지와의 인터뷰)**

세일즈포스가 얼마나 빠르게 성장하고 있는지를 암시하는 말이기도 하

* Kim, Eugene (2016. 11. 30). "Salesforce is on Track to Become a $100 Billion Company in 3 Years, Says Analyst". *Business Insider*.

** Konrad, Alex (2016. 8. 24). "Nonstop Benioff: Inside the Master Networker's Audacious Plan to Disrupt Salesforce – and the World". *Forbes*.

다. 베니오프는 이처럼 빠른 성장 속에서 세일즈포스를 성공으로 이끈 비결을 조직 간의 연계 및 일관된 커뮤니케이션이라고 이야기하고 있으며, 이를 가능하게 해준 핵심 개념이자 관리 체계가 바로 V2MOM이라고 말한다. V2MOM은 조직 내 비전, 목표, 가치, 일의 수행 방법 등을 통합적으로 담아낸 것으로, 이에 대한 필요성을 베니오프는 오라클 재직 시절부터 느끼고 있었다. 당시 오라클에서는 명확한 중장기 계획의 부재로 달성해야 할 비전과 목표를 정확히 파악하지 못했는데 이 점을 베니오프는 안타까워했다. 하지만 베니오프는 대부분의 기업에서 활용하는 조직 관리 방식은 비효율적이라고 생각했다. 이를테면, 조직도에 의존해 조직을 관리할 경우에는 개별 부서의 좁은 시각에 갇히기 쉽고 부서 간 사일로 효과Silo Effect, 즉 부서 이기주의로 인해 협력을 통한 창의적 성과를 창출하기가 어려워진다. 또한 핵심성과지표KPIs; Key Performance Indicators 등 지표를 통한 관리 방식도 빠르게 변화하는 환경에 조직이 적응하도록 해주기에는 용이하지 않다. 이에 리더십, 자기 계발 등 다방면 전문가들에게 자문을 구한 후 핵심 시사점을 추출해 베니오프가 고안해낸 것이 바로 V2MOM이다.

V2MOM은 Vision, Values, Methods, Obstacles, Measures로 구성되어 있으며, 각 구성요소의 두문자를 따서 V2MOM이라는 명칭을 정한 것이다. 구성요소를 하나씩 살펴보면, 첫 번째 'Vision'은 구성원들이 되고 싶어하고, 하고 싶어하는 것을 정의한다. 'Values'는 Vison을 달성함에 있어 가장 중요한 원칙과 가치가 무엇인지 설정한다. 'Methods'는 어떻게 그 일을 수행할지 대략의 윤곽을 설명해준다.

Salesforce.com's First V2MOM, 4/12/1999

Vision

Rapidly create a world-class Internet company/site for sales Force Automation.

Values

1. World-class organization
2. Time to market
3. Functional
4. Usability (Amazon quality)
5. Value-added partnerships

Methods

1. Hire the team
2. Finalize product specification and technical architecture
3. Rapidly develop the product specification to beta and production stages
4. Build partnerships with big e-commerce, content, and hosting companies
5. Build a launch plan
6. Develop exit strategy: IPO/acquisition

Obstacles

1. Developers
2. Product manager/business development person

Measures

1. Prototype is state-of-the-art
2. High-quality functional system
3. Partnerships are online and integrated
4. Salesforce.com is regarded as leader and visionary
5. We are all rich

세일즈포스닷컴 창립 당시 베니오프가 작성한 최초의 V2MOM. 조직 관리 측면에서 수행되는, 세일즈포스닷컴의 모든 작업은 V2MOM을 기반으로 한다(자료: 세일즈포스닷컴 홈페이지).

'Obstacles'는 Vision을 달성하는 데 있어 맞닥뜨리게 될 도전이나 문제, 이슈 등을 식별한다. 마지막으로 'Measures'는 달성하고자 하는 구체적 결과로서 종종 정량적 지표로 표현되곤 한다.*

이렇듯 V2MOM의 개념은 매우 단순하면서도 명확해 이해하기 쉽다. 아울러 비전, 가치 등 추상적 상위 개념부터 수행 방법, 문제/이슈, 결과 측정에 대한 현실적 부분까지 통합적으로 사고하도록 해놓은 개념 체계다. 따라서 V2MOM을 통해 직원들은 현재 자신들이 무슨 일을 하고 있는지, 어떤 방향으로 나아가고 있는지 파악이 가능하다. 특히 변화의 속도가 빠른 조직에서는 구성원들이 방향성을 잃고 불안감

* Benioff, Marc (2013). "How to Create Alignment Within Your Company in Order to Succeed". 세일즈포스닷컴 공식 블로그.

을 느끼기 쉬운데 V2MOM을 통해 그러한 불안감을 없앨 수 있는 것이다. 가장 중요한 것은 개인별·조직별 V2MOM을 연계함으로써 조직을 한 방향으로 나아가게 해준다는 점이다. 베니오프는 1999년 세일즈포스를 창립할 때 첫 번째 V2MOM을 작성했는데 내용은 상황에 맞게 변경해왔지만 지금까지도 V2MOM을 활용한 조직 관리 체계는 계속 유지한다.

:투명한 소통으로 만들어나가는 가족 같은 회사:

"우리의 원대한 목적은 '평등의 시대'를 이끄는 것입니다." (마크 베니오프, 《포브스》 지와의 인터뷰)

세일즈포스와 관련해 자주 만나게 되는 단어가 하나 있다. 바로 '오하나Ohana'라는 단어인데 이는 하와이 말로 가족을 의미한다. 세일즈포스가 지닌 조직 문화는 이 오하나에 뿌리를 두고 있다. 즉 가족 같은 문화를 좁게는 회사 직원들 사이에서, 광범위하게는 고객·사회·공동체와 함께 구축해나가자는 것이다. 그렇지만 회사 동료들을 가족같이 생각한다고 해서 무조건적 희생을 요구한다거나 공과 사의 구분이 모호해지는 일은 없다. 세일즈포스의 8가지 핵심 가치 중 가장 중요한 첫 번째가 바로 평등Equality이기 때문이다. 참고로 앞서 설명한 V2MOM이 회사 내 조직과 구성원의 목표와 사업 방향을 일치시키기 위한 것이었다면, 핵심

세일즈포스의 핵심 가치

1. 모든 사람을 위한 평등Equality for All
2. 기부Giving Back
3. 고객의 성공Customer Success
4. 신뢰Trust
5. 혁신Innovation
6. 투명성Transparency
7. 웰니스Welness
8. 재미Fun

가치는 직원·고객·사회를 모두 포함하는 '오하나'의 기반이 되는 가치다. 세일즈포스의 첫 번째 핵심 가치는 다양한 인력에게 공평한 기회를 제공한다는 의미를 담고 있다. 즉 보상, 역량 개발, 권한 부여 등 모든 인사 영역에서 인종, 성별, 지역, 성 소수자 여부 등에 따른 차별이 이루어지지 않는 것을 말한다.* 실제로 2016년 9월부터는 최고평등책임자Chief Equality Officer를 임명하고 CEO에게 직접 보고하게 함으로써 불평등 요소를 더 적극적으로 제거하고 있다.

세일즈포스는 이러한 가족적 사고와 평등함을 지원하기 위한 출발점을 '투명한 소통'에서 찾았다. V2MOM을 비롯한 회사의 정보를 직원들

---

* 세일즈포스닷컴 홈페이지.

과 투명하게 공유하고 소통함으로써 직원들이 평등함을 느낄 수 있다고 본 것이다. 투명한 소통의 강조는 사업적 특성에 기인하는 것이기도 하다. 클라우드 기반으로 서비스가 제공되는 만큼, 신뢰를 얻으려면 실시간으로 시스템의 성능과 보안에 관한 정보를 투명하게 고객에게 제공해야 하기 때문이다.

세일즈포스 직원들은 자사 제품인 채터Chatter를 사용해 서로 소통한다. 본래 '채터'는 직원들 간의 정보 공유와 의사결정, 협업을 도와주는 세일즈포스의 기업용 소셜 서비스였다. 그런데 채터에 게시되는 글들을 찬찬히 분석해본 결과, 중요한 고객 정보를 가지고 있으며 회사에 가치를 창출해줄 수많은 우수 직원들에 관해 경영 관리팀이 전혀 인지하지 못하고 있다는 점이 도출되었다. 또한 직원들 역시 경영진을 제대로 이해하지 못하고 있었다. 그래서 세일즈포스는 채터를 이용해 실시간으로 직원들에게 연례 경영진 회의를 중계하고 의견을 나누도록 했다. 반응은 가히 폭발적이었다. 실제 회의가 끝난 뒤로도 채터에서는 몇 주간 관련 논의가 이어졌다. 그러한 과정을 거치면서 회사의 미션과 직원 간 연계가 더욱 강화되었다.*

세일즈포스가 온라인 소통만 활성화한 것은 아니었다. 정기 타운홀 미팅을 통해서도 경영진과 직원들이 직접 만나 의견을 나누도록 했다. 어떤 형태의 소통이든 중요한 원칙은 일방적 하향식Top-Down 커뮤니케이

* Ibarra, Herminia & Hansen, Morten T. (2011). "Are You a Collaborative Leader?". *Harvard Business Review*.

션이 아닌 쌍방향 커뮤니케이션을 우선한다는 것이다. 이를 위해 구체적 규칙을 정해놓고 있는데, 전체 미팅 시간의 25% 미만은 준비된 내용으로 진행하고 나머지 75% 이상은 즉석 질문과 그에 대한 응답으로 이루어져야 한다는 것이다. 이를 통해 경영진과 직원 간의 신뢰를 더욱 향상시킬 수 있었다.

: 제품, 자본, 시간의 1%를 기부한다 :

"비즈니스에서 진짜 중요한 일은 세상을 더 낫게 만드는 것입니다." (마크 베니오프)**

세일즈포스는 실리콘밸리에서 자선 활동을 가장 공격적으로 하는 기업 중 하나로도 손꼽힌다. 이는 자선에 대한 베니오프의 오랜 철학과 애착에 기인한다. 베니오프는 젊은 나이였음에도 오라클을 떠나기 몇 년 전부터는 기업가와 자선가의 역할 사이에서 갈등하며 은퇴를 고민했다. 결국 그는 기업가로 성장하면서 얻는 수익의 일정 비율을 기부하는 것이 더 낫다는 판단을 내렸다. 기부 내역도 상당한데 일부만 소개하자면 저소득층을 위한 주택 공급에 몇 백만 달러를 기부했고, 캘리포니아 대

** Pontefract, Dan (2017. 1. 7). "Salesforce CEO Marc Benioff Says the Business of Business Is Improving The State of the World". *Forbes*.

학과 샌프란시스코 아동병원에 2억 5,000만 달러를 기부하기도 했다.*

세일즈포스의 기부 원칙은 '1/1/1 모델'에 잘 담겨 있다. 이 모델은 그들의 사업 전략과 유사하게 '성장한 만큼 기부하라Pay as You Go' 방식을 활용한 것이다.** 즉 회사 제품의 1%, 자본의 1%, 임직원 시간의 1%를 자선 활동에 쓰는 것이다. 초창기에는 이러한 '1/1/1' 모델을 실행하기가 매우 쉬웠다. 자본도, 이익도, 임직원도 거의 없었기 때문이다. 그러나 지금은 회사가 급속히 성장한 만큼 자선 활동의 규모도 기하급수적으로 증가했다. 지금까지 3만 1,000개 이상의 비영리단체와 교육기관에 세일즈포스의 소프트웨어와 1억 6,000만 달러 이상의 금액을 기부했으며, 200만 시간 이상을 자원봉사에 활용해왔다.*** 다른 많은 기업들도 세일즈포스의 1/1/1 모델을 채택하고 있다.

1/1/1 모델의 실천을 위해 직원들에게는 입사할 때부터 자선 활동에 대한 지원이 구체적으로 이루어진다. 먼저, 신입사원의 입문 교육 과정에서 자원봉사 활동을 강력히 추진해 나눔의 기쁨을 누리게 한다. 또한 직원들에게는 자원봉사를 위한 7일간의 유급휴가가 별도로 주어진다. 매년 직원들 중 최고의 자원봉사자 100명을 뽑아 1만 달러를 그들이 선택한 비영리단체에 기부할 수 있도록 한 제도도 있다. 단체 자원봉사 활동을 위한 지원금도 지급한다. 이뿐 아니라 장기근속 혜택으로 비영

---

* Konrad, Alex (2016). "Nonstop Benioff: Inside the Master Networker's Audacious Plan to Disrupt Salesforce—and the World". *Forbes*.

** Benioff, Marc (2012). "Act Charitably Now, Not Later". 세일즈포스닷컴 공식 블로그.

*** 세일즈포스닷컴 홈페이지.

리단체에 기부할 수 있도록 해주는데 3년, 5년, 10년, 15년 근속에 따라 각각 50달러, 100달러, 200달러 규모를 근속자가 원하는 단체에 기부할 수 있다.

: 어떤 상황에서도 "문제는 재미다" :

세일즈포스는 무엇이든 일단 재미가 있어야 한다고 본다. 그래서 가장 진부할 것 같은 고객과의 소통이나 교육도 그 바탕에는 재미라는 요소가 깔려 있다. 앞서 살펴보았듯 8가지 핵심 가치 가운데 가장 마지막을 장식하는 것도 바로 '재미Fun'다. 재미는 고객과 임직원 모두의 관점에서 유용한 개념이다. 특히 세일즈포스는 창립 초기부터 아무런 인지도가 없는 약자였으며, 따라서 사람들에게 생소한 클라우드 기반 서비스를 제공하려면 고객들로부터 흥미를 이끌어내는 것이 관건이었다. 또한 빠르게 변화하고 진화하는 세일즈포스의 사업 방식으로 인해 직원들이 쉽게 피로감을 느낄 수 있으므로 '재미'는 조직 문화 측면에서도 매우 중요한 요소였다.

앞서 잠깐 언급한 '드림포스'는 2003년부터 진행해온, 세일즈포스가 주최하는 콘퍼런스 행사인데, 고객에게 제품을 선보이고 고객의 반응과 니즈를 파악하는 것을 주된 목적으로 한다. 하지만 이 행사는 여느 IT 콘퍼런스와는 달리 하나의 축제로 느낄 만큼 재미있고 화려하다. 곳곳에 게임, 디제잉, 밴드 공연 등을 배치해 지루함을 느끼지 않고 즐기

드림포스의 콘서트 공연인 드림페스트를 즐기는 모습(자료: 세일즈포스닷컴 홈페이지).

면서 머물 수 있도록 한다. 또한 마지막 날에는 드림페스트라는 콘서트 공연까지 진행하는데 2016년에는 아일랜드 더블린 출신 록 밴드 U2가 무대를 빛냈다. 역대 초청 연사의 면모도 화려하다. 힐러리 클린턴과 앨 고어 전 부통령, 마이크로소프트 사의 CEO 사티아 나델라Satya Nadella, 기업인으로서도 성공한 유명 배우 제시카 알바 등이 그들이다. 지식 공유뿐만 아니라 재미를 추구한 덕분에 참석자도 기하급수적으로 증가해 2016년 드림포스 행사에는 83개국에서 약 17만 명이 참석했다. 때로는 너무 많은 참석자를 감당하기가 어려워 크루즈선을 빌리기도 한다.

세일즈포스는 교육에도 '재미'라는 요소를 접목했는데, 바로 '트레일헤드Trailhead; The Fun Way to Learn Salesforce'라는 프로그램이다. 관리자·사용자·개발자가 각자의 직무별·단계별로 자신에게 맞는 모듈을 골라 수준에 맞는 교육을 받을 수 있도록 한 것이다. 교육 프로그램의 진행 과정은 등산로의 출발점부터 오솔길을 따라 올라가는 유아이UI로 표현되며, 교육 정도에 따라 인증 배지를 수여받는다. 기업의 비전, 핵심 가치 등 지루할 법한 내용도 간단한 퀴즈와 함께 제시함으로써 신선한 느낌을 선사한다.

그 밖에 웰니스Welness 프로그램에도 간단한 경쟁과 목표 설정을 통해 재미를 부여한다. 2017년 현재는 'Salesforce Moves 2Mililon Miles' 캠페인을 진행 중인데, 조깅이나 수영 등으로 2017년까지 총 200만 마일의 운동 목표를 달성하자는 취지의 프로그램이다. 개인의 운동 성과에 따라 레벨을 상승시킬 수 있고, 자신이 회사의 목표에 얼마나 기여했는지도 확인할 수 있다.

클라우드 기반의 소프트웨어 서비스라는, 당시에는 생소한 개념으로 업계의 기술 트렌드를 이끌어온 세일즈포스. 최근 베니오프가 내세우는 원대한 성장 비전을 보면, 앞으로도 세일즈포스 구성원들은 더 많은 혁신과 도전을 감당하고 이뤄내야 할 것이다. 하지만 창립 시부터 현재까지 세일즈포스를 지탱해준 투명한 소통과 조직 간 연계 그리고 더 나은 사회를 향한 발걸음이 유지된다면, 소프트웨어의 패러다임을 바꾸는 퍼스트무버First Mover로서 세일즈포스의 위치는 더욱 공고해질 것이 분명하다.

• 제2장 •

Ownership

실리콘밸리에서는 누구나 주인이 된다

사실 오너십은 실리콘밸리 기업들이 사업을 시작하던 초기에는 중요한 이슈가 아니었다. 소규모 조직일 때는 직원 모두가 주인처럼 사고하고 행동하는 것이 당연했으며, 경영진과 직원을 구분한다는 것이 무의미했다. 창업 멤버들은 더 나은 의사결정을 하기 위해 서로 조언하고 토론하기를 즐겼다. 또한 일단 합의를 통해 목표가 결정되면 너나없이 누구나 주인이 되어 업무를 추진하는 민첩한 조직이었다.

그러나 실리콘밸리의 기업들 역시 조직이 급속하게 성장하면서 자신들도 결국 전통적 대기업과 다를 바 없다는 사실을 발견하게 된다. 점차 직원들이 규정과 절차 없이는 움직이지 않으며 주어진 업무에 대해서만 수동적으로 사고하는 모습을 목격하게 되고, 이에 따라 자신들의 조직도 대기업병에 걸릴 수 있음을 인식하게 된 것이다. 문제가 발생했을 때 경영진의 지시와 판단에 의해서만 움직이고 경영진이 의사결정을 내릴 때까지 무작정 대기하면서 업무 스피드가 떨어지는 관료주의가 목격되었다. 그러자 실리콘밸리 기업의 창업자들은 직원 모두가 오너십을 가지고 최고경영진처럼 판단하고 행동하려면 어떤 노력이 필요한지 고민하며 다양한 방안을 시도했다.

언뜻 생각하면 조직에 대한 오너십을 갖기 위해서는 그 회사의 주식을 보유하는 것이 가장 좋은 방법 같다. 그러나 연구에 따르면 우리사주를 보유하고 있어도 오너십을 느끼지 못하는 직원들이 다수이며, 주식 보유와 우수한 성과는 서로 무관하다는 실증 연구 결과도 나타났다. 연구자들은 물리적으로 주식을 소유했느냐 여부와 상관없이 직원들이 마음속 깊이 자신의 업무와 조직에 대해 오너십을 느낄 경우에는 뚜렷한 성과 향상이 있

음을 검증해왔다.* 즉 물질적 소유권보다 심리적으로 주인의식Psychological Ownership을 갖는 것이 더 효과적이라는 사실을 알게 된 것이다.

실리콘밸리 기업들은 다른 어떤 기업들보다 심리적 오너십의 강력한 영향력을 잘 이해하고 있는 듯 보인다. 그들은 다양한 방법으로 직원들이 오너십을 느끼도록 노력해왔으며, 그 결과 직원들은 개인의 발전과 회사의 성장을 위해 자신이 맡은 업무에서 오너십을 발휘하고 깊게 몰입하며 높은 성과를 창출한다.

이번 장에서는 실리콘밸리 기업들이 오너십 문화를 유지하고 강화하고자 실행 중인 다양한 노력을 소개하고자 한다.

* Klein, K. J. (1987). "Employee Stock Ownership and Employee Attitudes: A Test of Three Models". *Journal of Applied Psychology*. 72(2), pp. 319–332.

1

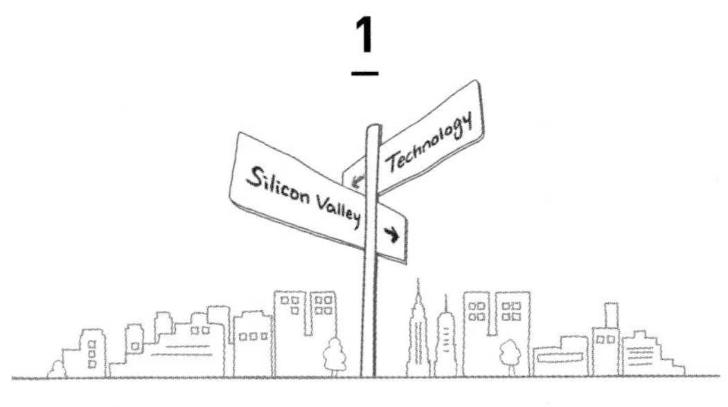

어떤 조직이 자율성을 보장하는가?

"당신은 똑똑합니다. 알아서 해결하세요!"

실리콘밸리 기업들은 업무를 수행할 때 관리자나 경영진의 의견이 아니라 직원 자신의 판단이 가장 중요하다고 반복해서 강조한다. 특히 일부 기업들은 직원의 자율권을 조직 운영의 원칙으로 공식화하고 직원과 자주 커뮤니케이션한다. 이들은 직원이 오너십을 가지고 자신의 업무를 수행하도록, 즉 방법과 목표를 스스로 결정하고 업무를 완수하도록 독려한다.

웹 기반 파일 공유 서비스를 시행하는 드롭박스는 직원들이 각각 무엇을 잘하고 어떤 재능이 있는지 파악해서 그들이 잘하는 것을 마음껏 할 수 있는 자유를 주었을 때 언제나 좋은 결과가 나온다고 주장한다. 실제로 드롭박스는 "당신은 똑똑합니다. 알아서 해결하세요!You Are Smart. Figure It out!"라는 원칙을 직원들에게 자주 상기시킨다.* 이러한 원칙에 힘입어 탄생한 것이 바로 드롭박스의 에러 화면 '사이코박스Psycho-Box'다. 드롭박스 고유의 에러 화면이 된 사이코박스는 존 윙Jon Ying이라는 직원이 만든 것인데, 공동 창업자 아라시 페르도시Arash Ferdowsi로부터 "웹페이지가 정상적으로 작동되지 않았을 때 나오는 '404 에러' 글자가 정말 지루해 보인다"라는 말을 듣고는 그 자리에서 바로 그려서 보여준 것이다. 그 즉시 드롭박스의 에러 화면은 사이코박스로 바뀌었는데, 고객들은 사이코박스가 문제가 발생한 상황을 유쾌하게 설명해주는 동시에 드롭박스의 정체성을 보여주었다고 평가했다.**

넷플릭스도 드롭박스와 유사하게 '자율과 책임의 문화'를 회사 운영의 원칙으로 삼는다. 예를 들면 넷플릭스는 출장비나 경비와 관련된 어떤 구체적 규정도 갖고 있지 않다. 대신 "넷플릭스의 이해와 부합되게 행동하라Act in Netflix's Best Interest"*** 라는 매우 간단한 조직 운영 원칙을

---

* "Culture Is Built, Not Bought: 14 Examples of Great Company Culture". 〈http://www.referralcandy.com/blog/company-culture-14-case-studies〉.

** "Insider Dropbox's Reverse-Engineered Company Culture" (2012. 8. 15). 〈http://allthingsd.com/20120815/inside-dropboxs-reverse-engineered-company-culture/〉.

*** "Netflix Culture: Freedom & Responsibility." 〈https://www.slideshare.net/reed2001/culture-1798664/74-Netflix_Policiesfor_Expensing_EntertainmentGifts_TravelAct〉.

HTTP Error 404

404 Not Found

The Web server cannot find the file or script you asked for. Please check the URL to ensure that the path is correct.

Please contact the server's administrator if this problem persists.

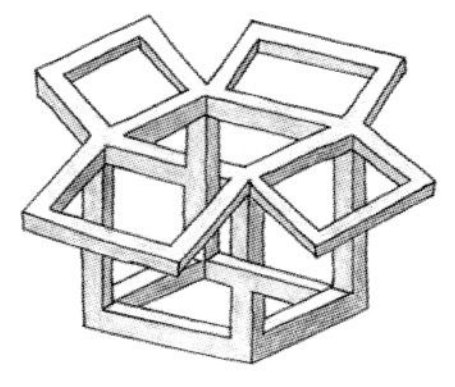

Error (404)

We can't find the page you're looking for. Check out our Help Center and forums for help, or head back to home.

왼쪽은 일반적인 404 에러 화면. 오른쪽은 드롭박스 고유의 404 에러 화면. 드롭박스의 마스코트가 된 사이코 박스는 웹페이지가 정상적으로 작동되지 않았을 때 나오는 '404 에러' 글자가 정말 지루해 보인다는 말을 들은 드롭 박스 직원 존 윙에 의해 즉석에서 탄생되었다.

가지고 있다. 직원들은 이 '비용 자율권' 원칙에 따라 모든 비용을 스스로 판단하여 적절하게 사용한다.

그 밖에, 휴가의 경우에도 규정이 없다. 직원들은 휴가를 갈 때 관리자에게 보고할 의무가 없으며 휴가 결재를 올릴 필요도 없다. 필요할 때 필요한 만큼 알아서 휴가를 다녀오는 '무제한 유급휴가 제도'를 2004년부터 운영하고 있기 때문이다. 넷플릭스는 휴가 결재 제도가 직원의 업무 자율권을 방해하고 자유로운 사고를 제한할 뿐이라고 생각한다. 또한 직원이 얼마나 오랫동안 일하는지, 몇 시간이나 사무실에 앉아 있는지, 주말에 일을 하는지 안 하는지 등을 파악하지 않으며 심지어 경영진이 이러한 사안에 관심을 갖지 않는다는 사실을 문서로 명백히 한다.

대신 스스로 동기부여가 되어 있고, 자신을 개선하기 위해 노력하며 리더처럼 행동하는 사람, 자유와 그에 따르는 책임을 즐기고 극대화해서 활용할 수 있는 사람을 채용함으로써 자율과 책임의 문화를 유지할 수 있다고 생각한다. 이런 직원들은 높은 성과를 내기 위해 알아서 몰입하기 때문이다. 넷플릭스는 휴가, 출장, 경비 사용 외에도 되도록이면 모든 규정을 없애려고 끊임없이 노력한다. 이러한 자율과 책임의 원칙은 넷플릭스 CEO 리드 헤이스팅스Reed Hastings가 작성한 124장의 PPT 슬라이드, '넷플릭스 문화: 자유와 책임Netflix Culture: Freedom & Responsibility'에 상세하게 소개되어 있다. 이 문서는 인터넷에 공개되어 있으므로 누구나 직접 살펴볼 수 있다.

자율성을 높이는 조직 운영의 비결은?

실리콘밸리 기업들은 조직이 성장하면서 복잡한 조직 구조가 만들어지고 이 복잡한 조직 구조 안에서 규율과 절차에 따라 움직이며 결재를 위해서는 서류를 작성해야만 의사결정이 가능한 관료주의가 창의적 성과를 방해한다고 생각한다. 이들은 조직이 성장하더라도 가급적 단순한 조직 구조를 설계함으로써 현장 실무자가 여러 단계의 관리자를 거치지 않고 직접 의사결정을 하도록 돕는다.

타미플루Tamiflu를 개발한 회사로 잘 알려진 길리어드 사이언스는 직원이 7,900명(2015년 말 기준)에 불과하지만 연 매출이 326억 달러, 순이익이 181억 달러로 순이익률이 56%에 이르는 전형적인 혁신형 제약회사다.* 이 회사의 CEO 존 밀리건John F. Milligan은 길리어드 사이언스가 지난 26년간 혁신성을 유지할 수 있었던 비결은 "작은 조직과 그에 걸맞은 작은 조직 문화를 견지했기 때문"이라고 주장한다.** 대규모 조직 구조보다는 제품별로 작은 조직을 독립적으로 운영함으로써 서류 작업 등의 관료주의적 업무나 계층별 결재 단계 없이, 직원들 스스로가 즉각 필요한 의사결정을 하도록 했다. 즉 조직 규모가 커지려 할 때마다 제품별로 세분화된 독립 조직을 추가로 구축함으로써 그들의 30년 전통인 혁신성을 훼손하지 않았다.

길리어드 사이언스는 제품별로 독립 조직을 운영하는 것에 더해 작은 조직의 문화를 지켜나가고자 다른 제약회사와 달리 영업 조직을 최소화하고, 모든 제조를 아웃소싱하며, 어느 정도 기술이 완성되면 다국적 제약회사에 기술이전을 하는 방식을 택하기도 한다. 예를 들어 타미플루는 독자적 판매 방식 대신 다국적 제약회사 로슈Roche에 기술을 이전해서 프로젝트를 완성했다. 이는 조직 규모를 키움으로써 매출을 확대하기보다는 작은 조직을 유지하면서 혁신성을 지키려는 의도가 담긴 판단이다.

우버 또한 단순하고 작은 조직을 유지하고자 노력하는 기업이다. 우버는 팀을 구성할 때 '독립팀' 구성을 원칙으로 한다. 여기서 독립팀이란 개발팀, 사업 운영팀, 마케팅팀 등 기능별로 별도의 팀을 구성하는 것이

---

* 길리어드 사이언스 홈페이지.

** "〈The Biz Times〉 세계 10위권 제약회사 '길리어드 사이언스' 존 밀리건 대표" (2012. 11. 02). 《매일경제》.

아니라 하나의 서비스 상품팀을 만들고 그 안에 모바일 개발자, 디자이너, 제품 관리자, 데이터 과학자, 마케팅 인력 등을 배치함으로써 작지만 완결형 조직을 설계하는 방식이다. 하나의 독립팀 안에서 제품 기획부터 개발과 판매까지 전 프로세스를 담당하다 보니 이 독립팀은 마치 사내 스타트업처럼 운영된다. 우버의 경영진은 이처럼 직원에게 제품 개발 전 과정에 대한 권한을 위임하면 직원들이 주인의식을 가지고 더욱 훌륭한 제품을 만들어낼 것이라고 생각한다.

구글은 최근 사내 스타트업 지원 조직인 에어리어120Area 120을 별도로 신설했다.*** 에어리어120을 신설한 것은 구글 인력이 수만 명 규모로 성장하면서 더는 옛날처럼 직원 주도로 자율적 활동을 하기가 어려워졌다는 판단 때문이다. 과거에는 업무의 20%를 실험적 프로젝트에 사용할 수 있도록 규정한 '20% 룰'을 통해 직원들이 자발적으로 창의적 아이디어를 내고 이를 실제로 사업화하는 경우가 많았다. 그러나 최근에는 이런 활동이 감소했으며, 회사가 자율성을 제약한 탓에 우수한 직원이 퇴직하는 경우도 늘어났다. 구글 출신으로 2010년 인스타그램을 창업한 케빈 시스트롬Kevin Systrom이 대표적 예다. 시스트롬이 창업한 인스타그램은 2012년 구글의 가장 강력한 경쟁사 페이스북에 인수되어 월 실사용자 수가 5억 명(2016년 6월 기준)을 넘는, 페이스북의 핵심 서비스로 발전했다.**** 구글은 이러한 우수 인재들이 구글을 떠나기보

*** "Google's 'Area 120' Incubator Aims to Keep Innovation In-House" (2016. 4. 26). *E-commerce Times.*

**** "Instagram Today: 500 Million Windows to the World" (2016. 6. 21). 인스타그램 블로그.

다 구글에 남아 구글의 최고 인프라를 활용해 자신의 창의적 아이디어를 실현하는 데 에어리어120이 기여할 것이라 기대하고 있다.

이렇듯 실리콘밸리 기업들이 직원의 자율권을 보장하는 것은 높은 성과 창출을 위해서도 중요하지만 직원들 본인의 창의적 욕구를 충족하는 데도 매우 중요한 역할을 한다.

2

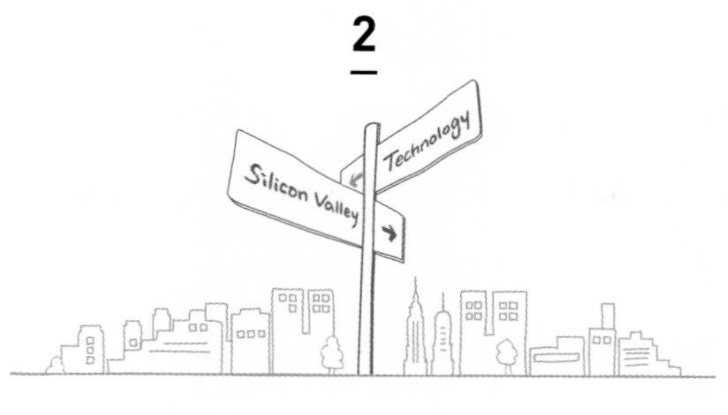

직원들이 스스로 알아서 잘하게 하는 법

자율도 연습이 필요하다!

실리콘밸리 기업들은 직원에게 자율권을 주는 데서 그치지 않는다. 자율권을 주었으니 알아서 잘해보라고 방치하는 것이 아니라, 어떻게 하면 직원이 자율권을 더 잘 활용할 수 있을지 함께 고민하고 꼭 필요한 역량을 키우도록 지원한다. 페이스북이 실시하는 부트캠프와 해커톤이 대표적인 지원 제도이다. 페이스북은 이러한 프로그램을 통해 직원들이 자율권을 가지고 처음부터 끝까지 작은 과제를 완수하도록 연습을 시키고 있다.

부트캠프는 신규 입사하는 엔지니어를 대상으로 실시되며 6주라는 긴 기간 동안 이루어지는 교육이다. 이 기간 동안 페이스북의 신입 엔지니어들은 실제 웹사이트의 버그를 해결하는 프로젝트를 처음부터 끝까지 독자적으로 수행하면서 페이스북의 일하는 방식, 즉 자율적 업무 수행을 실습한다. 해커톤도 직원의 자율권을 사용하여 과제를 수행하는 대표적인 프로그램이다. 해커톤은 직원이 스스로 팀을 꾸리고 협업을 통해 기획, 프로그래밍, 프로토타입Prototype 제작 등 제품과 서비스의 전 프로세스를 8~48시간이라는 아주 짧은 기간에 수행하는 자기 주도형 프로젝트다. 해커톤을 통해 개발된 서비스는 프로토타입으로 끝나지 않고 그중 직원들의 호응이 높은 프로젝트는 정식 과제로 성장하기도 한다. 친구끼리 쉽게 추억을 공유하도록 만든 '공유 앨범' 서비스가 2013년 해커톤에서 제시되어 큰 호응을 얻은 후 실제 서비스로 발전한 경우다.

우수한 제품과 서비스를 만드는 것도 부트캠프와 해커톤의 목적 가운데 하나가 될 수 있지만 이 프로그램의 더 큰 목적은 직원들로 하여금 자율성을 가지고 스스로 업무를 주도하는 경험을 쌓고, 더 큰 프로젝트를 수행할 자질을 키우는 데 있다. 직원들은 부트캠프와 해커톤을 통해 프로젝트의 기획부터 결과물이 나오기까지 전 과정을 연습하게 되고, 이러한 경험을 바탕으로 일상 업무에서도 충분히 자율권을 사용하면서 자신 있게 업무를 수행해나가게 된다.*

---

* 질리언 테트 (2016). 《사일로 이펙트: 무엇이 우리를 눈멀게 하는가》. 신예경 역. 어크로스.

그런데 스스로 결정하는 자율성을 가지고 있다 해도 직원 혼자 모든 일을 수행하기란 현실적으로 불가능하며, 의미 있는 결과물을 내려면 남들과 도움을 주고받는 것이 필수다. 일반 대기업에서는 관리자를 거쳐야만 필요한 정보를 얻을 수 있는 경우가 대부분이어서 직원에게 업무 수행 방법에 대한 자율권이 있다 할지라도 실무 현장에서는 관리자 의존적으로 업무 수행이 이루어질 수밖에 없다. 반면 실리콘밸리 기업들은 관리자에게 의존하지 않고도 실무자들이 고급 정보를 얻을 수 있도록 지원한다.

인터넷 데이터센터 업체 에퀴닉스는 글로벌 모빌리티 프로그램Global Mobility Program이라는 교육 프로그램을 활용해 30여 개국 100여 개 데이터센터 직원들이 모여 기술을 공유하고 직원 간에 폭넓은 네트워킹을 형성하도록 지원한다.** 이렇게 만들어진 네트워크 덕분에 직원들은 관리자를 거치지 않고도 필요한 자원과 정보를 쉽게 획득할 수 있으며 실무자들도 충분한 정보를 바탕으로 직접 의사결정을 할 수 있다.

주니어 직원에게도 오너십을 경험하게 하다

자발적으로 내놓은 아이디어가 구체화되고 실제 서비스나 제품으

** McAlister, Larry (2015. 4. 29). "Equinix at Work: Global Mobility and the Path to Growth and Opportunity". 에퀴닉스 블로그.

로 구현되는 것을 직접 경험하게 되면 직원들의 마음속에서는 자율성을 발휘하겠다는 의지가 더욱 강해진다. 그러나 상대적으로 프로젝트를 주도할 기회가 거의 없는 주니어 직원들은 자율성과 오너십을 발휘할 기회가 부족하며, 따라서 실리콘밸리 기업들은 주니어 직원들의 자율성 발휘를 지원하고자 특별히 신경을 쓴다. 이런 노력을 기울이는 것은 주니어 직원들의 아이디어 자체가 참신하고 우수하기 때문이기도 하지만, 보다 중요한 이유는 주니어 직원들을 동기부여하기 위해서다. 주니어 직원들이 오너십을 가지고 업무에 임하도록 이끌려는 목적이 있는 것이다.

예를 들면, 우버가 신입 직원 교육 기간에 실시하는 프로그램 가운데 하나로 발표 경연대회가 있다. 우버는 이 대회에서 나온 우수 아이디어를 사업화하는데, 이때 아이디어를 직접 제안한 신입사원을 반드시 해당 프로젝트에 참여시킴으로써 그 직원이 해당 프로젝트에 대해 오너십을 갖도록 돕는다. 이렇게 신입사원의 아이디어로 탄생한 대표적 서비스가 우버 애플리케이션을 이용한 음식 배달 서비스 '우버잇츠UberEats'와 대중교통이 끊긴 심야 시간에 운영되는 합승 콜택시 서비스 '우버풀Uber PooL'이다.

우버의 신입사원들은 우버에서는 누구나 아이디어를 내기만 하면 그것이 곧바로 자신의 프로젝트가 된다는 것을 경험을 통해 자연스럽게 알아가게 된다. '내'가 낸 아이디어가 다른 사람을 위한 일이 아니라 바로 '나' 자신의 과제가 되는 것이다. 그러므로 자신이 하고 싶은 프로젝트를 위한 아이디어를 내는 데 적극적이지 않을 수 없다.

구글과 스페이스X 또한 인턴의 아이디어에 귀 기울이고 실제 업무에도 적극 활용하는 것으로 알려져 있다. 일반 기업에서 인턴사원은 대체로 단순 업무를 담당하는 경우가 많다. 그러나 구글은 오히려 기존 직원들이 풀지 못하는 어려운 문제에 대한 신선한 아이디어를 얻고 그 아이디어를 발전시키는 데 인턴사원을 활용한다. 당연히 인턴사원 스스로도 회사의 어려운 문제 해결에 기여한다는 자부심을 갖고 업무에 임하게 되며 비록 인턴이지만 맡은 업무에 대한 사명감과 오너십이 고무된다.

민간 우주선 개발 업체 스페이스X의 CEO 엘론 머스크는 인턴과의 난상 토론을 즐긴다고 알려져 있다. 스페이스X는 매년 약 700여 명의 인턴사원을 선발하는데 모든 인턴이 엘론 머스크를 직접 만날 기회를 갖는다. 인턴들은 "내가 스페이스X의 CEO라면 이렇게 하겠다"라는 아이디어를 제안하면서 자연스레 회사의 주인처럼 사고하게 된다. 또한 스페이스X의 나아갈 방향과 방법론에 대해 CEO와 토론한 내용이 실제 전략에 반영된다. 스페이스X에서 근무했던 인턴들은 이곳에서 일한 경험은 돈으로 살 수 없는 특별한 것이었다고 평가하면서 비록 인턴이지만 자신의 아이디어가 현장에서 구현된다는 자부심 때문에 자신이 필요하다고 판단되면 주 80시간 이상 일하는 것도 꺼려하지 않는다.*

이렇듯 실리콘밸리에서는 주니어의 참신한 아이디어가 실제 조직의

* Stone, Madeline (2015. 6. 21). "The Exciting And Grueling Life of a SpaceX Intern, Where You Meet Elon Musk and 'Work Whatever 80 Hours a Week You Want'". *Business Insider*.

전략과 제품, 서비스에 반영되는 가운데 주니어는 회사와 업무에 대한 강한 오너십을 경험하며 자연스레 자신의 업무에 몰입한다.

의사결정자가 아니라 리더가 되세요!

실리콘밸리 기업들은 직원들의 자율권을 훼손하지 않으면서도 더 좋은 판단을 하고 창의적 결과물을 내도록 서로 조언하는 것을 즐긴다. 아울러, 상위 직급자가 단순히 직급이 높다는 이유로 중요한 의사결정을 주도하지 않도록 끊임없이 경계한다. 합리적 의사결정을 위해서는 직급이 아니라 데이터와 논리가 중요한데도 조직 규모가 커지면서 중요한 의사결정을 경영진이 일방적으로 내릴 수 있다는 점을 실리콘밸리 기업들은 우려한다. 그렇기 때문에 최고경영자들은 관리자 교육, 리더십 규칙 등을 활용하여 리더들이 직급을 이용해 의사결정을 하지 않도록 반복해서 주지시킨다.

소셜 네트워크 서비스를 제공하는 트위터와 모바일 결제 서비스 회사인 스퀘어를 창업한 잭 도시Jack Dorsey는 관리자에게 "리더가 되세요. 의사결정자가 되어서는 안 됩니다Be a Leader, not a Decider"라는 말을 수시로 한다. 그는 또한 건강한 조직은 리더가 아니라 일반 조직 구성원에게 파워가 있다고 강조한다.* 이는 리더가 자신도 모르게 지위를 이용해 의사

* Tabaka, Marla (2015. 9. 2). "5 Leadership Lessons from Twitter CEO Jack Dorsey". Inc.

결정을 하는 것에 대해 리더 스스로 경계를 늦추지 말 것을 당부한 내용이다.

에어비앤비도 비슷한 리더십 규칙을 가지고 있다. CEO 브라이언 체스키Brian Chesky는 '브라이언 룰Brian's Rules'이라는 리더십 규칙을 만들어 직원들에게 배포했다. 이 규칙에서는 "스스로 결정하려 하지 말고 가장 잘 아는 직원에게 자문을 구하라"가 첫 번째로 포함되어 있다.** 그는 브라이언 룰에서 리더가 어떤 이슈에 대해 충분히 공부할 시간이 부족하다면 그 내용을 가장 잘 아는 사람을 찾는 데 시간을 사용할 것을 당부하며, 그를 찾아가 자문을 구할 때 가장 좋은 결과가 나온다고 설명한다.

구글 회장 에릭 슈미트Eric Schmidt는 회의 시간에 기계적으로 고개를 끄덕이면서 '예스'를 외치는 '버블헤드 예스맨'을 조심해야 한다고 말한다.*** 여기서 버블헤드Bobblehead란 바람이 불면 부는 방향으로 고개를 끄덕이며 움직이는 인형이다. 슈미트는 버블헤드가 업무에 대한 오너십이 낮은 직원의 전형적인 모습이라면서, 조직과 업무에 대한 오너십이 낮은 직원은 회의 시간에는 직급이 높은 사람의 의견에 무조건 동의를 표시하다가 회의장을 나오자마자 방금 전까지 지지하던 태도를 바꾸고 불평을 늘어놓거나 투덜대는 경향이 있다고 설명한다. 반면 오너십이 있는 직원은 상대방 직급에 관계없이 자신의 의견을 내세울 줄 알며, 자

** "The Education of Airbnb's Brian Chesky" (2015. 6. 26). *Fortune*.

*** 에릭 슈미트, 조너선 로젠버그, 앨런 이글 (2014). 《구글은 어떻게 일하는가》. 박병화 역. 김영사.

브라이언 룰

1. 정보원을 찾아라 Go to the Source

무언가 배우기 위한 시간이 한정되어 있다면, 대부분의 시간을 주제에 맞는 가장 좋은 정보원을 찾는 것에 써라. 그리고 그 사람에게 가라. "만약 적절한 정보원을 찾았다면, 당신은 지름길을 찾은 것이다."

2. 강하게 움직여라 Amplify Your Moves

가장 큰 영향력을 얻을 수 있는 행동에 당신의 에너지를 쏟아라. "이건 마치 체스와도 같다"라고 체스키는 말한다. 몇 번의 큰 발걸음이 또 다른 발걸음을 옮길 수 있는 큰 힘이 될 것이다.

3. 위기 상황에서는 다수에 따르려 하지 마라 Don't Lead by Consensus in a Crisis

위기 상황에서 당신은 왼쪽 혹은 오른쪽을 선택해야 하지만, 대부분의 사람들이 가운데에 머물러 있기를 원할 것이다. 가운데는 폭풍임을 인지하라.

4. 너만의 저수지를 채워놓아라 Refill the Reservoir

가장 훌륭한 CEO들은 업무 외적인 삶에서 영감을 얻는다. "당신이 만약 콘서트나 바에 가는 것을 멈추고 그저 일만 한다면, 당신은 모든 것을 잃을 것이다. 당신은 당신만의 저수지를 다시 채워야 한다."

신의 주장을 뒷받침해줄 데이터를 적극적으로 준비한다. 슈미트는 오너십을 가진 직원이 더 적극적으로 의견을 제시할 수 있도록 책임자는 자신의 지위를 남용해서는 안 된다고 강조한다.

정리하면, 실리콘밸리 기업들은 오너십을 가진 직원들이 스스로 아이디어를 제시하고 토론에 적극적으로 참여하게 하기 위해 리더의 역할이 중요하다고 생각한다. 실리콘밸리에서는 리더가 권위를 이용해 자기 의견을 관철하는 것은 아닌지 항상 스스로 반성하고, 직원들이 자신의 논리와 데이터를 활용해 올바른 결정을 하도록 지원하는 것을 리더의 역할로 본다. 또한 경영진의 의사결정에 대해 일반 직원이 자신의 의견을 자유롭게 피드백하는 것을 당연시하는 문화를 구축하고 있다.

3

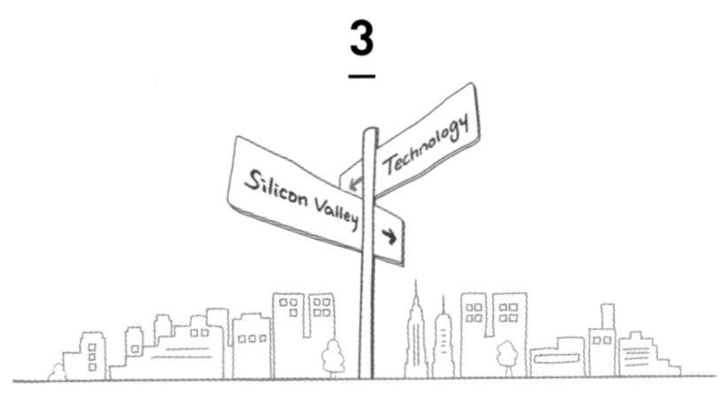

실리콘밸리가 찾은 답, '자기주도'와 '선택'

CEO처럼 사고하고 행동하게 하기 위해 필요한 것

실리콘밸리 기업들은 평범한 직원들도 회사의 주인처럼 사고하고 회사의 CEO처럼 행동하길 원한다고 지금까지 설명해왔다. 그렇다면 실리콘밸리 직원들이 CEO처럼 사고하고 행동하는 것은 어떻게 가능할까? 실리콘밸리 기업들은 CEO처럼 행동하려면 직원들도 CEO와 비슷한 수준의 핵심 정보를 실시간으로 알아야 한다고 믿는다. 여기서 핵심 정보란 회사의 전략, 미래 투자 방향, 산업 환경 동향, 회사의 주요 실적, 서비스 및 제품의 개발 진행 현황 등을 모두 포함한다.

보통의 기업들은 회사의 핵심 정보를 공개했다가 그것이 경쟁사로 흘러 들어가면 어쩌나 하는 우려 때문에 중요한 정보일수록 공개를 꺼린다. 하지만 실리콘밸리 기업들은 어떻게 하면 더 많은 정보를 더 신속하게 직원들과 공유할 수 있을지 고민한다. 이는 중요한 정보가 언론이나 투자자들에게 먼저 공개되었을 때 직원들이 느낄 소외감을 우려해서이기도 하지만 더 중요한 이유는 직원들이 핵심 정보를 알아야만 이 정보를 바탕으로 스스로 더 똑똑하게 의사결정을 할 수 있다고 생각하기 때문이다. 즉 실리콘밸리 기업들은 경영진보다 그 업무를 구체적으로 더 잘 아는 현장의 직원이 더 정확하고 빠른 의사결정을 할 수 있다고 믿기 때문에 의사결정에 필요한 고급 정보를 신속히 직원에게 전달한다. 그러나 일반 기업들은 직원에게 의사결정권을 부여하기보다는 경영진이 직접 의사결정을 하기 때문에 직원이 회사의 핵심 정보를 알고 있을 필요가 없다고 생각한다.

그렇다면 실리콘밸리 기업들은 어떤 방식으로 직원과 핵심 정보를 공유할까? 실리콘밸리 기업들은 회사의 핵심 정보를 직원과 공유하는 일을 대개 CEO가 주도한다. CEO야말로 회사의 핵심 정보를 가장 정확히 설명해줄 수 있는 사람이기 때문이다. 예를 들면 에어비앤비의 CEO 브라이언 체스키는 매주 일요일 저녁이면 지난 일주일간 업무상 취득한 정보 가운데 가장 중요한 것을 요약해 '선데이 나이트 시리즈Sunday Night Series'라는 타이틀 아래 그 내용을 직원들에게 발송한다. 당장에는 자신의 업무와 관련성이 다소 떨어진다 해도 직원들이 최고 의사결정자처럼 회사 전체 관점에서 전략적으로 사고하고, 자신의 업무에서도 신속하게 의사결정을 할 수 있도록 지원하기 위해서다.

구글도 "모든 정보는 모든 직원에게 공개하는 것"이 원칙임을 표방한다. 이를 가장 잘 보여주는 것이 구글의 올 핸즈 미팅All Hands Meeting* 인 TGIFThanks Google It's Friday다. TGIF는 매주 목요일 오후**에 CEO와 직원이 모두 모여 질의응답을 하는 소통 프로그램이다. 미국 본사에서 오프라인으로 진행되지만 전 세계 구글 직원은 실시간 동영상으로 모든 정보를 획득한다. CEO에게 궁금한 사항이 있으면 국가나 직급, 업무와 관계없이 누구나 '도리Dori'라는 시스템에 자신의 질문을 사전 등록할 수 있다. 이렇게 등록된 질문 중 경영진에게 가장 설명을 듣고 싶은 질문에 직원들이 직접 투표하기 때문에 그렇게 선택된 질문부터 CEO가 직접 설명한다. 또한 TGIF는 새로운 제품이나 서비스를 가장 먼저 시연하는 자리이기도 하다. 이때 직원들은 해당 제품이나 서비스의 실패 가능성, 문제가 될 수 있는 서비스 등에 대해 함께 해결책을 모색하는 등 단순히 핵심 정보를 취득하는 데서 한발 더 나아가 CEO의 관점에서 함께 고민한다.

페이스북과 테슬라, 리프트도 비슷한 제도를 운영 중이며 모두 CEO가 직접 운영한다. 페이스북은 마크 저커버그와 일반 직원들이 회사 업무의 모든 진행 현황에 대해 주 1회 질문하고 응답하는 'Q&A with Mark'***를 운영 중이며 테슬라도 올 핸즈 미팅의 형태로 엘론 머스크

---

* 회사의 모든 직원과 경영진이 모여 정보를 공유하고 토론하는 모임을 가리킨다.

** 구글의 TGIF는 설립 초기에는 금요일 오후에 열렸으나 현재는 매주 목요일에 진행된다.

*** 페이스북 뉴스룸.

페이스북은 일반 직원들이 마크 저커버그에게 직접 질문하고 답을 들을 수 있는 'Q&A with Mark'를 매주 운영 중이다(자료: 페이스북 뉴스룸).

와 직원들이 일주일에 한 번 대화 시간을 갖는다. 리프트는 격주로 올 핸즈 미팅을 실시하며, 이 자리에서는 정보를 공유할 뿐 아니라 직원들의 주요 성과를 자축하고 시상하기도 한다. 리프트는 이러한 인정과 격려가 직원들이 회사의 목표를 더욱 잘 이해하게 만들며, 직원들에게 어떻게 회사 목표에 기여할지 스스로 고민하고 더 많은 노력을 하게 만든다고 생각한다.****

실리콘밸리 기업들이 직원에게 중요 정보를 제공하는 또 다른 이유는 직원이 자신의 관점뿐 아니라 회사 전체의 관점에서 큰 그림을 그리고

**** Buchanan, Leigh (2015. 6). "Lyft's CEO on Creating a Great Company Culture". Inc.

그 속에서 자신의 역할과 업무를 수행하도록 돕기 위해서다. 즉 자신의 업무를 잘해내려면 자신의 업무 외에도 회사 전체의 관점으로 사안을 들여다볼 줄 아는 거시적 안목이 있어야 한다고 생각한다.

그런 맥락에서 페이스북의 저커버그는 엔지니어들이 자율성과 오너십을 가지고 일하도록 하려면 엔지니어와 모든 정보를 공유해야 한다고 강조한다. 그렇게 해야만 엔지니어들이 자신의 업무 목표를 달성하는 데 치중하지 않고 자신의 업무가 어떻게 회사 전체 목표와 연결되는지 살피며 큰 그림 속에서 업무를 수행할 수 있다고 생각하기 때문이다. 자신의 업무 외에 회사 전반에 대한 정보를 제공받는 엔지니어들은 동료나 타 부서 업무에 대한 이해를 바탕으로 그들을 위해 자신의 아이디어를 제안하는데 이렇게 되면 회사 전체의 미션을 달성하는 데 필요한 협력이 자연스럽게 이루어진다. 즉 저커버그는 회사의 중요한 정보를 직원과 공유하지 않으면서 직원 간 협력을 부르짖는 것은 무의미하다고 믿는다.

'시키지 않은' 일을 할 권리와 책임

실리콘밸리에서는 지시받은 업무만 수행해서는 좋은 평가를 받기 어렵다. 지시받은 업무를 아무리 탁월하게 잘해내더라도 그것만으로는 부족하며 본인이 처음부터 아이디어를 제안하고 실행을 주도한 업무를 동료들과의 협동 작업을 통해 잘해냈을 때에만 회사와 동료 직원에게 좋은 평가를 받으며, 이것은 이미 실리콘밸리의 문화로 정착되어 있다. 또한 자신의 경력 개발과 성장을 위해서는 주어진 직무만을 수행하기보다는 필요하다고 판단되는 직무를 주도적으로 선택하는 것이 일반적이다. 예를 들면 구글은 엔지니어뿐 아니라 일반 스태프 직원도 50%는 자신에게 할당된 업무를, 나머지 50%는 스스로 제안한 업무를 수행해야 한다. 스태프 직원도 본인이 주도한 업무를 충실히 실행하지 않으면 "시키는 일만 한다"라는 부정적 평가를 받는다.

넷플릭스는 관리자가 직원의 업무에 직접 개입하는 것을 아예 금지한다. 관리자는 업무의 배경과 맥락Context을 전달만 할 뿐 실제 추진 방법과 업무 세부 내용은 팀원들끼리 협의를 통해 정하고 실행한다.

심지어 구글에서는 직원 스스로 자신의 관리자를 변경할 수 있는 권리까지 준다. 직원들은 자신의 현재 관리자가 인재 육성과 성과 창출에 부족하다고 판단하면 관리자를 바꾸어줄 것을 12개월 주기로 회사에 요청할 수 있으며 회사는 반드시 이 요구를 들어준다. 이처럼 구글 직원들은 스스로 업무를 주도할 뿐 아니라 관리자 선택권을 바탕으로 자신의 성장과 경력 관리를 주도해나간다.

직무 전환과 배치에 있어서도 실리콘밸리는 직원의 선택권을 존중한다. 전통 기업들은 회사 관점에서 가장 효율적인 조직을 운영하려는 의도에 따라 직원의 직무 전환 및 배치를 실시하는 경우가 대부분이다. 그러나 실리콘밸리에서는 직원이 원하는 직무로 자율적으로 이동하는 것을 권장한다. 이를테면 페이스북은 직원들에게 하나의 직무에 머무르지 말고 2년마다 새로운 직무에 도전해볼 것을 권장하는 '직무 전환제'

직원의 권리를 표현하는 도구, 구글가이스트

구글은 연 1회 전 직원을 대상으로 '구글가이스트Googlegeist'라는 설문을 실시한다. 이 설문은 회사의 불합리한 관행, 비효율적 업무 수행 방식 등 조직 문화 개선 사항에 대한 직원의 의견뿐 아니라 직원 개개인의 요구 사항도 포함한다. 예를 들면 승진을 원하는지, 해외 근무를 원하는지, 주식과 현금 중 어떤 보상을 더 선호하는지 등 각 개인의 구체적 니즈를 파악한다. 구글 직원은 자기 목소리를 내는 것을 권리라고 생각하며 회사는 설문 결과로 드러난 문제와 니즈를 해결하는 것을 의무라고 생각하기 때문에 이토록 방대한 내용을 포함하는 것이다. 실제로 직원들 사이에서는 구글가이스트가 직원의 권리를 나타내는 핵심 도구라는 인식이 있어 100문항이 넘는데도 설문에 대한 직원 참여율이 90% 이상이다. 구글은 서베이 이후 진단 결과를 1개월 안에 관리자와 전 직원에게 공개하고 개선 항목을 관리자의 추진 목표OKR; Objectives and Key Results에 반영해 실질적 행동 변화를 유도한다.

구글 카페테리아 앞에 붙은 '구글가이스트' 안내 포스터. 구글 직원은 자기 목소리를 내는 것을 당연한 권리라고 생각한다.

를 운영한다. 이때 직무 선택과 이동은 전적으로 직원 입장에서 이루어진다. 즉 관리자는 직원이 원하는 직무로 이동하는 것을 거부할 권한이 없다. 구글 역시 관리자 승인 없이도 직원들이 자신이 원하는 직무로 전환할 수 있는 프로그램을 운영한다. 이렇듯 실리콘밸리 기업에서는 직원들의 직무 선택권 행사를 당당한 권리로 인식하는 분위기가 형성되어 있다.

실리콘밸리 기업들은 직원들이 오너십을 갖고 주도적으로 업무를 추진할 수 있도록 다양한 노력을 기울인다. 우선 직원의 자율권을 보장하는 조직 운영 원칙을 조직 내외부에 공개적으로 밝히고 있으며 작고 단순한 조직, 독립팀 등의 조직 구조를 구축해 자율권이 효과적으로 작동하도록 지원한다. 또한 직원들이 자율권을 충분히 활용하는 데 필요한 역량을 육성하고자 다방면에서 돕고 주니어의 아이디어도 실무에서 구현되는 사례를 만듦으로써 조직의 위계와 상관없이 구성원 모두가 자율권을 가지고 능동적으로 업무에 몰입하도록 이끈다.

실리콘밸리 기업들은 직원이 CEO처럼 사고하고 행동하려면 직원도 CEO와 비슷한 수준의 핵심 정보를 알아야 한다고 생각하기 때문에 회사의 중요 정보를 실시간으로 직원에게 제공하며 회사의 주요 의사결정에 직원이 직접 참여하는 것을 당연한 권리로 생각하는 분위기를 조성한다. 특히 최고경영진을 비롯한 리더들은 직급이 높다는 이유만으로 독단적 의사결정을 하고 있지는 않은지 항상 스스로 경계하며, 직원이 능동적으로 업무를 주도하는 문화를 구축하고자 애쓴다.

실리콘밸리 기업의 이러한 노력은 직원들로 하여금 업무에 필요한 모든 권한을 자신이 가졌다고 느끼게 만든다. 미시간 대학교의 그레첸 스프라이저Gretchen Spreitzer 교수는 직원이 권한을 위임받았다고 느끼기 위해서는 4가지 요소가 충족되어야 한다고 주장한다. 그 4가지 요소란 자신의 업무가 다른 사람에게 영향을 미친다는 영향력Impact, 자신이 맡은 일을 잘해내기 위해 필요한 실력을 충분히 갖추고 있다는 자신감Competence, 스스로 일하는

방법을 선택하고 필요한 자원을 적재적소에서 사용할 수 있다는 자기결정권Self-determination, 일이 중요하고 의미가 있다고 느끼는 의미감Meaning이다.*

그런데 실리콘밸리 기업들은 권한 위임의 핵심 요소를 이미 잘 알고 있다는 듯 실천한다. 이들은 주니어의 아이디어도 실제 회사 제품과 서비스에 반영됨을 계속해서 보여줌으로써 직원 개개인이 다른 사람에게 중요한 영향을 준다는 사실을 확인시킨다영향력. 또한 직원들이 자신에게 주어진 자율권을 활용하는 데 필요한 역량을 개발하도록 지원하며자신감, 자율권을 강조하는 조직 운영 원칙과 직급이 아닌 논리에 근거한 의사결정 문화를 구축해 자신의 업무에 있어 결정 권한이 직원에게 있음을 강조한다자기결정권. 여기에 더해 회사의 핵심 정보를 직원과 공유함으로써 개인이 맡은 일이 어떻게 회사 전체의 목표에 연결되는지 파악하도록 함으로써 자신의 일이 얼마나 중요하고 의미 있는지 주지시킨다의미감.

이러한 노력 덕분에 실리콘밸리 기업의 직원들은 오너십을 갖고 자신의 업무에 강하게 몰입하며 탁월한 성과를 내는 것을 즐긴다. 실리콘밸리에서 시도하는, 오너십을 높이는 다양한 방법은 기존 기업들과는 분명 차별화된 요소이며, 나아가 실리콘밸리 고유의 문화를 형성하는 핵심 요소라 할 수 있다.

---

* Spreitzer, G. M. (1995). "Psychological Empowerment in the Workplace: Dimensions, Measurement, and Validation". *Academy of Management Journal,* 38(5), pp. 1442–1465.

미디어 콘텐츠 산업의 판도를 바꾼 넷플릭스,

탁월한 성과의 근간이 된 자율과 책임의 문화

넷플릭스는 현 CEO 리드 헤이스팅스가 1997년 8월 캘리포니아에서 창업한 DVD 대여 및 동영상 스트리밍 기업으로, 오프라인 중심의 DVD 판매와 대여업을 인터넷 기반 미디어 콘텐츠 서비스로 변화시킨 주역이다. 2016년 현재 넷플릭스의 미디어 콘텐츠 이용 가입자 수는 전 세계 190개국에 걸쳐 8,600만 명에 이른다.*

넷플릭스의 비즈니스 모델은 유료로 가입한 회원들에게 미디어 콘텐츠를 인터넷 또는 DVD로 제공하는 비교적 단순한 방식이다. 물론 넷플릭스는 세계 최대 동영상 스트리밍 기업답게 단순히 동영상을 인터넷으로 제공하는 수준을 넘어 미디어 콘텐츠를 직접 제작까지 한다. 그럼에도 온라인으로 미디어 콘텐츠를 제공하는 오버더톱OTT; Over-The Top

* 2016년 3/4분기 기준, 넷플릭스 홈페이지 공시.

서비스는 독자들에게 그리 새롭지 않은 것처럼 보일 수도 있다. 이미 우리는 유튜브, 푹Pooq, 옥수수, 올레 TVOlleh TV 등 다양한 OTT 서비스를 경험하고 있기 때문이다. 하지만 넷플릭스의 창업 시기가 여전히 오프라인에서 CD와 DVD를 대여해 각 가정에서 CD 플레이어, DVD 플레이어 등으로 콘텐츠를 소비하던 1997년이었다는 점을 염두에 둘 필요가 있다.

넷플릭스 역시 그 출발은 CD와 DVD 타이틀을 대여해주는 동네 비디오 대여점이었다.** 당시 미국의 DVD 대여 업계의 최강자는 '블록버스터Blockbuster'라는 기업으로, 미국의 DVD 대여 시장을 장악하다시피 하고 있었다. 하지만 블록버스터는 소비자로서는 불편할 수밖에 없는 매장 방문을 통한 DVD 대여·반납 사업 모델을 고수하고 있었다. 그렇다고는 해도 블록버스터는 2001년 기준 미국 내 6,500만 명, 해외 3,500만 명의 회원을 보유한 거대 기업이었다. DVD 대여 업계에서 블록버스터에 대항해 승리할 수 있는 기업은 존재하지 않는 듯 보였다.***

하지만 넷플릭스는 블록버스터의 아성에 도전했다. 넷플릭스의 창업자 리드 헤이스팅스는 회원을 모집해 월정 구독료를 받고, 회원들이 우편으로 DVD를 반납하면 새로운 DVD를 보내주는 방식으로 소비자 경험을 개선했다. 틈새시장이었다. 또한 넷플릭스는 월정 구독료를 내도록 하는 대신 회원들이 정해진 대여 기간을 어길 경우 내야 하는 연체

** 송민정 (2015). "동영상 스트리밍 기업인 넷플릭스의 비즈니스 모델 최적화 연구". 《방송통신연구》. 2015년 겨울호, pp. 40-74에서 넷플릭스의 비즈니스 모델과 성장 과정 관련 내용 인용.

*** 지나 키팅 (2015). 《넷플릭스 스타트업의 전설》. 박종근 역. 한빛비즈.

료를 면제해주었다. 넷플릭스 회원이 되면 DVD를 빌리러 대여점에 갈 필요도 없고, 정해진 기간 내에 반납하는 것을 잊어버려도 연체료를 내는 일이 없는 것이었다. 소비자는 집에 편안하게 앉아 온라인으로 DVD를 고른 뒤 DVD가 대문 앞까지 배달되기만 기다리면 된다. DVD 시장의 성장과 넷플릭스 서비스의 편리함 덕분에 넷플릭스 가입자는 빠른 속도로 증가했다. 2002년에는 공개상장(IPO)도 실시했다. 이후 넷플릭스는 영화사들과 더 유리하게 판권 계약을 하는 등 DVD 대여 산업에서 영향력을 키워나갔다.

넷플릭스의 월정 구독료와 우편 기반 DVD 대여 모델은 단순하기 때문에 경쟁사가 모방하기 용이하다. 실제로 블록버스터뿐 아니라 월마트Wal-mart, 아마존 등 많은 기업들이 이 비즈니스 모델을 모방했다. 그러나 넷플릭스는 차별화되는 경쟁력을 가지고 있었다. 즉, 소비자들이 더 빠르고 안전하게 DVD를 받을 수 있도록 유통 체계를 효율화했고, 소비자의 이용 패턴을 분석해 영화를 추천해주는 개인 맞춤형 서비스 '시네매치Cinematch'를 제공했다. 넷플릭스의 웹사이트는 경쟁사보다 사용자 편의성이 높았으며 디자인도 더 멋졌다. 사실 2006년의 넷플릭스는 단순한 온라인 DVD 대여 업체가 아닌 고객의 장기적 가치를 극대화하는 알고리즘을 개발하고 물류센터 설립, 배송 비용 절감 등 효율화를 지속적으로 고민하는 혁신 기업이었다.* 넷플릭스가 시네매치 서비스를 개선하기 위해 '넷플릭스 프라이즈Netflix Prize'라는 범세계적 대회를 개최한

* 지나 키팅 (2015). 《넷플릭스 스타트업의 전설》. 박종근 역. 한빛비즈.

아주 특별한 기술 콘테스트, 넷플릭스 프라이즈

2006년 10월, 넷플릭스는 100만 달러 상금을 걸고 개인 맞춤형 영화 추천 서비스 시네매치의 정확도를 높이기 위한 대회를 시작했다. 우승 상금은 시네매치 정확도를 10% 이상 높인 팀에 지급하기로 되어 있었으며, 학력과 경력을 불문하고 미국과 거래 가능한 나라의 국적을 가졌다면 누구나 참가할 수 있었다. 3년간 186개국에서 4만 팀 이상이 참여했는데, 참가자들을 매혹한 것은 단순히 상금이 아니라, 실제 데이터였다. 넷플릭스가 대회 참가들에게 1억 건의 영화 평점 데이터를 제공했던 것이다. 이 정도 양의 실제 데이터를 분석하는 것은 컴퓨터공학자들 입장에서는 쉽게 얻기 어려운 기회였다. 3년여의 기간 동안 우수한 인력들이 경쟁을 벌인 끝에 시네매치 정확도를 10% 높인 AT&T 연구소 소속 연구원들이 우승을 차지한다.

일화는 당시 넷플릭스가 얼마나 혁신에 몰입했는지를 잘 보여준다.

'넷플릭스 프라이즈'는 과학계뿐 아니라 일반 대중이 넷플릭스에 더욱 관심을 갖게 만들어주었다. 그리고 이 긍정적 관심은 넷플릭스 서비스에 대한 고객 신뢰도를 한층 높여주었다.

2007년 미디어 콘텐츠 업계에는 중요한 변화가 일어난다. 넷플릭스가 인터넷 시대에 발맞추어 실시간 동영상 스트리밍 서비스를 론칭한 것이다. 넷플릭스는 이 서비스를 제공하기 위해 엄청난 액수의 투자를 감행했다. 그리고 이 투자는 미디어 콘텐츠 소비 방식을 DVD에서 동영상으로 바꾸는 일대 변혁을 가져온다.

2010년, 넷플릭스는 더욱더 경쟁이 치열해지는 내수 시장에서 벗어나 해외 진출을 모색하는데, 현지에 특화된 미디어 콘텐츠를 제작하고 가격 체계를 정비하는 등 현지 침투 전략을 적극 적용했다. 그 결과, 2002년 미국 내에서 60만 명이던 회원 수가 2016년 190개국 8,600만 명으로 143배 증가했다.

넷플릭스가 이처럼 경쟁사보다 한발 앞서 혁신하여 지속적으로 성장할 수 있었던 배경에는 "자율Freedom과 책임Responsibility을 기반으로 한 탁월한 성과 지향We Seek Excellence"이라는, CEO 리드 헤이스팅스의 확고한 기업 운영 철학이 있다.

넷플릭스의 기업 운영 철학을 면밀히 살펴보려면 2009년 넷플릭스가 공개한 "넷플릭스의 문화: 자율과 책임Netflix Culture: Freedom & Responsibility"* 이라는 제목의 문서 124장을 참고할 필요가 있다. 페이스북 COO 셰릴 샌드버그는 이 문서를 두고 실리콘밸리에서 공개된 문서 중 가장 중요한 문서라고 평가하기도 했다. 이 문서에서 리드 헤이스팅스는 기업이 성장하는 과정에서 관료화되고 핵심 인재의 비중이 낮아져 창업 정신이 유실되는 것을 우선 경계했다. 그는 조직 운영을 위한 복잡한 절차와 규정보다는 자율과 책임을 강조하는데, 이 같은 경영 철학은 조직 문화, 인사 제도, 근무 환경에도 고스란히 담겨 넷플릭스가 추구하는 탁월한 성과Excellence를 창출하는 근간이 된다. 넷플릭스를 가장 넷플릭스답게

* 여기서 기술하는 넷플릭스의 조직 문화, 인사 제도, 근무 환경 관련 내용은 대부분 "Netflix Culture: Freedom & Responsibility"를 인용, 재구성한 것이다.

만드는 넷플릭스의 조직 문화, 인사 제도, 근무 환경의 특징은 크게 9가지로 요약된다.

:넷플릭스의 행동과 의사결정의 원칙인 9가지 핵심 가치의 내재화:

2009년 넷플릭스는 그동안의 성공 경험을 기반으로 행동과 의사결정의 원칙인 9가지 핵심 가치를 제정했다. 판단Judgement, 소통Communication, 성과 중심Impact, 빠른 학습Curiosity, 혁신Innovation, 대담함Courage, 열정Passion, 정직Honesty, 이타성Selflessness이 그것이다. 몇 가지 가치 지향적 키워드를 핵심 가치로 제정했다는 점은 다른 기업들과 크게 다를 바 없다. 하지만 넷플릭스 CEO 리드 헤이스팅스와 최고인사책임자CHRO; Chief Human Resources Officer 패티 맥코드Patty McCord는 단순히 듣기 좋은 가치 선언문Nice Sounding Value Statements만으로는 그 기업이 진정으로 중요하게 여기는 것들이 직원들에게 내재화되어 행동으로 실천되기는 어렵다고 판단했다. 일례로 엔론Enron은 윤리와 신의Integrity를 핵심 가치로 내세웠지만 대형 분식회계 사건으로 경영진이 구속되고 회사는 파산했다. 리드 헤이스팅스는 진정한 핵심 가치는 직원들의 행동 속에서, 인사 제도 속에서 실현되어야만 한다고 생각했다. 이 같은 확고한 신념 아래 핵심 가치를 실체화하기 위해 넷플릭스는 9가지 핵심 가치별로 반드시 지켜야 할 4개 행동 강령Behaviors and Skills을 제시했다.

'혁신'을 위한 행동 강령

- 어려운 문제의 해답을 찾기 위해 이슈들을 재구성하라.
- 기존에 검증된 가설에 도전하여 더 나은 대안을 찾아내라.
- 새로운 아이디어를 창출하고 그 유용함을 증명하라.
- 복잡성을 최소화하고 단순화하라.

또한 9가지 핵심 가치를 인사 제도에 반영해 가치와 규범이 자연스럽게 연결되도록 만들었다. 지켜내고자 하는 가치를 직원들이 가치 있게 여기도록 만드는 것, 그것이 넷플릭스 조직 운영의 첫 번째 특징이다.

: 모든 직원이 스타플레이어이고 모든 팀이 드림팀이다 :

'고성과 창출'은 북미 기업들의 핵심 가치에서 쉽게 찾아볼 수 있는 문구다. 하지만 넷플릭스처럼 '성과'를 직원 채용과 해고의 절대적 기준으로 적용하는 기업은 드물다. 넷플릭스는 최고 인재만 채용하고 그 상태를 계속 유지함으로써 스타플레이어로만 이루어진 드림팀을 만들겠다는 근본 원칙을 엄격하게 준수한다. 이는 달리 말하면 창업 멤버이거나 과거에 큰 기여를 했더라도 현재 탁월한 성과를 내지 못하면 곧바로 해고한다는 뜻이다.

이를 직접적으로 보여주는 사례가 있는데, 회계 장부 담당이었던 '로라'가 바로 그러한 경우이다. 로라는 넷플릭스 사업 초기 DVD 대여 기록을 바탕으로 요금 책정 체계를 만든 인력으로, 그녀가 만든 요금 체계는 넷플릭스의 사업 성장에 중요한 역할을 했다. 2002년 IPO 직전까지 그녀는 분명 고성과자 가운데 한 사람이었다. 하지만 넷플릭스가 공개 상장을 한 뒤로는 더 다양한 재무 경험을 쌓은 전문 인력이 필요해졌다. 쉽게 말해 '로라'는 이제 넷플릭스와 맞지 않았다. 넷플릭스 경영진은 그녀에게 다른 역할을 주는 것도 고려해보았으나, 이는 넷플릭스의 원칙과 맞지 않는다고 판단했다. 대신 그녀에게 아주 좋은 퇴직 패키지를 제공하고 상황을 솔직하게 설명하는 쪽을 택했다. 회사를 떠나는 것은 슬펐지만 그녀는 상황을 이해하고 받아들였다.*

'최고 인재'를 중시하는 넷플릭스답게 성과 관리 체계 역시 독특하다. 넷플릭스는 대부분의 기업들이 채택하고 있는 상대평가를 실시하지 않는다. 대신 직급과 관계없이 실명으로 진행하는 실시간 대면 피드백Face-to-Face Real Feedback이 활성화되어 있다. 함께 일하는 팀원이 성과를 내지 못하면 다른 팀원들이 당사자나 관리자에게 즉시 솔직한 피드백을 제공하는 것이다. 실시간 대면 피드백 외에도 매년 4월 정기 평가가 이루어지는데 이 역시 동료끼리 실시한다. 평가자 자신이 원하는 사람에게 피드백을 제공하며, 피드백을 줄 수 있는 인원수에 제한이 없다. 특정 행동의 시작, 지속, 중단을 권고하는 정도의 피드백 가이드라인이 있지만,

---

* McCord, Patty (2014). "How Netflix Reinvented HR". *Harvard Business Review*(1). pp. 71–77.

이를 지키지 않고 자유 양식으로 피드백을 해도 무방하다. 넷플릭스가 중요하게 생각하는 것은 평가의 형식이 아닌, 함께 일하는 사람들의 솔직하고 정확한, 진심이 담긴 피드백이다.

이처럼 항상 높은 성과를 내야만 하는, 긴장감이 높고 심지어 냉혹하게도 여겨지는 조직이기 때문에 아무래도 넷플릭스 문화에 적응하지 못하고 입사 1년 안에 자진 퇴직하는 인원도 10%나 된다. 자발적 퇴직자 외에, 저성과자 역시 두 달치 월급과 함께 바로 해고된다. 결국 이들을 합하면 연간 약 20% 인력이 회사를 떠나는 셈이다.* 하지만 강한 고성과 지향 문화와 인사 제도 덕분에 넷플릭스는 동일한 업무를 동종 업계 대비 훨씬 적은 인력으로 더 빨리 수행해낸다. 늘 경쟁자보다 한발 앞선 변신, DVD 대여 업계의 거인 '블록버스터'와의 경쟁에서의 승리, 2013년 한 해에만 3배 오른 주가, 해외 진출 선언 5년 만에 전 세계 동영상 스트리밍 시장 진출 등이 넷플릭스가 보여준 '탁월한 성과'의 증거들이다.

:무한 자유를 주되, 무한 책임을 묻는다:

넷플릭스는 "모든 직원을 어른처럼 대하라Treating Employees Like Adults"라는 인사 철학과 "최고의 인재들은 자율권을 보장할 때 더욱 혁신적인 아이

* 지나 키팅 (2015). 《넷플릭스 스타트업의 전설》. 박종근 역. 한빛비즈.

디어를 창출할 수 있다"라는 믿음을 제도로 구현했다.

먼저 넷플릭스에는 정해진 근무시간 규정이 없으며, 근태를 회사에서 관리하지 않는다. 근무시간보다는 생산성에 초점을 맞추는 CEO의 철학이 반영된 결과다. 또한 정해진 휴가 일수가 없어서 개인 판단에 따라 유급휴가를 무제한으로 쓸 수 있다. CEO 리드 헤이스팅스도 2015년에 휴가를 6주 사용했으며, 직원들은 연평균 3~4주 휴가를 사용한다. 넷플릭스는 별도의 복장 규정도 두지 않고 직원들의 판단에 맡긴다.

그렇다고 넷플릭스가 '자유'만 제공하는 회사는 아니다. 시간, 휴가, 복장 등에서 자율을 보장해주는 대신 자신의 성과에 대해서는 '어른답게' 책임을 져야 한다. 회사에서는 어떠한 교육이나 훈련도 제공하지 않지만 스스로 개발하고 성장해서 탁월한 성과를 만들어내야 한다. 그렇지 못했을 때는 회사를 떠나는 것으로 책임을 져야 하는 것이 넷플릭스가 지향하는 자율과 책임이다.

:통제보다는 큰 그림과 맥락을 중시한다:

CEO 리드 헤이스팅스는 넷플릭스가 성장하는 과정에서 각종 규정이 만들어져 조직이 관료화되고 유연성이 떨어지는 현상을 매우 경계해왔다. 그는 창업 초기의 자유로운 문화와 일하는 방식이 지속되기를 바라기 때문에 넷플릭스에서는 회사가 직원들을 강하게 통제하려는 관행이 거의 존재하지 않는다.

그 예로, 넷플릭스에는 경비 사용에 대한 규정이나 제한이 없다. 오직 "넷플릭스의 이해와 부합하게 행동하라Act in Netflix's Best Interests"라는 대원칙이 있을 뿐이다. 다시 말해 넷플릭스에서는 업무에 필요한 경비를 직원들이 알아서 결정하고 지출한다. 같은 곳으로 출장을 가더라도 상황에 따라 사용하는 경비가 다를 것이므로 이를 하나하나 규정하고 통제하기보다는 큰 맥락을 더 중요하게 여기는 것이다. 심지어 75달러 이하는 영수증 처리도 필요 없다. 회사 시스템을 통해 청구하면 바로 통장으로 입금된다. 이는 자율이나 책임과도 연결된 부분으로, 회사는 직원을 믿고 자율성을 부여하되 경비 사용 시 발생할 수 있는 윤리적 이슈는 직원 개개인이 책임지는 더 성숙한 문화를 지향하는 것이다.

관리자가 팀의 목표를 부여할 때도 큰 틀을 더욱 중요하게 고려한다. 팀원 개개인에게 세부적 목표를 할당하기보다는 회사의 전략, 목표와 연계해서 팀이 수행해야 하는 큰 그림을 그려주고, 이와 관련된 맥락에 따른 정보만 제공한다. 그 후 팀원들이 모여 자율적으로 해야 할 구체적 업무를 정하고, 서로 분배하는 절차를 거친다. 넷플릭스의 관리자는 '관리'를 하는 사람이 아니라 큰 그림을 그리는 사람이며, 팀원들 역시 누가 시켜서 일을 하는 사람이 아니라 '알아서' 일해야 하는 성인들이다.

:업계 최고 수준의 연봉으로 보상한다:

넷플릭스는 '업계 최고 수준의 연봉 지급'이라는 보상 정책을 채택하고 있다. 모든 직원이 동종 업계 최상위 10% 수준의 연봉을 받을 수 있도록 해마다 철저하게 직무별 시장 임금을 조사해서 반영한다. 심지어 넷플릭스 직원을 스카우트하려는 경쟁사에서 해당 직원에게 더 높은 연봉을 제안하면 인사 부서에서 시장조사를 거쳐 그 직원의 연봉을 재산정한다.

또한 주식을 통한 보상 외에는 성과에 따른 변동 인센티브는 지급하지 않는다. 최고의 인재를 데려왔으니 최고로 보상을 해주어야 하며 매년 총보상이 큰 폭으로 변동되지 않도록 높은 수준의 기본급을 제공하겠다는 의미다. 주식 보상 역시, 직원 개개인이 자신의 총보상 중 주식 보상 비중을 선택할 수 있다. 실리콘밸리의 많은 회사들이 직원들의 퇴사를 막기 위해 제공한 주식에 대한 의무 보유 기간을 옵션 사항으로 두는 것과 달리, 넷플릭스는 직원들에게 제공한 주식에 대한 의무 보유 기간을 두지 않는다. 따라서 직원들은 언제든지 자신이 보유한 주식을 현금화할 수 있다.

금전적 보상이 최고 인재를 채용하고 유지시키는 유일한 수단은 아니지만 중요한 수단 중 하나인 것만은 틀림없다. 넷플릭스는 탁월한 성과를 지향한다는 가치를 보상 제도에 잘 녹여내고 있다.

:사내 계층을 최소화하며, 회사 주도 교육은 없다:

넷플릭스는 일반 직원들에게는 직급 체계를 적용하지 않는다. 따라서 성과를 냈을 때 기본급이 오를 수는 있어도 일반 직원들이 수직 상승, 즉 승진하는 일은 없다. 예를 들면 사용자 경험UX; User Experience 디자이너는 매니저Manager나 디렉터Director가 되기 전까지는 직함Job Title의 변화 없이 계속 UX 디자이너다. 이는 계층을 최소화하여 의사결정 속도를 높이고, 서로 원활하게 소통하려는 CEO의 의지가 담긴 체계다. 더 수평적인 조직을 만들겠다는, 다소 추상적일 수 있는 철학과 가치를 인사 제도로 구현한 것이다.

이와 연관하여, 넷플릭스에는 사실상 직원 육성 체계가 없다. 이는 "성과가 낮은 직원을 훈련과 교육을 통해 우수한 직원으로 바꾸는 것은 불가능하다"라는 CEO의 판단이 반영된 결과다. 따라서 멘토링, 순환 근무, 경력 개발 체계, 저성과자 관리 프로그램 등 공식적 육성 체계는 넷플릭스에 존재하지 않는다. 대신 시장에서 가장 우수한 인재를 채용해 뛰어난 동료들과 함께 도전적 과제를 함께 수행하는 과정에서 성장할 것을 권장한다.

> "직원들을 위해 할 수 있는 최선은 같이 일할 최고의 동료를 고용하는 것이다. 훌륭한 동료가 최고의 패다." (최고인사책임자 패티 맥코드, 2001년)*

---

* McCord, Patty (2014). "How Netflix Reinvented HR". *Harvard Business Review*(1). pp. 71–77에서 인용.

:변신을 거듭하되 초심은 잃지 않는다:

넷플릭스는 변신에 변신을 거듭하는 기업이다. 그 변신이 매번 성공했으니 초심을 잃지 않는 혁신 기업이라고도 할 만하다. 넷플릭스는 오프라인 중심의 DVD 대여 산업 판도를 온라인 중심으로 바꾸었고, DVD 중심의 미디어 콘텐츠 유통 방식을 동영상 스트리밍 서비스로 변화시켰다. 그리고 이제는 전 세계로 사업을 확장하며 각 국가에 특화된 현지 미디어 콘텐츠까지 제작한다. 미국에서 넷플릭스가 '영화를 보다'라는 동사로 쓰일 만큼 넷플릭스라는 회사는 어느덧 미국 대중문화의 아이콘으로 자리 잡았다.

이 같은 성공은 넷플릭스의 CEO 리드 헤이스팅스가 성공에 자만하지 않고 변화와 혁신을 게을리하지 않은 덕분이다. 넷플릭스는 직원 수가 30명일 때나 3,500명일 때나 똑같이 유연하게 개방적으로 조직을 운영한다. 리드 헤이스팅스는 세상에서 가장 우수한 사람들을 채용해 그들에게 높은 보상과 자유로운 근무 환경을 제공하고, '탁월한 성과'라는 책임을 요구했다. 그동안 넷플릭스가 거둔 성공과 성취에는 지난 몇 년간 만들고 다듬어온 조직 문화, 인사 제도, 근무 환경, 그리고 넷플릭스 사람들이 있었다. 그렇게 하나씩 쌓아 올린 조직의 기반이 쉽게 무너질 것으로는 보이지 않는다. 한없이 자유롭지만 그 자유에 반드시 책임을 져야 하는 직선적이고 솔직한 기업, 넷플릭스의 다음 변신이 기대되는 이유다.

공유경제의 선두주자 우버,

기업가적 벤처 문화와 자발적 하드워킹

우버는 트래비스 캘러닉Travis Kalanick과 개릿 캠프Garrett Camp가 2009년 3월에 창업한 '공유경제 비즈니스'의 대표 기업으로, 모바일 앱을 통해 고객과 차량 소유 기사를 일대일로 연결하는 사업 모델을 갖고 있다. 공유경제란 제품과 자산을 다른 사람과 함께 사용하거나 서로 빌려 쓰는 협력적 경제 활동이다. 공유경제 비즈니스 모델은 유휴 자원 소유자공급자와 사용자수요자를 플랫폼 운영자가 연결해주는 것이며, 대표적 플랫폼 운영 기업으로는 우버를 비롯해 에어비앤비숙박 공유, 랜딩클럽개인 대출 등이 있다.

2008년 트래비스 캘러닉과 개릿 캠프는 각각 32세, 30세에 불과한 젊은 벤처 사업가였다. 친한 동료 사이였던 두 사람은 그해 겨울 콘퍼런스 참석차 파리에 방문했을 때 눈 때문에 30분 넘게 택시를 못 잡는 경험을 하게 되었다. 그리고 이 둘은 '버튼 한 번만 눌러 택시를 잡을 수 있으면 얼마나 좋을까'라는 단순한 아이디어로 우버 사업을 구상했다. 우버를 이용하는 승객은 스마트폰 앱을 통해 예약 차량의 위치와 운전자 정보를 실시간으로 확인할 수 있으며, 차량 선택부터 요금 결제까지 앱 하나로 해결할 수 있다. 이런 비즈니스 모델은 언뜻 단순해 보이지만 복잡한 컴퓨터 알고리즘이 뒷받침되어야 했고, 이전까지 아무도 실행한 적이 없는 사업 모델이었다. 우버는 창립과 동시에 투자자들의 뜨거운 관심을 받는 데 성공했다.

우버는 2010년 6월 첫 사업을 개시한 이래 7년 만에 전 세계 81개국 632개 도시에 진출했으며, 기업가치는 2016년 8월 기준 650억 달러로, 이는 100년 넘는 역사를 지닌 전통적 자동차 회사 GM과 포드의 기업가치를 훌쩍 넘는 수준이다.* 현재의 사업 모델을 무한 확장할 수 있다는 것이 우버가 가진 무서운 경쟁력이다. 우버는 고객과 파트너차량 소유 기사를 연결해주는 플랫폼을 기반으로 한 차량 공유 서비스 외에도 우버잇츠UberEats, 조리 음식 배달, 우버프레시UberFresh, 유기농 식재료 배달, 우버러시Uber Rush, 소형 택배, 우버카고UberCARGO, 대형 화물 등 사업 영역을 세분화하고 있으며, 대량의 고객 위치 정보를 바탕으로 우버풀UberPool이라는 카풀 서비스도 제공하고 있다. 또한 자율 주행 차량 사업에도 본격적으로 뛰어들어 자동차 산업의 본질을 변화시킨다는 사업 전략을 추진 중이다.

---

* 2016년 8월 기준, 비상장 기업인 우버의 기업가치 650억 달러는 전문가들의 추정치("Why Uber Might Stalk an IPO Sooner Rather Than Later". 2016. 8. 7. *The Wall Street Journal*); 2016년 8월 말 기준, 포드 자동차 기업가치 500억 달러, GM 기업가치 492억 달러(Google Finance).

우버의 사업 모델

우버가 공유경제 비즈니스의 대명사로 떠오르면서 우버처럼 수요자와 공급자를 연결해주는 플랫폼 사업화에 대해, 영어 접미사를 이용한 우버피케이션Uberfication, 우버나이제이션Ubernization이라는 신조어까지 생겨났으니, 우버는 사업적 성공을 넘어 하나의 거대한 사회현상을 만들었다고도 볼 수 있다.

우버가 짧은 기간 급성장한 배경에는 "세상이 움직이는 방법을 바꾸겠다Changing the Way the World Moves"라는 창업자들의 원대한 비전과 이에 공감하는 직원들의 열정적 하드워킹, 기업가적 벤처 문화가 있다.

: 주인의식에서 비롯되는 자발적 하드워킹 문화 :

우버는 직원들이 회사의 성장과 자신의 성공을 동일시하면서 주 80시간 이상 자발적으로 일하는 하드워킹 문화로 유명하다. 누구보다 CEO 트래비스가 악바리 근성으로 유명해, 사무실에 가장 먼저 출근하고 가장 늦게 퇴근하는 사람도 트래비스라고 한다.

2015년 여름, 우리 연구팀이 미국 샌프란시스코 시내에 있는 우버 본사에 저녁 8시쯤 방문했을 때는 늦은 저녁을 먹는 직원들과 저녁 미팅 준비로 분주한 직원들로 가득했다. 직접 대화를 나눈 한 직원에 따르면 우버에서는 저녁 9시 미팅, 11시 이메일 응답, 주말 근무가 자연스러운 분위기라고 했다. 누가 강요해서라기보다는 그저 일을 열심히 하다 보면 그렇게 된다는 것이다. 실제로 우버의 채용 담당자들은 입사 지원자들에게 "주당 80시간 이상 근무를 할 수도 있는데 괜찮습니까?"라고 질문하기도 한다. 따라서 우버는 일과 가정의 양립을 중시하는 사람들에게는 적합하지 않은 직장일 수도 있다는 것이 직원의 말이었다. 우버가 각 도시에서 사업을 시작할 때 매니저 선발 과정에서 벤처 정신, 도전 정신뿐 아니라 악바리 근성을 가지고 하드워킹에 익숙한 컨설팅 회사나 투자금융 회사 출신들을 선호하는 것도 이런 이유다.

"실리콘밸리에서는 일이 편해진다는 느낌이 드는 순간 도태된다. 이전 직장에서 약간의 매너리즘에 빠져 있을 때 우버에서 이직 제안을 받았는데, 우버는 끊임없는 자극과 도전, 성장이 가능한 분위기라 이직을 결정했다." (소프트웨어 엔지니어와의 인터뷰)

우버 직원들의 하드워킹 배경에는 주인의식이 자리 잡고 있다. 기업가 정신을 가진 인재들은 사업 성공을 위해 스스로를 동기부여하며, 실시간으로 빠르게 성장하는 회사와 자신의 성공을 동일시한다.

"내가 담당한 도시의 오너Owner는 '나'라고 생각한다. 회사의 성장과 함께 나의 권한과 책임도 증대되고, 당연히 보상도 더 늘어나기 때문에 열심히 일하는 보람이 있다." (직원과의 인터뷰)

또한 "세상이 움직이는 방법을 바꾼다"라는 사명감으로 일 자체에 의미를 부여하고 동기부여되는 직원들도 많다.

"내가 개발한 우버풀 서비스를 통해 궁극적으로는 대기오염, 소음, 교통체증 등 세상의 문제를 해결한다는 신념과 자부심이 있다." (프로그램 개발자와의 인터뷰)

:투명하고 개방적인 사무 공간:

우버는 직원들이 이렇게 열심히 일할 수 있도록 최적의 업무 환경을 제공한다. 직원들은 높낮이 조절이 가능한 자신의 책상에서 일하거나, 사무실 중간중간에 놓인 고급 소파, 사내 카페테리아 등 어디서나 편하게 일할 수 있다. 사무실은 높은 천장에 파티션이 없는 시원한 개방형 구조로 되어 있으며, 각 층 중앙에는 넓은 공간의 카페테리아를 배치해 직원들 간 협업과 소통을 도모한다. 미팅룸은 유리벽으로 되어 있어 미팅이 진행되는 모습이 밖에서 보이는데, 이는 모든 정보를 직원들과 비밀 없이 투명하게 공유하는 것이 결국 성과에 도움이 된다는 우버의 철학을 반영한 것이라 볼 수 있다.

또한 직원들이 업무 외의 일로 시간과 에너지를 낭비하지 않도록 무료 식사, 고급 유기농 간식과 음료를 상시 제공하며, 샤워 시설과 운동 시설도 사내에 잘 갖춰놓고 있다. 원하는 직원들에게는 세탁 서비스도 제공한다.

:도시별로 권한을 위임하되 필요하면 아낌없는 지원:

전 세계적으로 600개가 넘는 도시에 진출한 우버는 각 도시별로 스타트업처럼 운영될 수 있도록 직원들에게 철저하게 권한 위임을 하고 있다. 각 도시 사업의 손익을 책임지는 제너럴 매니저General Manager, 파트너인 차량 운전자들을 관리하는 오퍼레이팅 매니저Operating Manager, 고객을 관리하는 마케팅 매니저Marketing Manager, 이렇게 핵심 매니저 3명의 책임 아래 사업이 운영되며 도시 사업의 성장 계획 역시 이들의 손에 달려 있다. 도시별로 필요한 인력은 핵심 매니저들이 직접 선발하며, 지역별 사업과 홍보 전략, 대관 업무, 서비스 품질 관리 등도 자체적으로 해결한다. 그렇다고 본사가 아무 일도 하지 않는 것은 아니다. 큰 틀에서 사업 운영 가이드라인을 제공하며, 법률 상담을 지원하고, 여러 가지 부닥칠 수밖에 없는 문제들을 해결할 수 있도록 필요에 따라 다양한 도움을 준다.

우버 본사와 도시별 매니저의 역할

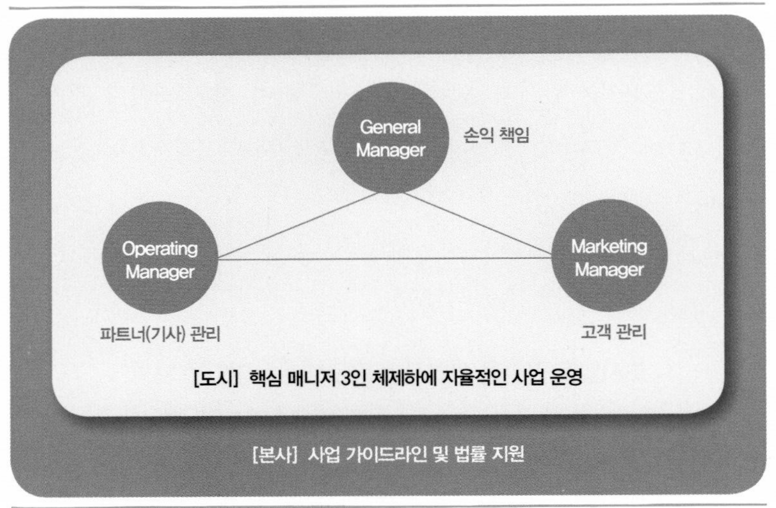

"규제나 기타 이슈로 당장의 사업 이익을 내기 어려운 지역에 대해서는 본사가 단기 성과를 재촉하지 않고 함께 해결법을 모색해준다."
(제너럴 매니저와의 인터뷰)

:우버다운 인재를 채용하기 위한 끈기 있는 노력:

창업자 트래비스는 끊임없이 모험을 즐기며 때로는 물불 가리지 않고 밀어붙이는 적극적 성격을 가진 사람으로 언론에 묘사되곤 한다. 실제로 트래비스는 직원들 역시도 자신처럼 도전을 두려워하지 않고 열정적이기를 바란다. 이러한 바람은 우버의 인재상인 우버다움Uberness에 녹아 있다.

우버는 회사가 바라는 인재상에 대해 다음과 같이 3가지로 정의하고 있다. 첫 번째는 "자신의 일이 전 세계 모든 사람의 삶에 영향을 미칠 수 있도록 노력하는 사람Global Impact"이며, 두 번째는 "어려운 문제를 창의적이고 대담한 아이디어로 해결할 수 있는 사람Bold Idea", 세 번째는 "자신의 업무에 대해 항상 고민하고 열정을 가지고 일하는 사람Passionate People"이다.

우버는 지원자들이 이러한 '우버다움'을 갖추었는지와 그들의 직무 전문성을 철저히 검증하기 위해 각각의 직무에서 요구되는 역량과 자격요건을 상세히 하고 이에 맞는 인재를 채용한다. 우버는 엔지니어링, 사업 운영, 마케팅, 디자인, 법무, 재무, 홍보 등 12개 채용 분야의 세부 직무별로 요구되는 역량과 인재상을 우버 홈페이지에 상세히 기술해놓았으며, 이에 따라 지원자 자신이 조직과 직무에 적합한 사람인지 스스로 검열Self-screening해보도록 하고 있다.

우버 인사 부서 인원의 40% 이상이 채용 담당일 정도로 우버는 채용팀을 인사 부서의 핵심 기능으로 운영한다. 직군별로 전문화된 채용팀이 구글, 페이스북, 애플 등 경쟁사뿐 아니라 유명 대학과 연구소에서 핵심 인재들을 공격적으로 스카우트한다. 일례로 2015년 6월 우버는 자율 주행차 연구를 위해 카네기멜론 대학 국립로봇공학센터National Robotics Engineering Center 연구원 40명을 대거 영입했다.

우버는 회사의 인재상에 부합하고 직무 전문성이 높은지 철저히 검증하고자 경쟁사 대비 2배 이상 길고 까다로운 채용 과정을 운영한다. 실리콘밸리의 다른 회사들이 인재를 채용하는 데 평균 2~3주가 걸리는 반면 우버는 4~6주나 걸린다.

채용은 사전 스크리닝과 직무별 능력 평가*, 동료 및 매니저와의 인터뷰, 프레젠테이션 프로세스로 진행된다. 2차 시험 통과자에 한해 회사로 불러 본격적으로 채용 인터뷰를 진행하는데, 그 전에 지원자의 조직 적합도와 성격 등을 평가하기 위해 회사가 주최하는 자유로운 분위기의 파티인 해피 아워Happy Hour에 지원자들을 초대한다. 회사 초청 인터뷰의 면접관으로는 함께 일하게 될 잠재적 동료들이 참여하는데, 이들은 각기 다른 질문 리스트를 준비해 다방면에서 지원자를 검증한다. 이러다 보니 입사 지원자가 모든 사람들과의 인터뷰를 끝내는 데 짧게는 3시간, 길게는 10시간까지 소요된다. 초청 인터뷰가 끝나면 면접자들이 모두 모여 1시간가량 지원자에 대한 채용 여부를 논의한다. 이때 만장일치로 합의가 이뤄져야만 다음 채용 단계로 진행될 정도로 동료에 의한 검증이 철저하다. 이렇게 복잡하고 긴 과정을 통해 우버다움을 갖춘 핵심 인력을 선발하는 것이다.

또한 우버는 우수 인재 발굴을 위해 모든 임직원이 채용 담당자 역할을 수행하는 내부 추천제도 운영한다. A급 직원이 A급을 알아본다는 철학하에 직원 추천을 장려하며, 추천한 인재가 입사에 성공하면

---

* 엔지니어링 분야는 코딩 시험, 사업 운영/재무회계 분야는 분석력 시험, 홍보/마케팅 분야 지원자는 창의력 시험 등을 치른다.

1,000~7,000달러 상당의 인센티브를 추천자에게 제공한다. 조직 및 직무 적합도를 미리 검증할 수 있기 때문에 내부 추천제는 입사자가 회사에 조기 정착하는 데 긍정적 효과를 줄 수 있다. 우버는 사내 채용팀 외에도 외부 에이전시를 통한 고위급 핵심 인재 영입도 진행하며, 스탠퍼드 대학, UC 버클리 대학 등 유명 대학들과의 산학협력과 교수 추천제나 인턴십 활성화 등을 통해 젊고 우수한 '천재급' 인력 확보에도 열중한다.

:아이디어 창고 역할을 하는 우버대학과 워케이션:

우버는 모든 임직원이 창의적 아이디어 교류와 신사업 발굴에 참여할 수 있도록 다양한 채널을 만들었다. 일례로 전 세계 신규 입사자들을 대상으로 3일간 본사에서 '우버대학Uberversity'이라는 입문 교육 과정을 운영한다. 이는 본사에서 신규 입사자와 임직원이 교류하면서 회사의 역사, 미션, 전략 등을 공유하고자 하는 목적으로 진행되며, 교육 마지막 날에는 자유로운 분위기에서 CEO와 해피 아워를 갖는다. 단순 강의보다는 프레젠테이션 경연 등으로 교육생 참여를 유도하는데, 이 기간 동안 직원들이 경연에서 제안한 우수 아이디어들을 사업화하는 경우가 많다. 일례로 우버의 신사업인 우버풀, 우버잇츠, 모바일 게임 우버드라이브UberDrive 등의 아이디어는 우버대학에 참여한 신규 입사자들에게서 도출된 것이다.

스톡홀름에서 워케이션을 진행 중인 우버 직원들(자료: 우버 뉴스룸).

그리고 우버는 전 세계 임직원을 대상으로 매년 11월경 '워케이션Worcation'*이라 불리는 신사업 아이디어 공모전을 실시한다. 사내 포털에 올라온 직원들의 아이디어 중 몇 건의 아이디어를 CEO가 직접 검토하여 베스트로 선정하고 축하 메시지를 전달하는 방식이다. 수상자에게는 아이디어 실행 계획 수립을 위한 일주일 휴가를 제공하는데, 항공료와 숙박비 등 여행 경비 전액은 물론 소정의 활동비도 지급한다. 그뿐만 아니라, 수상자는 함께하길 원하는 동료는 물론 세계 어느 곳이든 자신이 원하는 지역을 휴가지로 선택할 수 있다. 요컨대 다양한 국적과 배경을 가진 동료를 선발해 자신이 원하는 곳에서 느긋하게 연말 포상 휴가를 누리며 자신이 제안한 프로젝트 수행을 위한 보다 구체적인 계획

---

* 일을 의미하는 'Work'와 휴가를 의미하는 'Vacation'의 합성어이다.

을 세울 수 있게 되는 것이다.

한편 우버는 회사의 원대한 비전을 직원들과 끊임없이 공유하기 위해 다양한 소통 채널을 구축해놓고 있다. 일례로 매주 1회 본사 강당에서 CEO가 전 직원들과 양방향으로 소통하는 회의를 개최한다. 물리적 거리 탓에 회의에 참석하지 못하는 직원들을 위해 실시간 영상으로 회의를 중계하며, 회의가 끝난 뒤에는 사내 포털에서 영상을 공유한다. 이 회의에서 CEO는 회사의 실적을 임직원과 공유하고 현안 이슈를 브리핑한 뒤 임직원들의 질문에 응답하거나 때론 임직원들과 더 나은 해결법을 찾기 위한 토론을 벌이기도 한다. 이를 통해 회사의 전략, 비전, 사업 성과 등이 직원들과 투명하게 공유되고 직원들의 주인의식도 배가되는 것이다.

:성과 관리는 투명하게, 보상은 파격적으로:

우버의 투명한 성과 관리는 직원들이 열심히 일하게끔 만드는 원동력 가운데 하나다. 우버는 개개인이 자신의 목표를 팀원들과 공유하고 관리자가 직원들에게 실시간 성과 피드백을 하는 것이 가능하도록 시스템을 구축했으며, 이로써 동료 평가와 매니저의 피드백을 통해 평가에 대한 직원들의 수용성을 제고할 수 있었다. 또한 전사와 각 지사별 실적을 임직원들과 실시간으로 공유해 건전한 경쟁을 유도한다.

"도시 단위 성과를 실시간 비교함으로써 압박감을 느낄 수도 있지만, 사업 환경이 어려운 도시에 대해서는 해결법을 함께 찾는 등 건전한 경쟁을 추구한다는 이점이 있다." (직원과의 인터뷰)

우버는 회사의 성장과 자신의 성공을 연계하는 성과 보상 제도를 운영하는데, 특히 핵심 인재를 영입하기 위해 파격적인 주식 보상 제도를 도입했다. 실리콘밸리 회사들 중에는 직원이 입사할 때 주식을 지급하는 곳이 많지만, 우버는 경쟁사로부터 경력 10년 이상의 우수 인재를 적극 유인하기 위해 경쟁사보다 2~3배나 많은 입사 기념 주식을 지급한다. 또한 고성과자에게는 일반 직원 대비 2배 이상의 주식 보너스를 지급함으로써 더 열심히 일하도록 동기부여한다. 주식 보유에 따른 직원들의 오너십이 회사의 성장과 함께 시너지 효과를 발휘하고 있다.

"내가 가진 주식의 가치가 앞으로 더 오를 수 있다는 확신이 있기 때문에 우버의 주식 보상이 큰 매력으로 다가온다." (직원과의 인터뷰)

우버에서는 성과에 따라 초고속 승진도 가능하다. 실제로 18세 인턴이 입사 후 탁월한 성과를 인정받아 6개월 만에 2단계나 파격적 승진을 한 사례도 있다.

이처럼 우버는 채용 단계부터 우버의 인재상에 걸맞은, 전문성을 가진 핵심 인력들을 철저히 검증해서 확보하고, 기업가 정신이 투철한 인재들에게는 권한 위임을 하며, 과감한 성과 보상과 다양한 업무 인프라를 통해 이들의 자발적 하드워킹을 유도한다. 스스로가 세상을 바꾸는 일에 동참한다는 '비전 실현자'로서의 자부심을 가진 우버의 직원들은 회사의 성장과 자신의 성장을 동일시하며, 오늘도 열심히 일하고 있다.*

---

* 2017년 들어 우버는 조직 내 성희롱 문제가 불거졌고 그와 함께 과도한 성과 중심 문화에 대한 대내외의 비판에도 직면했다. 결국 창업자이자 CEO인 트래비스 캘러닉은 6월 20일 창립 8년 만에 회사 경영 일선에서 물러났는데, 성명을 통해 우버가 혼란을 겪지 않고 다시 성장할 수 있도록 사임 요구를 받아들이기로 했다고 밝혔다. 향후 우버가 성공 모델이었던 하드워킹 조직 문화를 그대로 이어갈지는 좀 더 시간을 두고 살펴봐야 할 것이다.

• 제3장 •

Idea & Trial

도전은 언제나 선善이다

세계 최초의 스마트폰을 만든 애플부터 유인 우주선을 개발 중인 스페이스X까지 실리콘밸리 기업들은 세상을 놀라게 할 창의적이고 획기적인 아이디어를 계속해서 내놓는다. 실리콘밸리에서 창조된 발명품들은 엄청난 부를 창출했을 뿐만 아니라 우리 일상생활의 패러다임을 완전히 뒤바꾸어놓았다.

인터넷의 탄생부터 모바일 플랫폼의 등장까지 그 일련의 발전은 대부분 실리콘밸리에서 시작되었으며 지금도 끊임없이 새로운 기술과 비즈니스가 이곳에서 탄생하고 있다. 우버의 차량 공유 서비스는 교통수단 혹은 그 방식에 관한 패러다임을 바꿔놓았으며, 에어비앤비의 숙박 공유 서비스는 호텔업계를 송두리째 흔들어놓았다. 페이스북의 SNS 서비스는 소통과 관계의 개념을 재정립했으며 테슬라의 전기자동차는 내연기관의 종말을 앞당기고 있다. 그 밖에도 수없이 많은 창조적 파괴가 실리콘밸리라는 한 지역에서 일어났다.

이쯤 되면 왜 유독 실리콘밸리에서만 그처럼 놀라운 혁신이 넘쳐나고 또 성공을 거두는지 궁금해지지 않을 수 없다. 이곳에만 유달리 비상한 천재들이 몰려들어서일까? 언뜻 생각하면 그 말도 맞는 말이다. 스탠퍼드, 버클리 등 그 지역에서 손꼽을 만한 대학에서 교육받은 우수한 인재들이 자연스럽게 인재 풀을 형성하고 있고, 또 전 세계 곳곳에서 IT 천재들이 청운의 꿈을 안고 모여드는 곳이니까 말이다. 그렇다면 이 같은 최고 수준 인재들이 왜 이곳으로 모여드는 걸까? 바로 이곳에 자신의 꿈과 아이디어를 실현할 기회가 있기 때문이다. 다른 나라나 다른 지역에서는 허황된 망상으로 치부

될지 모르는 아이디어들이 이곳에서는 실험해보고 도전해보도록 장려된다. 행여 실패하더라도 이 아이디어들은 그냥 무시되거나 버려지지 않는다.

혁신과 성공을 위해서는 새로운 시도가 필수이고 새로이 시도하는 과정에서는 실패할 가능성도 그만큼 높아지기 마련이다. 따라서 새로운 시도를 할 때는 실패 또한 당연한 과정이라 인식하고 되도록이면 빨리 실패해 또 다른 학습과 재탐색이 가능한 문화와 인프라를 갖춰주는 것이 무엇보다 중요하다. 실리콘밸리는 경험을 통해 이를 체득했으며 '실패에 관대한' 문화가 DNA처럼 내재되어 있다. '벤처Venture'라는 말의 본래 의미가 가장 이상적으로 구현된 지역이 바로 실리콘밸리인 것이다. 또한 내외부에서 샘솟는 수많은 아이디어가 사장되지 않도록 다양한 채널을 활용해 끊임없이 아이디어를 제안받고 탐색하며, 아이디어를 실제 비즈니스로 연결하는 프로세스도 잘 갖춰져 있다.

그렇다면 이런 일들이 가능한 구체적 경로는 무엇일까? 이 장에서는 실리콘밸리 기업들이 기상천외한 아이디어들을 마치 마법처럼 현실로 구현해내는 노하우를 실제 사례를 바탕으로 소개하고자 한다.

1

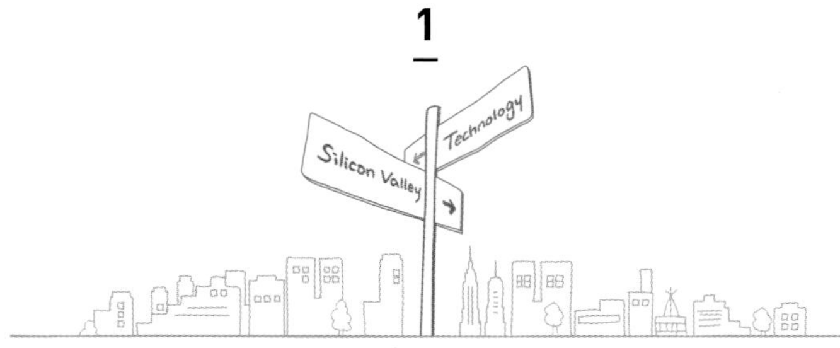

실패는 피해야 할 위험이 아니라 겪어야 할 과정이다!

빠르고 똑똑하게 실패하기

기업가치 10억 달러 이상으로 성장한 스타트업을 일컬어 유니콘Unicorn이라고 명명한 카우보이 벤처스Cowboy Ventures의 대표 에일린 리Aileen Lee에 따르면, 벤처캐피털에서 투자받은 스타트업 중 유니콘으로 성장하는 기업은 0.1% 미만이다.* 스타트업 1,000개 가운데 오직 하나의 기업만이 크게 성공한다는 의미다. 그만큼 스타트업의 성공 가능성은 매우 낮

* Chekour, Iliass (2016. 1. 11). "Will the Tech Bubble Burst in 2016?", *The Market Mogul.*

고 한국의 현실도 이와 별반 다르지 않다. 하지만 실리콘밸리와 한국은 재창업률에서 큰 차이를 보인다. 실리콘밸리의 재창업률은 평균 1.8회인 반면 한국의 재창업률은 0.8회에 그친다.** 즉 실리콘밸리에서는 한 번 창업에 실패해도 거의 두 번은 재도전을 해볼 수 있다는 얘기다. 무엇이 이런 차이를 만들어냈을까?

우선, 실리콘밸리에서는 실패가 중요한 경험이자 성공의 한 과정이라는 공감대가 형성되어 있다. 실제로 실리콘밸리의 벤처 투자자들은 CEO가 창업 경험이 몇 번이나 있는지, 그리고 그 경험을 통해 무엇을 배웠는지를 중요한 투자 판단의 요소로 삼는다. 이들에게 실패는 피해야 할 '위험'이 아니라 성공에 도달하려면 반드시 거쳐야 할 '과정'으로 여겨진다. 다시 말해 실리콘밸리에서 실패는 배움의 기회이며, 이곳의 투자자와 사업가는 모두 바로 그런 의미에서 실패에 대해 긍정적 공감대를 형성한다. 특히 신생 벤처에 투자하는 엔젤 투자자들은 본인의 투자가 10번 중 9번은 실패로 귀결되리라 예상한다. 그렇기 때문에 그들은 잃어도 무방할 만큼의 돈만을 투자하며, 이를 통해 자신들 또한 이 같은 투자 결정의 과정을 소중한 경험의 기회로 삼는다.

이런 모습을 잘 나타내주는 문구가 바로 '빨리 실패하기Fail Fast'다. 빨리 실패하기란 실패를 당연한 과정으로 여기되 되도록 값싸고 빠르게 실패하고, 이를 통해 지식과 교훈을 얻음으로써 궁극적으로는 성공 가능성을 높이는 방식을 의미한다. 실패의 원인을 분석해 성공의 발판을

** 민지혜 (2014. 11. 25). "한국과 실리콘밸리의 재창업 횟수 0.8 vs 1.8". 《한국경제》.

만들고, 만약 실패하더라도 좌절하기보다는 경험을 바탕으로 새로운 전략을 짜는 것이다. 실패했기 때문에 다음번에 더 현명한 판단을 내릴 수 있고 실패 극복을 위한 경험을 얻을 수 있는 곳이 바로 실리콘밸리다.

실제로 실리콘밸리에서는 벤처기업이 망했다고 해서 절대로 모든 것을 내다버리지는 않는다. 오히려 그 벤처기업에 투자했던 벤처 투자자 등이 멘토가 되어 인력, 기술, 노하우 등의 자원을 다른 벤처에 매각하거나 다른 벤처와의 합병 등을 통해 재편성 작업을 한다. 투자자와 특정 개인이 한 번의 실패로 등을 돌리며 모른 척하는 것이 아니라, 지속적으로 멘토링 관계를 맺는 선순환의 생태계를 이룬다.

그렇다고 해서 모든 실패를 용인하고 반기지는 않는다. 성공하지 못할 것이 뻔히 예상되는데도 과욕을 부려 값비싼 대가를 치르게 된 실패, 실패를 감추고 부정하는 행위, 부주의와 태만으로 인한 단순 반복적 실패 등은 지양되어야 한다고 생각하기 때문에 이런 것까지 용인하지는 않는다.

이와 관련해, 듀크대 푸쿠아 경영대학원 심 싯킨Sim B. Sitkin 교수는 '똑똑한 실패Intelligent Failure'라는 개념을 제시한다. 적절한 투자, 치밀한 사전 계획, 다양한 시도와 민첩한 대응을 했음에도 목표를 달성하지 못하고 실패했다면 그것은 조직 학습이라는 관점에서 유용한, 좋은 실패로 볼 수 있다는 주장이다. 이는 결국 민첩하고 값싼 실패 경험을 강조하는 실리콘밸리의 '빨리 실패하기'와 같은 맥락이라 할 수 있다.*

이런 이유로 실리콘밸리에서는 2009년을 기점으로 몇 년간은 실패 사례와 그 교훈을 나누는 페일 콘퍼런스Fail Conference가 열리기도 했는데**

매우 폭발적인 반응을 얻어 500여 명이나 되는 이른바 '실패한 벤처 사업가들'이 모여 전문가들과 토론을 벌였다. 실패한 벤처 사업가들은 자신들이 실패한 이유와 그 실패에서 얻은 교훈이 무엇인지 참석자들과 공유하고 토론했다. 그러나 이 행사는 2014년부터 열리지 않는다. 실리콘밸리에서 실패담을 나누며 교훈을 얻는 문화가 너무나도 보편화되어 더는 일회성 행사가 필요치 않게 되었기 때문이다.

실패를 칭찬하는 회사

이처럼 실리콘밸리에는 실패를 통해 배우고 결국에는 성공한 많은 CEO들이 있으며, 따라서 실리콘밸리 기업들은 직원들이 실패를 두려워하지 않고 마음껏 도전하도록 제도적으로 지원하는 경우가 많다. 대표적 기업으로는 역시 구글을 들 수 있다.

구글은 프로젝트가 실패하더라도 이를 면밀히 평가하여 그것이 '사려 깊은' 실패라고 판단되면 해당 팀원들에게 인센티브를 지급한다. 실시간 커뮤니케이션 플랫폼을 만들겠다며 야심차게 시작된 프로젝트 구글 웨이브Google Wave가 실패로 돌아간 후 해당 팀원들에게 상당한 인센티브를 지급한 것은 이미 잘 알려진 일화다.

---

* Sitkin, Sim B. (1992). "Learning through Failure: The Strategy of Small Losses". *Research in Organizational Behavior.*

** Martin, Claire (2014. 11. 8). "Wearing Your Failures on Your Sleeve". *The New York Times.*

구글은 실패를 숨기지 않으며 부끄러워하지도 않는다. 오히려 적극적으로 '실패'라는 자산을 축적하고 성공을 위한 기초체력으로 삼는다. 구글 웨이브가 실패했을 당시 CEO였던 에릭 슈미트는 "구글은 실패를 칭찬하는 회사"라는 말로 자신들의 정책 기조를 대변했다.*

구글이 실패를 두려워하지 않는 이유를 두고 혹자는 구글 검색, G메일 등 확고한 상품을 이미 갖고 있기에 신규 프로젝트가 실패해도 재도전이 가능한 환경이 형성되어 있는 덕분이라고 주장한다. 하지만 그보다 더 근본적인 요인은 실패 경험을 바탕으로 다시 도전하면 성공 확률이 훨씬 높아진다는 사실을 통찰과 경험을 통해 깨달았다는 데 있다.

실제로 구글은 2005년 서비스를 시작한 구글 비디오Google Videos가 시장에서 실패한 후 이 경험에 기반해 2006년 유튜브를 인수해 동영상 스트리밍 시장에서 크게 성공했다. 또한 넥서스 큐Nexus Q를 개발해본 경험으로 크롬캐스트Chrome Cast 등 다른 기기를 개발할 수 있었다.

구글 CEO 선다 피차이Sundar Pichai는 2015년 12월 한국 방문 당시 한 강연에서 "실패하거나 목표를 달성하지 못한 프로젝트라 해도 그 여정을 통해 많은 것을 배울 수 있다"라고 역설했다.**

구글은 또한 '1년 안에 실패하기'를 제도화해 운영한다. 자유롭게 도전하되, 프로젝트 성패 여부를 냉정히 판단해 실패 확률이 높다면 1년 안에 포기하도록 권장하는 것이다. 프로젝트에 실패하면 책임을 져야

---

* Fried, Ina (2010. 8. 4). "Eric Schmidt on the Demise of Google Wave". Cnet.com.

** 이상은 (2016 4. 7). "구글의 '실패 경영학'… 1~2년에 한 번꼴로 낭패 봐도 '진격'". 《한국경제》.

하고 퇴사까지 각오해야 하는 대다수 기업들과는 사정이 다르다. 구글은 "진정성 있게 도전했으나 아쉽게 실패한" 프로젝트에는 특별히 책임을 묻지 않는 것으로도 유명하다.

심지어 도전하는 일이 워낙 많아 실패한 프로젝트도 많다 보니 미국의 온라인 매체 슬레이트Slate는 1999년 창업 이후 지금까지 제품으로 출시했다가 실패의 쓴맛을 본 구글의 프로젝트들을 따로 묶어 이른바 '구글 묘지The Google Graveyard'라는 항목을 개설해 온라인상에 공개해놓고 있기도 하다.*** 현재 이곳에는 구글 웨이브Wave, 구글 버즈Buzz, 구글 리더Reader 등 야심차게 론칭했다가 역사 속으로 사라진 40여 개 넘는 구글 제품들의 묘비가 게시되어 있으며, 독자들이 각 묘비에 가상

구글 묘지(자료: 〈http://www.slate.com/articles/technology/map_of_the_week/2013/03/google_reader_joins_graveyard_of_dead_google_products.single.html〉).

*** Kirk, Chris & Brady, Heather (2014. 6. 30). "The Google Graveyard". Slate.com.

헌화를 할 수 있게 해놓았다. 이는 역설적으로 구글이 실패를 금기시하지 않고 오히려 학습의 기회로 삼는다는 점을 잘 보여주는 것이라고 할 수 있다. 이처럼 구글에는 빠르고 값싼 실패를 통해 조직 전체가 학습하고 성공을 위한 기초 체력으로 삼는 문화가 잘 정착되어 있다.

유사한 사례로, 네트워크 통신 업체로서 세계 네트워크 장비 시장의 3분의 2를 점유하는 시스코의 이노베이션 캐털리스트Innovation Catalyst 제도가 있다. 이는 아이디어가 제안되고 승인되어 파일럿 서비스나 시제품이 나오면, 해당 프로젝트의 성공 여부와 상관없이 평가 결과에 근거한 인센티브와 트로피를 지급하며 보상하는 제도다. 또한 해당 프로젝트의 성과에 대한 상세한 내용을 사내에 게시하여 전 직원과 공유함으로써 아이디어를 개진한 직원에게 격려의 마음을 전한다. 시스코의 경영진은 이를 통해 아이디어의 성공이 아닌, 제안과 시도 자체를 중요하게 여긴다는 메시지를 직원들에게 전달한다.

직원들에게 시간과 공간을 지원하라

또한 실리콘밸리 기업들은 실패를 용인하는 것을 넘어 아이디어를 실험해보고 새로운 프로젝트에 도전하는 데도 지원을 아끼지 않는다. 실패를 용인하고 권장한다는 사실이 단순히 구호에 그치지 않고 실제 업무에서 발현될 수 있도록 환경과 자원을 제공하는 것이다. 이를 통해 직원들은 일상에서 기존의 관습적 사고에서 벗어나 다르게 생각하고 다양한 방식으로 실험하며 시도하는 기회를 갖게 된다.

해마다 신사업 아이디어를 공모해 선정된 직원에게 자신이 원하는 휴가지에서 자신이 원하는 동료와 함께 자신의 프로젝트를 수행해볼 기회를 제공하는, 우버의 '워케이션' 제도는 그중 대표적 사례이다. 사실 이 제도는 우버의 CEO 트래비스 캘러닉이 창립 첫해에 직원 6명과 함께 캘리포니아의 휴양지 말리부에서 우버 앱에 발생한 긴급한 문제를 해결했던 데서 유래한다. 직원들에게도 일상적 업무 공간을 벗어나 제약이 없는 휴가 같은 분위기에서 우버의 당면 문제에 대한 창의적 해결법을 고민하고 미래 사업을 구상할 기회를 주는 것이다.

애플 또한 블루스카이BlueSky라는 제도를 통해 직원들이 창의적 아이디어를 실현해볼 기회를 제공한다.* 소수의 인원으로 구성된 팀이 본래 담당하던 업무가 아닌, 하고 싶은 프로젝트를 몇 주간 진행해볼 수 있도록 지원하는 것이다. 사실 블루스카이 등의 제도는 오래전부터 실리콘밸리의 여러 기업들에서 유사한 형태로 많이 시행되고 있었다. 하지만 스티브 잡스 중심의 1인 주도형 의사결정 체계였던 애플은 실리콘밸리의 여타 기업과는 조직 문화가 달랐다. 그러나 팀 쿡이 CEO로 취임하면서 의사결정 체계가 조금 더 수평적으로 변했으며, 이에 따라 조직 문화도 달라지기 시작했다. 직원 한 사람 한 사람의 창의성을 중시하게 된 것인데, 블루스카이 제도는 애플의 이런 변화를 상징하는 제도 중 하나라고 할 수 있다.

---

* Lessin, Jessica E. (2012. 11. 12). "Apple Gives in to Employee Perks". *The Wall Street Journal*.

핵위크 기간 중 자유롭게 토론하는 드롭박스 직원들 (자료: 드롭박스 홈페이지).

또한 클라우드 컴퓨팅Cloud Computing 전문 기업 드롭박스는 핵위크Hack Week라는 제도를 통해 창립 기념 주간에 전 직원이 어떤 아이디어든 자유롭게 연구하고 실행해볼 기회를 제공한다. 드롭박스의 직원들은 5일 동안 자신이 하던 업무에서 벗어나 평소 가지고 있던 아이디어를 현실화하는 자유 시간을 가지는데, 이를 통해 회사의 주요 서비스로 성장할 다양한 데모 프로그램들을 기획하게 된다. 주제나 업무 방식에 전혀 제한이 없으며 별도의 지침도 주어지지 않는다. 이 기간 동안 직원들은 오로지 고객이 드롭박스에 원하는 제품은 무엇인지에만 초점을 맞춰 자유롭게 연구하고 현실화한다. 이 프로그램을 통해 보기 전용 공유 폴더, 스트리밍 동기화 등 드롭박스에 꼭 필요하지만 그동안 상상해보지 못했던 새로운 제품 및 기능들이 다수 탄생했다. 그뿐 아니라 핵위크는 직원들이 일상 업무에서 벗어나 드롭박스의 창의와 혁신 정신을 다시금 되새길 수 있는 리프레시의 장이기도 하다.*

한편, 직원들에게 아이디어 실험을 위한 공간과 설비를 별도로 제공해

'피어나인'에서 작업 중인 오토데스크 직원들(자료: Autodesk Pier9 홈페이지).

주는 회사도 있다. 설계 소프트웨어 제품 오토캐드AutoCAD로 유명한 오토데스크는 사내에 2,500m² 규모로 3D 프린터가 구비된 피어나인Pier9 공방을 운영한다.** 이 공간에서는 아이디어가 디지털 모델이나 실제 제품이 되는 제조 과정의 전 단계를 탐구할 수 있으며, 직원 누구나 목재나 금속, 플라스틱을 활용해 자신의 아이디어를 실험하고 시제품을 만들어볼 수 있다. 특히 3D 프린터의 등장으로 상상을 실험하고 현실화해보는 것이 더욱 쉬워졌으며 오토데스크는 바로 이 점을 활용해서 '값싼' 실험을 통한 창조적 혁신을 유도한다.

피어나인 구축을 주도한 CEO 칼 배스Carl Bass는 말한다. "인간은 누구나 무언가를 창조하려는 욕구가 있으며, 따라서 이를 위한 기본 인프라만 갖춰주면 된다. 머지않아 3D 프린터로 만든 집이나 자동차도 등장할

---

* Eldon, Eric (2012. 3. 26). "A Peek Inside Dropbox's Company-Wide Hack Week at Its Big New SF Offices". *Techcrunch.com*.

** Autodesk Pier9 홈페이지.

것이다." 이 말을 통해 그가 피어나인 구축으로 어떤 효과를 내고자 하는지 유추해볼 수 있다.

2

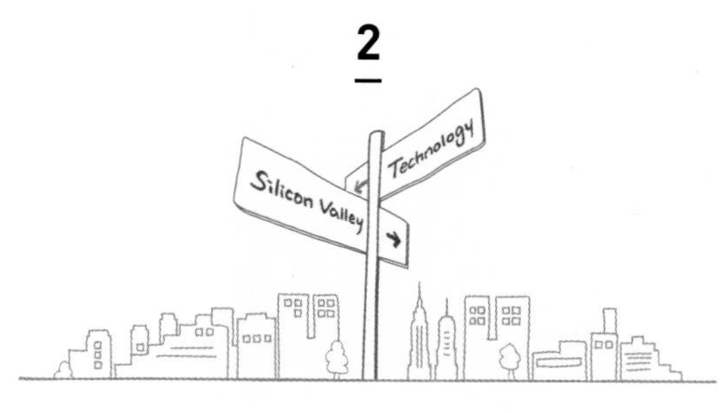

아이디어에 울타리는 없다!

누구나 제안하고 누구나 덧붙일 수 있는 문화

실리콘밸리 기업들은 아이디어가 사장되지 않고 자유로이 제안될 수 있도록 여러 형태의 제안 채널을 구축해서 운영한다. 실패를 용인하고 도전을 장려하는 것을 뛰어넘어, 경영진과 전 임직원에게 아이디어가 전달되도록 제도적 장치를 마련해놓았으며, 그러한 문화적 토대 덕분에 실제로 많은 제도가 활용된다.

가상화 소프트웨어 개발사로 유명한 VM웨어는 사내 임직원의 아이디어 개진을 돕고자 소셜캐스트Social Cast라는 시스템을 운영한다. 소셜

캐스트는 의견을 내는 게시판 기능을 넘어, 제안된 아이디어에 대해 토론하고 코멘트를 달 수 있게 되어 있다. 또한 아이디어의 우수성과 실현 가능성을 두고 투표를 진행할 수 있는 기능도 갖추고 있다. 경영진은 여기서 제안되고 발전된 아이디어 가운데 몇 개를 선별해 사업화를 위한 자금과 인프라를 제공한다. 또한 제안된 아이디어 중 VM웨어가 직접 제품화하지는 않는다 하더라도 우수하다고 평가된 아이디어를 선별해 고객에게 아이디어 그 자체로 공개하는 제도인 '플링Flings' 제도도 함께 운영한다. VM웨어가 직원들의 아이디어 하나하나를 얼마나 소중히 여기는지를 알 수 있는 대목이다. VM웨어의 최고기술경영자CTO: Chief Technology Officer 폴 스트롱Paul Strong은 이렇게 설명한다. "VM웨어의 혁신은 회사 구성원 누구나 쉽게 아이디어를 내고 다양한 배경을 가진 구성원들이 자유롭게 다른 사람의 아이디어에 살을 붙여 구체화하는 문화에서 시작한다."

시스코는 직원 누구나 참여해 아이디어를 공유하고 토론할 수 있는 사내 온라인 커뮤니티 아이존i-Zone과, 직원은 물론 외부인도 참여할 수 있는 공모전 아이프라이즈i-Prize를 운영한다. 단순히 채널을 구축해놓는 데 그치는 것이 아니라 직원 모두를 커뮤니티에 참여시키고 채택된 아이디어는 충분히 알리며 보상한다. 아이프라이즈의 수상자에게는 상금 25만 달러를 수여하며, 해당 아이디어는 지체 없이 회사의 주요 혁신 프로젝트로 추진된다.

구글은 매주 금요일 오후 펍Pub 같은 편안한 공간에서 맥주를 마시면서 동료들에게 시제품 또는 아이디어를 발표하고 의견을 나누는 비어

구글 본사 전경.

앤 데모Beer & Demo라는 제도를 운영한다. 각 모임별로 평균 50~60명의 인원이 참석하며 부담 없이 데모Demo를 공유한다. 데모를 감상한 직원들은 유리구슬로 투표를 하거나 의견을 개진하기도 한다. 아이디어를 선보이기까지의 문턱을 낮춤으로써 아이디어가 머릿속에서만 머물다 사라지는 현상을 미연에 방지하려는 것이다.

우리가 개발한 것이 아니면 어때?

실리콘밸리 기업들은 회사 외부에서도 아이디어를 적극 탐색한다. 경영 환경이 급변하면서 모든 지식과 자원을 내부에서만 조달하는 데는 사실 한계가 있기 때문이다. 환경 변화에 적응하고 기업의 경쟁력을 지속적으로 유지하려면 외부 자원과 아이디어를 센싱하고 효과적으로 활용하는 것이 중요하다. 이를 위해 실리콘밸리 기업들은 고객이나 전문가들에게서 아이디어를 구하는 방법부터 훌륭한 아이디어를 가진 스타트업을 인수하는 방법까지, 다각적으로 방안을 모색한다.

"우리가 개발한 것이 아니면 안 돼"라는 고정관념 때문에 외부 아이디어를 배척하는 현상을 'Not Invented Here', 즉 'NIH 신드롬'이라고 부른다. 이는 외부에서 개발한 기술이나 연구 성과를 과소평가하면서 의도적으로 내부에 적용하려 하지 않는 배타적 조직 문화를 의미하는 것이기도 하다. NIH 신드롬은 내부 역량으로만 문제를 해결하려는 편협한 의사결정을 유발하며 결국 시장의 트렌드를 따라가지 못한 채 시기를 놓치고 경쟁력을 잃게 만드는 원인으로 작용한다. NIH 신드롬은 특히 성공한 대기업들에서 많이 나타난다. 자신만의 성공 경험이 축적되고 조직이 관료화되면 외부의 새로운 지식과 아이디어를 과소평가할 가능성이 높아지기 때문이다. 모바일 시장이 스마트폰 중심으로 재편되는 상황에서도 피처폰 중심 전략을 고집했던 노키아, 디지털카메라로의 대세 전환에 미처 대비하지 못해 몰락하고 만 코닥 등 외부 자원과 아이디어를 적절히 수용하지 못해 무너진 기업의 사례는 무수히 많다.

하지만 실리콘밸리에는 NIH 신드롬이 없다. 새로운 아이디어로 무장하고 창업에 나서는 젊은 도전자들이 넘쳐나는 독특한 지역 환경이, 기존의 강자들도 끊임없이 외부를 탐색하고 새로운 아이디어를 받아들이게끔 유도하기 때문이다. 이를 위해 실리콘밸리의 많은 기업들은 외부 아이디어 탐색을 위한 채널을 구축해놓았으며, 새로운 기술과 아이디어

구글 Solve for X의 목적과 의미

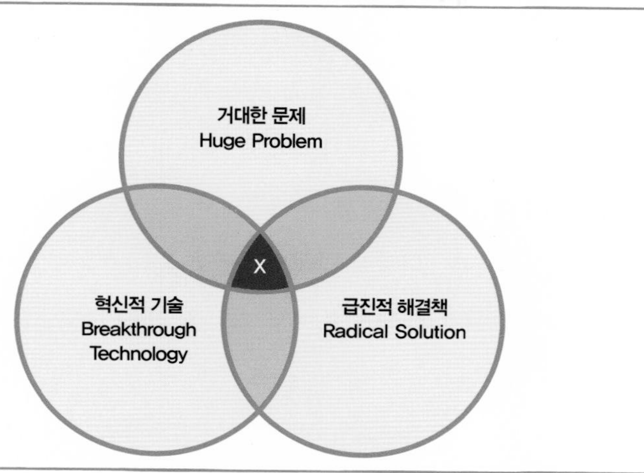

구글의 Solve for X는 '혁신적 기술'을 통해 전 지구적인 '거대한 문제'를 해결해줄 '급진적 해결책'을 만들어낼 수 있다는 믿음에서 출발했으며, 그 교집합에 X가 존재한다는 의미다.

를 내재화하고자 인수 합병을 추진하는 전담조직을 별도로 운영한다.

외부에서 아이디어를 탐색하는 대표적 사례로 구글의 Solve for X를 들 수 있다.* Solve for X는 난치병, 환경오염 등 세계적으로 영향을 미치는 큰 문제들을 해결하기 위한 급진적 기술을 발굴하고 개발할 목적으로 개설된 사이트다. X란 세상의 큰 문제와 그것을 해결하는 멋진 생각, 그리고 그 생각을 실현시키는 기술의 교집합을 지칭한다. 해당 문제와 관련된 솔루션이 있는 사람이라면 누구나 Solve for X를 통해 손쉽

* Bosker, Blanca (2012. 2. 6). "Solve For X, Google's Attempt at 'Moonshot Thinking', Finally Opens to the Rest of Us". *The Hufington Post.*

게 아이디어를 제안하고 협력을 요청할 수 있다. 농업 생산성을 5배 이상 획기적으로 증가시키는 방법, 화석연료를 사용하지 않는 지능형 전기 도로를 만드는 방법, 세계 물 부족 문제를 해결하는 방법 등이 Solve for X에 제안된 대표적 사례들이다. 구글은 앞서 언급된 제안들을 단순히 취합하는 데 그치지 않고 각 지역에서 워크숍을 진행하고 구체적인 내용을 발표하는 등 다양한 방식으로 공유하고 발전시킨다.

아이디어 탐색의 한 방법으로서 기업을 인수하는 대표적 사례로는 시스코의 '스핀인Spin-in 전략'을 들 수 있다.* 스핀인이란 규모가 큰 기업이 신기술을 가진 스타트업을 발굴하여 투자한 뒤, 그 스타트업이 성공하면 100% 인수 합병하는 전략을 의미한다. 이를 통해 기업은 지속 성장을 위한 아이디어를 발굴하고 핵심 기술을 확보해나갈 수 있다. 시스코는 이 같은 방식으로 탁월한 아이디어와 기술력을 가졌다고 판단되는 스타트업을 지속적으로 발굴해 투자하며, 해당 기업의 성과가 가시화되면 인수하는 전략을 통해 신사업 분야에서도 경쟁력을 유지해나간다. 시스코의 스핀인은 벤처기업을 인수한 뒤 몇 가지 조건을 협의하고 해당 회사의 초기 단계부터 자금을 지원하는 동시에 시스코 핵심 인력을 스핀인에 파견해 기업이 잘 성장할 수 있도록 그 토대를 쌓는 방식으로 진행된다. 이렇게 시스코는 외부로부터 파괴적 신기술을 도입해 업계에서 공고한 리더십을 유지한다. 시스코가 기존의 네트워킹 장비 산

---

* Bort, Julie (2014. 9. 21). "Why Cisco Has Showered These 3 Men with Billions of Dollars". *Business Insider*.

업을 넘어 컴퓨팅, 스토리지, 비디오, 클라우드 컴퓨팅 산업까지 영역을 넓히며 성장을 지속해나가는 원동력이 바로 스핀인 전략인 것이다. 실제로 시스코의 전 CEO 존 챔버스가 재임했던 20여 년 동안 인수한 기업이 194곳에 이른다고 하니, 스핀인이야말로 지금의 시스코를 존재하게 한 가장 중요한 전략 가운데 하나였음을 알 수 있다.

적극적 산학 협력 추진으로 개방형 혁신을 추구하는 기업도 있다. 바로 인텔의 산학 협력 프로그램이다. 인텔은 2001년부터 2011년까지는 카네기멜론 대학과 워싱턴 대학 등 6개 대학 내에 연구 지원 시설 랩렛Lablet을 운영했으며, 2012년부터 5년간 스탠퍼드 대학, 하버드 대학, 코넬 대학 등 손꼽히는 대학들에 1억 달러를 투자해 반도체 기술 혁신을 위한 연구 프로젝트를 진행하고 있다. 또한 인텔개발자포럼IDF; Intel Developer Forum, S/W 개발자 콘퍼런스, 사물인터넷IoT; Internet of Things 콘퍼런스 등 다양한 포럼과 콘퍼런스를 개최해 내부 개발자들과 외부 연구자들의 아이디어 교환을 촉진한다. 이를 바탕으로 다양한 외부 연구 기관과 협업하고 부족한 기초 연구 분야는 외부와의 네트워킹으로 보완한다. 또한 《인텔기술저널*Intel Technical Journal*》을 발간해 내부와 외부의 연구 결과를 공유한다.

3

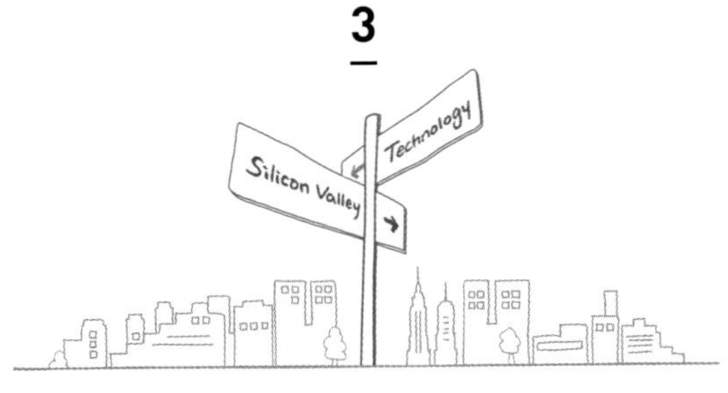

아이디어가 서 말이라도 사업이 되어야 보배

사내벤처, 직원을 스타트업의 CEO로

다양한 방식으로 아이디어를 제안받고자 하는 노력이 아무리 크더라도 그것을 현실화할 수 있는 구체적 프로세스가 없다면, 아무 의미도 없는 행위가 되고 말 것이다. 실제로 전 세계 많은 기업들이 아이디어 제안 제도를 운영하지만 이를 사업과 연계시켜 성공까지 이어간 사례는 극히 적다. 이는 물론 아이디어 자체의 혁신성 부족 때문일 수도 있지만 무엇보다 아이디어를 사업으로까지 연계하는 강력한 프로세스가 부재한 탓이 크다. 반면 실리콘밸리 기업들은 제안된 아이디어를 취합하는 수준에서 한발 더 나아가 아이디어가 실제 사업으로 발전하도록 다양한 모델, 다양한 방식으로 전담조직을 운영한다.

우선 사내벤처 형태로 아이디어를 사업화하는 전담조직을 운영하는 사례가 있다. 사내벤처의 가장 큰 특징은 무엇보다 아이디어를 제안한 직원이 스타트업의 CEO처럼 직접 사업화에 도전하게 해준다는 점이다. 이 방식은 아이디어 제안 자체에 대해 강력히 동기부여함으로써 조직 내부의 창의성을 끊임없이 자극하는 수단으로 작용한다는 장점이 있다.

그 대표적 사례가 구글의 에어리어120* 이다. 직원들이 사내벤처에 도전해볼 기회를 제공하는 인큐베이팅 조직이 바로 '에어리어120'이다. 신사업 관련 아이디어가 있는 직원은 누구나 사업 계획서를 작성해 에어리어120 담당 임원진에게 제안할 수 있으며, 사업성을 인정받아 해당 아이디어가 승인되면 풀타임으로 그 프로젝트에 집중할 수 있다. 구글은 해당 프로젝트에 자금과 사무 공간을 제공하는 한편 프로젝트 추진의 자율권을 보장한다. 이 가운데 사업화에 성공한 프로젝트는 사업 연관성이나 잠재력 등을 종합적으로 평가해 자회사 또는 분사를 추진한다. 물론 프로젝트가 실패하더라도 해당 직원이 본래 업무에 복귀하는 것은 보장된다.**

시스코의 사내벤처 조직 ETGEmerging Market Technology Group 또한 사내벤

---

* 이 명칭에서 '120'은 구글이 자랑스럽게 여기는 20% 룰 제도에서 유래한 것이다.

** McAlone, Nathan (2016. 4. 24). "Google Has a New Division Called 'Area 120' Where Employees Can Build Their Own Startups". *Business Insider*.

삼성전자의 아이디어 인큐베이팅 조직 'C랩'

아이디어를 공식적으로 사내벤처화해 사업으로 연결하는 프로세스의 운영 사례는 국내에도 있으며, 대표적으로 삼성전자를 꼽을 수 있다.

삼성전자는 2010년 창의개발연구소를 개설하고 이를 바탕으로 2012년 아이디어 사업화를 위한 사내벤처 조직 'C랩Creative-Lab'을 개설했다. C랩의 대상 프로젝트 선정을 위한 아이디어는 삼성전자 직원이라면 누구나 제안할 수 있으며, 과제로 선정되면 기존의 업무에서 제외되어 태스크포스TF 형식으로 최대 1년까지 활동할 수 있다.

C랩은 독립적 근무 공간이 있으며, 근무 형식이나 근태 등도 자율적이다. C랩의 아이디어 공모는 별도의 C랩 공모전과 사내 집단지성 시스템 '모자이크MOSAIC'를 통해 이루어지며, 아이디어에 대한 투명한 평가를 바탕으로 경영진과 임직원 모두가 참여하는 최종 과제 평가를 통해 스타트업으로 선정된다.

삼성전자에 따르면, C랩을 통해 2015년 이후 현재까지 총 25개의 팀이 스핀오프Spin-off에 도전하는 성과를 거두었다. 대표적인 예로는 PC와 모바일에서 작성한 메모를 점착메모지로 출력해주는 소형 스마트 프린터 네모닉nemonic을 개발한 '망고슬래브Mangoslab', 건강관리를 위한 스마트 패션벨트 '웰트WELT', 허밍만으로 작곡이 가능한 모바일 앱 험온HumOn을 개발한 '쿨잼컴퍼니', 손끝으로 통화가 가능한 시곗줄 모양의 스마트밴드 시그널Sngl을 개발한 '이놈들연구소' 등이 있다.

C랩 공모전 모습(자료: 삼성전자 창의개발센터)

처를 대표하는 또 하나의 사례로, 우선 담당 임원진이 제안된 아이디어의 사업 잠재력과 타당성을 검토한 후 아이디어가 채택되면 이를 ETG에서 회사의 신규 사업으로 육성하는 방식이다. ETG의 임무는 5~7년 내에 10억 달러 규모의 사업으로 성장할 만한 새롭고 파괴적인 아이디어를 발굴해 개발하는 것으로, 시스코의 성장 전략 가운데 하나인 '새로운 기회 창출'을 위한 파괴적 혁신 추구를 목적으로 설립되었다. ETG는 시스코가 가장 중요시하는 프로젝트를 담당하며, CEO에게 직접 보고할 수 있는 권한을 갖는다.*

혁신 전담조직을 만들어라

기존에 영위하던 사업 영역을 넘어 혁신을 전담하는 별도 조직을 운영하는 사례도 있다. 혁신 전담조직은 장단기 혁신 과제, 신사업 등 혁신을 추진하는 독립 조직으로 운영되기 때문에 기존 조직의 규제와 사고방식에서 벗어나 자율적으로 혁신 과제를 실행할 수 있다는 장점이 있다. 그런 한편, 기존 조직은 관리 범위를 좁게 운영하여 의사결정 스피드를 높이면서 관리상의 효율성을 배가시킬 수 있다. 즉 전담조직에서 주요 혁신을 추진하고, 기존의 사업 영역은 그 이외의 조직에서 운영함으로써 혁신과 효율을 동시에 추구할 수 있는 것이다.

* Journet, Guido (2007. 11. 26). "What Is Our Track Record on Innovation?". Cisco Blog.

2016년 4월 페이스북은 '빌딩8Building 8'이라는 혁신 전담조직을 설립한다고 발표했다.* 특이한 점은, 소프트웨어 개발에만 전념해온 페이스북이 놀랍게도 하드웨어 개발을 전담시키려는 목적으로 이 조직을 설립했다는 점이다. 왜 페이스북은 이미 경쟁이 몹시 치열한 레드오션 시장인 하드웨어 시장에 뒤늦게 뛰어들려는 것일까? 사실 페이스북은 지금 당장 하드웨어를 통해 수익을 창출하려는 것이 아니다. 독자적으로 하드웨어를 개발하여 페이스북을 중심으로 한 사회 연결망 플랫폼을 더욱 정교하게 만들고 활용도를 높이려는 것이 페이스북의 목적이다. 빌딩8은 우선 페이스북이 보유한 인공지능AI; Artificial Intelligence과 가상현실 기술을 활용한 하드웨어 제품 VR 헤드셋, 360도 VR 카메라 등을 개발하겠다고 발표했다. 이를 통해 페이스북을 더는 SNS에 국한된 회사가 아닌 종합 인터넷 방송국으로 발전시키려는 것이다.

또한 페이스북은 빌딩8이 하드웨어 개발의 후발 주자로서 빠르게 기존 강자들을 따라잡을 수 있도록 대학 및 타 기업과 협업하는 작지만 민첩한 조직으로 운영할 계획이라고 발표했다. 실제로 페이스북은 빌딩8 프로젝트에 즉시 수억 달러를 투자할 계획이지만 참여시킬 직원은 수백 명에 불과하다. 이는 페이스북 내부에서 모든 것을 직접 개발하기보다는 대학이나 타 기업과의 협업으로 제품을 신속히 대량 생산하는 것을 목표로 하고 있음을 의미한다. 이를 위해 페이스북은 구글의 첨

* Seetharaman, Deepa & Nicas, Jack (2016. 4. 13). "Facebook Launches Research Lab, Hires Google Executive to Helm It". *The Wall Street Journal.*

단기술연구프로젝트ATAP; Advanced Technology and Project팀의 전임 책임자로서 타 기업과의 협업 경험이 풍부한 레지나 듀건Regina Dugan을 영입했다.

외부와의 협력을 지속 확대하면서도 빌딩8이 만드는 핵심 기술은 직접 투자하고 개발하겠다는 것이 페이스북의 전략이다. 중장기적으로 '사람들이 콘텐츠를 공유하는 데 필요한 모든 새로운 기술'을 계속 개발하고 이를 제품으로 구현하겠다는 뜻이다. 이는 결국 콘텐츠를 보다 쉽게 생성하도록 돕는 하드웨어를 개발하고, 사람들이 공유한 정보를 빅데이터화해 장기적으로는 새로운 비즈니스를 창출하는 제품-서비스 통합 플랫폼을 구축하겠다는 전략이다.

구글 또한 문샷싱킹Moonshot Thinking 실현을 목적으로 'X'라 부르는 별도 자회사 형태의 혁신 전담조직을 운영한다.** X는 2010년 사내 비밀연구소 Google X에서 유래했으며, 현재는 지주회사 알파벳 산하의 자회사 조직으로 운영된다. X는 리스크가 크고 단시간에 사업화하는 것은 불가능한 도전적 프로젝트를 추진하고자 설립되었으며, 인류의 사회문제를 해결할 수 있는 이른바 문샷 기술Moonshot Technology 개발을 주목적으로 하는 독립 자회사다. X에서는 이미 널리 알려진 자율 주행차 개발 프로젝트를 시작으로 구글 글래스, 드론, 풍력 터빈, 열기구를 활용한 와이파이 기술 등 획기적이고 다양한 프로젝트가 진행되고 있다. X에서는 연간 100건 이상의 다양한 과제가 새로이 시작되거나 폐기되며,

---

** Lanaria, Vincent (2016. 1. 19). "Google X Is Now Just X, Turns Serious About Business: Here Are the Moonshot Projects Worth Waiting For in 2016". *Tech Times*.

실리콘밸리를 상징하는 말들

실리콘밸리만의 독특한 창고 문화는 아이디어와 기술로 세상을 바꾸겠다는 도전과 혁신의 실리콘밸리 정신을 잘 반영한다. 이에 따라 실리콘밸리에는 특유의 경영 방식과 조직 문화가 존재하며, 이를 잘 표현해주는 남다른 유행어 또한 끊이지 않는다. 역사·문화적 배경과 지역적 특성 덕분에 실리콘밸리 지역에서만 고유하게 사용되는, 혹은 실리콘밸리에서 유래해 널리 알려진 대표적 유행어를 몇 가지 소개한다.

① Thought Leader: **전문성과 통찰력으로 업계를 리드하는 전문가**

→ 스마트폰의 스티브 잡스, 전기자동차의 엘론 머스크 등 실리콘밸리 창업자들의 롤모델이며 대중의 관심과 존경을 받는 사람.

② Geek: **한 분야를 탁월하게 이해하는 '괴짜'**

→ 본래는 '이상한 사람'이라는 의미지만 실리콘밸리에서는, 특히 전자공학 등에서 탁월한 식견을 보유한 사람을 뜻하는 말로 통용됨.

③ Pivot: **비전과 목표는 유지하되 상황에 따라 전략을 민첩하게 수정하는 것**

→ 《린스타트업*The Lean Startup*》의 저자 에릭 리스Eric Ries가 "크게 생각하되, 작게 시작하라"라는 조언과 함께 강조한 개념으로 스타트업 사이에서 유행.

④ Burn Rate: **신생 기업의 수익 발생 전 월 단위 현금 유출액**

→ 2000년대 초 닷컴 버블 당시, 많은 스타트업들이 투자금을 날리고 파산해 '지폐를 불태워버렸다'는 비판을 받은 것에서 유래.

⑤ Dogfooding: **시제품을 직원들이 직접 사용하고 테스트해보는 것**

→ 1988년 마이크로소프트MS의 매니저 폴 마리츠Paul Maritz가 "Eating Our Own Dog Food"라는 제목의 이메일을 통해 직원들에게 시제품 사용을 독려한 것에서 유래. 이는 애완견 사료 제조업체 마스Mars 경영진이 실제로 자기들이 생산하는 개 사료를 직접 먹어보는 것을 빗대어 표현한 것.

일정 수준 이상 진척된 연구는 구글이나 다른 자회사로 이전해 신사업으로 지속 추진한다.

구글은 X 말고도 단기 기술 혁신 프로젝트를 추진하는 독립조직인 첨단기술연구프로젝트ATAP팀을 운영한다. ATAP팀에서는 단기에 사업화가 가능한 모바일 하드웨어 기술에 대한 연구개발 프로젝트를 진행하며, 계획 수립부터 제품 개발까지 2년 내에 신속히 진행해 사업성을 평가하는 것을 운영 원칙으로 삼고 있다. ATAP팀은 소수의 고성과자로만 구성되며, 대학이나 연구 기관, 스타트업 등 외부 파트너와 긴밀하게 협업하는 방식으로 연구를 진행한다. 이곳에서는 현재 모바일 증강 현실 플랫폼, 모듈폰, 동작 인식 레이더칩, 스마트 패브릭 등의 기술 개발이 진행되고 있다.

실리콘밸리 기업들은 창조적 혁신을 지속하기 위해 아이디어를 끊임없이 제안받으며 이를 현실로 구현하고자 다양한 제도적 장치도 마련해놓고 있다. 그 구체적 내용을 정리해보면 다음과 같다.

첫째, 실리콘밸리에는 '실패에 관대한' 문화가 DNA로 내재되어 있다. 직원들의 실험과 도전을 장려하며, 빨리 실패를 겪어 이를 반면교사 삼아 새로운 도전을 하도록 배려한다. 새로운 시도를 하다가 실패한다 해도 이를 당연한 과정으로 인식하고, 되도록 빨리 실패하여 학습 및 재탐색이 가능한 문화와 인프라를 갖춰놓았다.

둘째, 실리콘밸리 기업들은 아이디어가 사장되지 않도록 여러 형태의 제안 채널을 구축해 운영한다. 아이디어가 경영진과 전 임직원에게 전달되도록 제도적 장치를 마련해놓고 있으며 이 제도들이 도전을 장려하는 문화적 토대를 바탕으로 적극 활용된다. 더불어 실리콘밸리 기업들은 회사 외부에서도 아이디어를 적극적으로 탐색한다. 고객이나 전문가들에게서 아이디어를 구하는 것부터 훌륭한 아이디어를 가진 스타트업을 인수하는 것까지 다양한 방법으로 외부 아이디어를 내재화한다.

셋째, 실리콘밸리 기업들은 아이디어 취합 수준에서 한발 더 나아가 아이디어가 실제 사업으로 발전되는 프로세스를 잘 구축해놓았다. 아이디어를 공식적으로 사내벤처화해 사업으로 연결하는 별도 인큐베이팅 조직을 운영하거나 장단기 혁신 과제나 신사업 등을 독립적으로 추진하는 혁신 전담 조직을 운영함으로써 기존 조직의 패러다임을 벗어난 새로운 시도가 가능하도록 지원한다.

국내의 많은 기업들도 제안 채널, 사내벤처 제도 등을 운영하지만 가시적 성과로 이어지는 경우는 드물다. 이는 아이디어를 그 자체로서 존중하면서 그 현실화를 위한 도전을 미덕으로 여기는 문화를 온전히 내재화하지 못했기 때문일 것이다. 처음에는 다소 황당해 보이는 아이디어일지라도 가볍게 보아 넘기지 않고 긍정적으로 경청해주는 조직 문화를 정착시킨다면, 산업 패러다임을 뒤흔들 대박 아이디어의 탄생을 국내에서도 기대할 수 있으리라 생각된다.

작은 스타트업으로 시작해 세계 최강이 된 구글,

혁신을 재정의하다

2000년대 초반 미국 검색엔진 시장 점유율의 50%를 상회하고, 시가총액이 무려 143조 원을 웃돌 정도로 명성을 누린 기업. '구글'의 이야기가 아니다. 1990년대와 2000년대 초반 최고의 주가를 누렸으나 최근 22년 만에 쓸쓸히 퇴장한 인터넷 포털 기업 '야후'의 이야기다. 많은 언론은 1990년대 후반 이래 전성기를 누려오던 야후 몰락의 배경으로 검색 엔진 시장에서 구글의 저돌적이고 파격적인 행보를 앞다투어 보도했다.

그렇다면 당시 거대했던 야후를 제패하고 검색엔진 시장을 장악한 구글은 대체 어떤 기업일까? 구글은 래리 페이지Larry Page와 세르게이 브린Sergey Brin이 공동으로 창업한 검색엔진 기업으로 1998년 9월 창업 당시에는 '백럽BackRub'이라는 이름의 작은 회사였다. 이들은 당시 획기적 알고리즘을 검색엔진 개발에 사용하기 시작했는데, 이 알고리즘은 원래 래리가 스탠퍼드대 재학 시절 박사 논문 주제로 생각해두었던 것이었다. 후에 구글이 인터넷 광고 시장을 폭발적 속도로 점유해나가는 데 크게 기여한 것이 바로 이 알고리즘이다. 이 알고리즘은 웹페이지에 링크된 정보들의 특성을 분석해, 그 정보를 누가 링크했는지, 링크된 정보들이 얼마나 자주 링크되었는지 등을 파악했고, 자주 방문되는 사이트와 그렇지 않은 사이트, 도움이 되는 사이트와 그렇지 않은 사이트 등을 구분함으로써 서열을 매겨 더 정확한 검색 정보를 제공한다. 당시 주로 사용되던 그래픽 기반의 배너 광고와는 달리, 사용자가 검색한 단어에 기초해 광고가 선택적으로 노출되었기 때문에 사용자나 광고주 모두에게 훨씬 효율적이고 만족도가 높은 방법이기도 했다.

광고에서 큰 수익을 얻기 시작한 구글은 이후 구글 이메일Gmail, 구글 행아웃Hangouts, 구글 맵스Google maps, 구글 번역기, 유튜브 동영상 사이트2006년 인수 등 다양한 서비스로 영역을 확장해왔고, 안드로이드 모바일 운영 시스템, 구글 크롬Google Chrome 웹브라우저, 클라우드 컴퓨팅, 크롬 OSChrome OS 등 운영 체제 개발을 통해 사업 범위를 다각화했다. 이 밖에도 구글은 딥러닝Deep Learning, 컴퓨터가 스스로 외부 데이터를 조합, 분석하는 기계 학습의 과정 기반 로봇, 스마트폰, 자율 주행 자동차, 에너지 관련 산업, 의료 산업 등 완전히 새로운 영역에서도 연구와 혁신적 사업을 진행해왔다.

현재 구글은 미국 전체 인터넷 검색 시장의 70%를 장악하고, 전 세계 온라인 광고 시장의 40%를 독식한 상태다. 유명 언론 매체 《패스트 컴퍼니*Fast Company*》 지와 BCG 온라인 매체는 2013년부터 2015년까지 3년 연속 구글을 세계에서 가장 혁신적인 10대 기업* 중 하나로 꼽았고, 《포브스》 지는 구글의 모회사 알파벳을 2016년 5월 세계에서 가장 브랜드 가치가 높은 기업 1위에 선정했다. 또한 2016년 초 알파벳은 오랜 기간 전 세계 시가총액 1위를 고수하던 애플을 제치고 시가총액 1위 자리에 올랐으며, 2015년 북미에서 가장 일하고 싶은 기업 1위로 꼽히는 등 많은 기업들과 구직자들이 선망하는 기업으로 굳건히 자리매김했다. 구글은 2016년 기준 6만 1,000명이 넘는 직원을 가진 대기업으로 성장했다.

어떻게 구글은 지난 19년간 혁신적 실험과 획기적 도전을 지속하면서도 사업적 성공도 함께 달성할 수 있었을까? 또 대기업에서 흔히 겪는 관료주의의 유혹 속에서 복병을 이겨내며 가장 일하고 싶은 기업 1위로서 수많은 구직자들에게 선망의 기업이 될 수 있었을까.

구글의 인터내셔널 인사 담당 전 부사장 이본 아제이Yvonne Agyei** 는 2015년 국내 한 굴지 기업이 주최한 강연에서 구글이 지속적으로 혁신을 추구하고 또 이 혁신이 성공으로 이어질 수 있었던 이유 3가지를 다음과 같이 꼽았다. 첫째, 구글 직원들은 세상의 정보를 체계화해 인류를 이롭게 하겠다는 사명使命을 공유한다는 것이다. 이 같은 사명을 통해 직원들은 사업이 가야 하는 방향성에 대한 이해를 공유했고, 어떠한 결정을 내려야 하는지 등을 정확히 판단할 수 있었다는 것이다. 둘째,

---

* 구글은 2013년 BCG가 뽑은 혁신 기업 3위, 2014년과 2015년 BCG가 뽑은 혁신 기업 2위, 2014년과 2015년 각각 《패스트 컴퍼니》가 뽑은 혁신 기업 1위와 4위를 차지했다.

** 이본 아제이는 인터내셔널 인사 담당 〔구글에서는 인사 담당 대신 '사람 운영(People Operation)'이라는 용어를 쓴다〕 전 부사장으로 구글 직원들의 복지를 총괄했으며, 열린 채용 및 소수자 채용에 특히 관심을 가졌던 인물이다.

구글은 모든 직원들이 오너십을 가지고 일할 수 있는 분위기를 만들었는데, 직원들을 향한 깊은 신뢰가 이를 가능하게 했다는 것이다. 직원들을 신뢰했기 때문에 모든 정보가 직원들과 공유되어야 한다고 믿었고, 따라서 회사는 직원들에게 가능한 한 많은 정보를 투명하게 공개해왔다는 것이다. 이러한 문화는 직원들에게 오너십을 심어주었으며 이것이 구글의 성공 요인 중 하나였다는 것이다. 마지막으로 구글에서는 전 직원이 소통과 협력을 통해 아이디어를 나누고 팀 협력에 기반한 운영 프로젝트를 통해 혁신을 이룰 수 있었다고 설명한다.

그렇다면 구글이 공유한 사명, 투명하게 공개된 조직 문화, 소통과 협력을 통한 혁신적 아이디어와 실험 정신 등이 어떻게 구글의 사업에 녹아들어 성공을 낳을 수 있었는지 구체적으로 짚어보자.

:구글과 야후의 차이:

구글은 2013년 로봇 개발 회사 '보스턴다이내믹스Boston Dynamics' 인수를 시작으로 로봇 사업에 뛰어들었고, 이후 많은 투자를 통해 사업을 확장해왔으나 인수한 지 3년 만에 이 회사를 매각하기로 결정했다. 구글의 비전과 보스턴다이내믹스의 사업 비전이 맞지 않는다는 이유였다. 실제로 구글의 커뮤니케이션 디렉터 코트니 혼Courtney Hohne은 《비즈니스 인사이더》 지와의 인터뷰에서 구글이 보스턴다이내믹스를 팔게 된 이유 곧 사업 철회 결정의 이유를 두고, 그것은 물론 예상 순이익이 낮아서이기도 했지만 더 큰 이유는 "기업이 가진 사명과 로봇 투자가 지향하는 사업 방향성이 상이"했기 때문이라고 설명했다.

구글은 인수·합병·매각 등 중요한 사업적 결정의 기준으로 사업이 가져다줄 금전적 가치나 성장 가능성뿐 아니라 기본적으로 구글이 지향하는 기업 사명이나 가치에 부합하는지 등을 중요하게 고려해왔다. 한 기업의 사명이나 가치는 그 기업이 가야 할 방향성과 그 기업이 존재할 이유가 무엇인가 하는 목적성을 담고 있기에 기업의 지속적 성장을 위한 원동력으로서 매우 중요하다고 믿었다. 이런 맥락에서 기업 연구 전문가들은 야후와 구글의 사업 전략 차이는 무엇보다 기업 사명에서 비롯되는 것임을 지적한다. 구글은 "전 세계 정보를 체계화해서 모두가 편리하게 이용하도록 하는 것"이라는, 목적이 분명하고 미래 지향적인 기업 사명을 가진 반면, 야후에는 분명한 기업 사명이라고 할 만한 것이 없다는 것이다. 이뿐만이 아니다. 구글은 창업 초반부터 IPO와 지주회사 전환 시 창업자 서신, 이메일, 대외 인터뷰, 사내 커뮤니케이션 등을 통해 반복적으로 창업 미션과 핵심 가치를 언급하며 또한 그것을 직원들에게 전달하는 데 힘썼다. 그 결과 구글에서 기업 사명은 회사의 존재 목적이었고, 회사 자체였으며, 직원들 모두에게 일하는 동력이 되어주었다. 반면 야후는 분명한 기업 사명을 공식적으로 갖고 있지 않았으며 심지어 홈페이지에서도 찾아보기 어려웠다. 기업 사명을 만들려는 노력이 한때 시도된 적은 있으나, 수시로 내용이 변하거나 일관성 없이 상충하는 등 야후는 '기업 사명'이라는 측면에서 고전을 면치 못했다. 야후를 부활시키기 위해 구글에서 영입되어 2012년 야후의 CEO가 된

마리사 메이어Marissa A. Mayer는 "세계의 모든 사람들에게 디지털 정보에 대한 필수 가이드를 제공하는 것"이라는 내용으로 야후의 사명을 만들었지만 이 또한 지나치게 현실 지향적일 뿐 기업의 미래에 대한 비전을 제시해주지 못하는 사명이라는 부정적 평가를 받았고, 결국 안정적으로 뿌리내리지 못했다.

반대로 구글은 '기술 혁신'과 '불가능에 대한 건전한 무시' 등 견고한 미래 지향적 미션을 통해 직원들이 과감한 도전과 긍정적 자세로 미션을 달성해나가도록 유도했다. 구글은 '문샷싱킹Moonshot Thinking'을 특히 자주 언급해왔는데, 이는 달을 관찰하기 위해 망원경 성능을 개선하기보다는 달 탐사선을 만들라는 의미로, 직원들로 하여금 안전하고 익숙한 일에 안주하려는 성향을 버리고 혁신적이며 상식을 뛰어넘는 과감한 도전을 실행하라는 의미를 강조한 것이었다.

작은 인터넷 검색엔진 기업으로 시작한 구글은 구글 맵스로 지도 검색 서비스를 제공했고, 안드로이드 운영 체제를 모바일에 탑재했으며, 유튜브를 인수해 엄청난 광고 수익을 창출하는 등 다각도로 변화를 시도해 성공을 거두었다. 나아가 구글이 유전자 및 자폐아 연구, 드론과 인공지능 알파고 그리고 자율 주행차 개발 등 끊임없이 연구하며 현재의 사업에 변화를 기하고 혁신을 추구하는 것은 그것이야말로 구글이 존재하는 목적이기 때문이다.

:직원 모두가 구글의 주인:

구글의 전 최고인사책임자 라즐로 복은 2015년 발간한 책 《구글의 아침은 자유가 시작된다》에서 구글의 혁신은 직원들에 대한 신뢰와 투명하게 공개된 공통 목표를 통해 가능했다고 회고한다. 실제로 구글은 회사의 중요한 정보를 모든 직원들에게 투명하게 공개하는 것으로 유명하다. 정보 공유 시스템을 통해 CEO를 포함한 전 직원의 목표와 성과가 공유되고, 다른 직원들의 주간 활동 현황을 파악할 수 있으며, 제품 로드맵과 제품 출시 계획 등도 확인해볼 수 있다. 또 'TGIF' 미팅에서 전 세계 구글 직원이 회사의 경영 현황 및 제도 변경 등에 관한 소식을 알 수 있으며, 이사회 발표 자료가 공유되기도 한다.

대다수 기업들은 회사의 중요 정보를 전 직원과 나누는 것을 불편해하고 두려워한다. 이는 회사의 중요 제품 정보나 아이디어가 유출될 때 발생할지 모르는 경제적 손실을 걱정하는 것일 수도 있고, 경영 내용에 대해 직원들이 불평하거나 비난하는 것이 두렵기 때문일 수도 있다. 하지만 구글은 혹시나 겪을지 모르는 배신과 직원들의 비난에 대한 두려움에 전전긍긍하며 에너지를 소모하기보다는 직원들을 '신뢰'함으로써 얻을 수 있는 부가가치에 가중치를 둔다. 구글은 투명하게 모든 정보를 공개해도 직원들이 제품이나 회사의 중요 정보를 함부로 공개하지 않으리라 믿으며, 경영진을 포함한 직원들의 성과나 보상 정보의 공개가 (공정하기만 하다면) 직원들의 동기를 꺾지도 않을 것이라고 확신한다.

그렇다면 구글은 왜 직원들을 온전히 신뢰하는 걸까? 회사에는 수천 수만의 직원이 있으니 이들의 도덕성을 모두 검증해볼 수도 없는데 말이다. 구글은 '신뢰'가 직원들로 하여금 회사와 일에 대한 책임감과 오너십을 갖게 하고 더 큰 몰입과 동기부여를 이끌어낸다는 사실을 잘 알았다. 구글은 직원들을 성장시키는 관리자의 역할이 무엇인지 알아보고자 이른바 '산소 프로젝트Oxygen Project*'를 진행한 적이 있는데, 이 연구에서 구글은 중요한 관리자의 자질로 "직원들의 도전과 성장을 지원하는 권한 위임의 리더십"을 강조했다. 직원들이 자율적으로 자신의 일을 계획하고 실행할 권한을 주는 일은 직원들로 하여금 주인의식을 갖게 하여 더 많은 책임감을 갖고 열심히 일할 수 있도록 한다는 것이다. 이것이 바로 구글이 선택한 직원 관리법이다.

구글의 '에어리어120'은 구글이 직원들에게 얼마나 많은 직무 주도권과 자율권을 제공하는지 알게 해주는 대표적 예다. 에어리어120은 2016년 신설된 사내 스타트업 활성화 전담조직으로, 직원들은 혁신적 아이디어를 제출하고 이를 평가받아 개인이나 팀 단위로 프로젝트를 진행할 수 있다. 프로젝트가 승인을 얻으면 다른 업무에서 제외된 채 최대 6개월간 이 프로젝트에만 전념할 기회를 얻는다. 프로젝트를 주도하는 사람은 의사결정에서 더 많은 권한을 부여받게 된다.

에어리어120은 혁신을 주도적으로 담당하는 특별한 경우이기는 하지만, 사실상 구글은 대부분의 업무에서 프로젝트 리더들이 스스로 의

---

* 2009년 리더의 중요한 자질을 알아보기 위해 400명의 구글 직원들을 인터뷰해 그 결과를 분석한 것으로 리더의 권한 위임, 피드백, 경청, 코칭의 중요성을 강조한 내용이다.

사결정을 할 수 있는 자율 권한을 가지고 있고, 팀원들 또한 사안의 규모와 중요도, 직급에 따라 다소 다르기는 해도 기본적으로는 의사결정에 참여할 수 있다. 자율 업무를 통해 직원들이 오너십을 갖고 일에 집중할 수 있게 하는 문화는 구글의 핵심 문화로 일찌감치 자리 잡았다.

: 끝없이 자유롭게 혁신적 아이디어를 실험하다 :

구글에는 아이디어 실험이 가능한 다양한 공간과 제도가 마련되어 있다. 구글이 추구하는 실험 정신이 반영된 대표적 장소로 구글 개라지Google Garage가 있다. 구글 개라지는 구글러들이 함께 일하고, 서로를 통해 배우고 만들고 창의를 실행하는 연구 공간으로, 2008년 20% 룰 프로젝트를 실행할 장소가 필요했던 구글러들이 직접 만들어서 사용했다. 구글 개라지에는 3D 프린터를 비롯해 대용량 프린터, 컬러 청사진 프린터, 찰흙, 청소기, 핸드 툴, 화이트보드, 재봉틀 등 크고 작은 도구들이 마련되어 있어, 구글러들은 이곳에서 직접 기구 사용법을 익힐 수 있고 가끔은 기술 교육을 받기도 한다. 이곳에서 구글러들은 무엇이든 원하는 것을 만들 수 있으며, 필요한 도구가 갖춰져 있지 않다면 회사에 구매를 요청할 수도 있다. 이곳은 '디자인 스프린트Design Sprint'*를 위한

---

* 디자인 스프린트는 어렵고 복잡한 프로젝트를 단기간에 해결하기 위해 결성된 팀 단위의 5일 프로그램으로, 팀원들이 5일 동안 함께 일하면서 새로운 제품을 생산하거나 문제를 해결하게 된다.

장소로 사용되기도 했다. 한편, 구글 개라지는 금요일 하루 동안은 개인적인 일을 하는 조용한 장소로만 사용되기 때문에 업무에서 벗어나 여유로운 시간을 보내고 싶을 때도 이용이 가능하다.

구글의 실험적 아이디어를 실현시키는 또 하나의 프로그램으로 데모 데이Demo Day가 있다. 데모 데이가 되면 직원들은 각자 자신의 아이디어를 가지고 일주일간 시제품을 만들어 동료들 앞에서 발표할 기회를 갖는다. 발표자들의 아이디어를 듣고 동료들이 피드백을 해주면 발표자는 그 의견을 경청하고 수렴한다. 데모 데이는 〈공쇼The Gong Show〉** 나 '비어 앤 데모Beer & Demos' 등의 방식을 통해 이루어진다. 〈공쇼〉는 야후의 CEO 마리사 메이어가 구글에서 일했을 때 운영하던 회의 방식으로 참석자들이 아이디어를 내면 벨이 울릴 때까지 아이디어를 설명할 시간이 주어지는, 게임 형식의 회의이다. 참석자들의 데모가 좋을수록 허용된 발표 시간이 늘어난다. 이 방식은 이후 '비어 앤 데모'로 바뀌었는데, 참석자들은 편안한 분위기에서 맥주를 마시면서 데모를 보고 마음에 드는 아이디어에 유리구슬로 투표할 수 있다. 구글 개라지와 데모 데이는 구글러들이 창의적으로 아이디어를 내고 실행할 수 있도록 하는 대표적 제도로 유명하다.

구글의 혁신을 논할 때면 구글의 비밀연구소 'X'를 빼놓을 수 없다. 2010년 설립된 구글 엑스는 문샷싱킹 철학을 실현하기 위한 장소로, 리

** 1970년대에 유행한 미국의 TV 프로그램으로, 아마추어들이 출연해 노래와 춤 경연을 하는 쇼이다. 디즈니가 1990년대에 직원들의 창의성과 팀워크를 키우기 위해 공쇼를 도입해 활용했다.

스크가 크거나 단기간 실현은 현실적으로 불가능한 프로젝트를 추진하기 위한 장이었다. 자율 주행차 프로젝트 웨이모Waymo, 인터넷 연결이 어려운 지역에 인터넷 액세스를 제공하기 위해 기획된 프로젝트 룬Loon, 날아다니는 기구로 신속하게 물건을 배달하겠다는 계획에서 시작된 드론 배달 프로젝트 윙Wing, 증강 현실 기술을 이용한 웨어러블 컴퓨터 구글 글래스Google Glass 프로젝트 등이 여기서 진행되었다. 이 밖에도 높은 고도의 강한 풍압을 이용해 풍력 에너지를 일으켜 에너지 확보가 어려운 지역에 에너지를 제공하고자 기획된 마카니Makani 프로젝트 등도 'X'에서 시도되었다.

'X'에서 실행한 많은 프로젝트들은 기획이나 도전 자체만으로도 전 세계 IT 기업들은 물론 다양한 분야의 많은 기업들에 신선한 충격을 주었지만 특히나 우리를 놀라게 만든 이유는 따로 있다. 바로 구글에서 구상되어 실행되거나 폐기되는 과제들이 연간 100여 건에 이르며 무수히 많은 창의적 아이디어가 만들어지는 동시에 또한 그보다 더 많은 아이디어가 실행되기도 전에 파기된다는 사실이다.* 이처럼 구글은 직원들의 자유로운 실험을 독려하고 직원들의 창의적 사고에 현실적인 날개를 달아주는 일을 지속하고 있다. 기업의 궁극적 목적이 이윤 추구라는 점을 감안할 때, 구글 'X'는 당장에는 조직에 불이익을 가져다줄 것처럼 보이나, 조직의 가장 큰 인적 자산인 직원들의 지적 능력과 도전 정신을 가치 있게 다룬다는 점에서 장기적으로는 부메랑이 되어 구글의 발전

---

* 수많은 실행 과제 중에 일정 수준으로 진척된 연구만 구글이나 자회사로 이전되고 사업으로 연결된다.

으로 되돌아올 것이라 생각된다.

:탄탄한 기초 위에서 가능했던 혁신:

여러 성공 기업들이 혁신을 수익으로 연결시켰지만 또 한편에서는 수많은 투자가 실패로 돌아가거나 사장되기도 했다. 그렇다면 구글은 어떻게 그 많은 실패를 딛고 일어나 시가총액 1위 기업, 시장가치 2위 기업으로 부상할 수 있었을까. 구글이 사업적 성공을 이룰 수 있었던 것은 구글이 혁신 못지않게 효율적인 업무 수행을 강조해왔기 때문이다. 구글의 전 CEO이자 현재 구글의 모회사 알파벳의 의장이기도 한 에릭 슈미트는 "직원들의 일을 방해하는 모든 요소를 제거하고 열심히 일하는 직원에게는 원하는 모든 것을 제공할 것"이라고 말한 바 있다.** 이러한 의지는 구글이 가진 채용 제도 및 성과 관리에서 잘 드러난다.

우선, 구글은 복잡한 다단계 면접 과정을 통해 단 한 사람의 직원도 신중히 채용하자는 점을 강조하며, 실제로 각 지원자에 대한 철저한 검증 절차를 진행하고 있다. 직원의 5%가 채용 전담 인력이며, 임직원의 거의 50%의 임직원이 채용 면접에 직간접적으로 관여한다. 이는 구글이 훌륭한 인재를 채용하는 데 얼마나 관심이 많은지 알 수 있는 대목이다.

** 에릭 슈미트 외 (2014). 《구글은 어떻게 일하는가》. 박병화 역. 김영사.

또한 구글의 OKR 시스템은 전 직원의 목표와 핵심 성과를 파악하고 이를 효율적으로 관리해주는 성과 관리 시스템으로, 평가의 기준으로 사용된다. 우선 회사-팀-개인별 목표가 설정되고, 이에 연계된 임원, 팀 리더, 일반 직원의 목표가 수립된다. 직원 개개인이 달성 목표를 스스로 계획할 수 있다. 이때 관리자들은 팀 목표와 직원들의 목표가 잘 연계되는지, 상충하지는 않는지 확인한다. 관리자들은 또 매주 면담을 통해 직원들이 목표를 잘 따라가는지 체크하고 피드백을 제공한다. 이러한 시스템은 전 직원이 스스로 자신이 목표한 바와 성과를 비교할 수 있도록 돕고, 계획된 방향으로 업무를 잘 수행해나가는지 정보를 줄 수 있으므로 성과 관리에 효과적이다. 이러한 정보는 보상이나 피드백을 위한 평가에 활용될 수 있다.

지속적 혁신을 추구하고 늘 새로운 것을 시도하는 구글은 세계 최고의 수익을 창출하는 기업이기도 하다. 수익 창출이 어려운 구조인데도 구글이 애플을 능가하는 수익을 낼 수 있었던 이유는 단순히 구글이 자율과 권한 위임을 강조하는 회사이기 때문만은 아니다. 그들이 자유롭고 실험적인 문화와 함께 업무 및 성과의 효율적 관리를 위해 과학적이고 엄격한 시스템을 갖추고 있기 때문이다.

구글이 작은 스타트업 기업으로 시작해 세계 최강 IT 기업으로 성장할 수 있었던 원동력은 무엇인가? 기술 혁신과 효율적 사업 관리를 통해 세계의 정보를 모든 사람들과 나누겠다는 구글의 기업 사명, 투명성과 직원에 대한 신뢰를 바탕으로 직원에게 오너십을 부여해 이러한 기업 사명을 달성하겠다는 조직의 신념, 새로운 아이디어를 창출하도록 해주고 실험 정신을 실현시키는 것이 가능한 물리적·심리적 환경, 혁신을 지속하도록 만들어주는 사업 환경 등이 시너지로 작용했을 것이다. 구글은 지난 19년간 오랜 전통 기업 못지않은 탄탄한 문화적·제도적 기반을 견고하게 구축해왔다. 이처럼 굳은 기초 위에 지어진 집이기 때문에 앞으로 10년, 아니 100년 이후가 더 기대되는 기업이다.

오늘의 성과보다 내일의 도전이 더 기대되는 테슬라,
미션이 이끄는 조직 문화

2016년 8월 《포브스》 지는 세계에서 가장 혁신적인 회사 1위로 테슬라 모터스Tesla Motors를 선정했다. 테슬라의 혁신 역량과 신제품 출시, 신시장 진출 등을 반영한 결과였다. 테슬라는 그 전해인 2015년에도 가장 혁신적인 회사로 선정된 바 있다. 이렇게 혁신적인 회사, 테슬라의 창업자는 누구일까? 많은 사람들이 테슬라의 창업자가 엘론 머스크라 생각하는데, 이는 잘못 알려진 사실이다. 테슬라의 실제 창업자는 '누보미디어NovoMedia'* 에서 전자책 로켓이북Rocket eBook을 만드는 등 IT와 배터리에 관심을 갖고 있던 마틴 에버하드Martin Eberhard와 마크 타페닝Marc Tarpenning이다. 그렇다고는 해도 테슬라의 혁신과 성공에 가장 크게 기여

* 1997년에 설립된 미국의 전자책 회사로, 2000년 젬스타 TV 가이드 인터내셔널(Gemstar-TV Guide International)에 인수되었다.

테슬라 본사의 외부 정경과 내부 모습.

한 사람이 에버하드와 타페닝이 아닌 엘론 머스크라는 사실은 누구도 부인하지 못할 것이다. 그는 2004년 2월 테슬라 최대 주주가 되었고 그 후로 10년 이상 우리의 상상을 초월하는 미션을 이뤄내며 테슬라를 세계에서 가장 혁신적인 회사로 만들었다.

테슬라 본사는 스탠퍼드의 도시로도 알려진 팰로앨토에 위치해 있다. 상상과는 달리 테슬라 본사는 매우 소박하다. 샌프란시스코 시내를 벗어나 I-280 고속도로를 따라 남쪽으로 40분 정도 달리다 보면 갑자기 말과 소가 보이기 시작하는데 그곳이 파격적 혁신의 중심, 테슬라 본사가 위치한 곳이다.

:엘론 머스크식 리더십, 솔선수범하며 리드한다!:

대부분의 성공한 실리콘밸리 테크 기업들은 원대한 미션을 가지고 있으며 또한 이를 임직원에게 분명하게 전달하는 강한 리더십을 보인다는 특징이 있다. 그들 중 스티브 잡스 이후 실리콘밸리에서 가장 주목받는 스타 리더가 바로 엘론 머스크라는 데 많은 사람들이 동의할 것이다. 미래학자 돈 탭스콧Don Tapscott은 엘론 머스크를 현존하는 가장 뛰어난 '디지털 선구자'로 꼽는데, 세상을 바꾸고자 하는 그의 열망을 높이 평가했기 때문이다. 이러한 열망은 엘론 머스크의 스탠퍼드 경영대학원의 36회 어워드 인터뷰에서 잘 드러난다. "내가 사업을 할 때 중요시하는 것은 이익을 낼 수 있느냐, 그렇지 못하느냐가 아니다. 전 인류가 어떻게 살아가느냐 하는 문제다It Wasn't a Question of Profit Versus Non-Profit. It Was How Do We Live?."* 즉 엘론 머스크는 처음부터 테슬라의 미션을 '환경 파괴와 에너지 자원 고갈이라는 위기에서 인류를 구하는 것'으로 삼고, 이를 목표로 운송과 에너지 관련 분야에 도전했다. 엘론 머스크의 이러한 사업

---

* Standford Graduate School of Business와의 2013년 인터뷰.

철학은 단지 비즈니스뿐 아니라 인재를 채용하고 이들을 동기부여하는 것에까지 영향을 주고 있다.

2015년에 만난 테슬라의 채용 담당자는 인터뷰를 통해 테슬라의 인재상, 더 정확히 말하면 엘론 머스크가 찾는 인재상에 대해 이렇게 요약해주었다.

> "엘론은 업계 최고 인재가 아니면 관심이 없다. 그런데 능력보다 더 중요하게 보는 것이 열정이다. 알다시피 테슬라의 급여 수준은 실리콘밸리 여타 IT 기업에 비해 높은 편이 아니다. 그렇기 때문에 우리가 하는 일의 가치를 알지 못한다거나 열정이 부족한 지원자는 처음부터 직원으로 선발하지 않는다. 테슬라에 얼마나 적합한지 반드시 확인하고 채용한다. 그리고 나는 지원자에게 입사 전 분명히 말한다. 만일 돈을 버는 것이 목적이면 페이스북이나 구글에 가서 일하라고……."

이러한 채용 전략은 인류 사회에 기여한다는 임직원의 자부심으로 연결된다. 엘론 머스크는 이처럼 자부심을 가진 임직원들이 혁신적 성과를 창출할 수 있도록 실리콘밸리 정신에 뿌리를 둔 테슬라의 6가지 가치를 제시했다.** 그리고 이러한 가치는 신입사원이 회사에 적응하도록 돕는 과정인 온보딩Onboarding은 물론 매주 진행하는 타운홀 미팅에서도 엘론 머스크와 선배 테슬라 임직원들을 통해 신규 입사자들에게 자연

** 2010년 IPO 시 발표.

테슬라의 6대 가치

1. 의사결정, 집행, 실패 수정은 빨라야 한다Move Fast
2. 달성하기 어렵고 불가능한 목표에 도전한다Do the Impossible
3. 지속적으로 혁신한다Constantly Innovate
4. 사물의 근본부터 탐구한다Reason From First Principles
5. 오너처럼 생각하여 건강한 비즈니스를 이룬다Think Like Owners
6. 조직원 모두가 올인한다We Are All-In

스럽게 전파된다.

그러나 가치나 문화에 대한 적합도를 철저히 검증받은 입사자들에게도, 또 열정으로 가득 찬 인재들에게도 테슬라는 결코 만만한 곳이 아니다. 앞서 테슬라 채용 담당자가 말했던 것처럼 테슬라는 업계 경쟁사에 비해 평균 급여 수준이 높지 않은 반면 업무 강도는 매우 센 것으로 유명하다. 따라서 애플, 구글, 페이스북 등 쟁쟁한 회사 출신의 핵심 인재들도 테슬라로 이직하게 되면 너무도 많은 업무량에 놀란다. 일과 가정의 양립Work-Life Balance은 테슬라에서는 사치라고 말할 정도다. 그런데 재미있게도 테슬라의 하드워킹 문화와 관련해 임직원을 인터뷰하다 보면 공통으로 듣는 이야기가 있다. 바로 엘론 머스크와 관련된 것이다. 어느 소프트웨어 엔지니어는 인터뷰에서 이렇게 말했다.

"테슬라는 정말 일이 많은 회사다. 지난 2주 동안 잠도 거의 못 자고 모델을 연구하느라 고민했다. 팀원 전체가 그랬다. 그런데 테슬라에서 누가 가장 일을 많이 할 것 같은가? 바로 엘론이다. 엘론이 가장 일도 많이 하고, 사업과 모델에 대해서도 엘론이 가장 잘 안다. 리더가 그렇게 일하는데, 임직원이 놀 수는 없지 않겠는가?"

《하버드 비즈니스 리뷰》에 게재된 기사에 따르면, 리더가 실제 업무를 얼마나 하느냐가 부하 직원의 성과 창출과 몰입도에 영향을 미친다.* 이 기사에서는 갤럽 조사 결과를 인용해 리더의 근무시간이 긴 상위 25% 리더들의 부하 직원은, 근무시간이 평균 이하인 리더들의 부하 직원에 비해 더 오래 일하는데도 몰입도가 5% 더 높다고 주장했다. 반면 리더의 근무시간이 짧은 하위 25%의 부하들은 평균보다 2~4% 낮은 몰입도를 나타냈다. 물론 리더가 일만 많이 한다고 해서 부하 직원들의 성과가 저절로 좋아지거나 몰입도가 높아지는 것은 아닐 것이다. 분명 피드백과 코칭을 통해 부서원들에게 동기부여를 하고 성과 관리를 통해 목표 달성이 가능하도록 가이드하는 역량이 필요하다. 그러나 리더가 열심히 일하는 모습이 좋은 본보기가 된다는 것만은 분명한 사실이다. 영어 표현에 "Lead by Example"이란 말이 있다. 솔선수범하면서 리드한다는 뜻이다. 엘론 머스크야말로 이 표현의 가장 좋은 예가 아닐까.

---

* Fuller, Ryan & Shikaloff, Nina (2016. 12. 14). "What Great Managers Do Daily". *Harvard Business Review.*

:테슬라가 특허를 공유하는 이유:

2014년 테슬라는 10년간 축적한 자사의 특허를 공개하고 그간 개발해 온 기술들을 외부에 무료로 개방했다. 엘론 머스크는 "우리의 모든 특허는 당신에게 있다All Our Patent Are Belong to You"라는 글을 통해 테슬라의 특허를 모든 사람과 공유하겠다고 밝혔다. '특허'가 오히려 업계 전체의 기술 발전을 저해한다는 이유였다. 또한 그는 발표에서 기업이 특허에만 의존하면 혁신하고 있지 않다는 의미라며 특허 공개가 테슬라의 혁신에 방해가 되지 않을 것이라는 자신감을 내비쳤다. 이를 두고 사람들의 해석이 분분했다. 특허 공개의 실제 이면에 전기차 시장을 확대하려는 의도가 숨어 있다는 말들이 많았으며, 슈퍼충전소Supercharger를 마케팅하기 위한 전략이라는 의견도 있었다. 이유가 무엇이든 테슬라의 자사 특허 공개는, 제품을 시장에 선보이기 전까지는 몇몇 개발자를 제외하고는 모두에게 비밀로 하는 철저한 보안 정책을 실시하는 국내 기업들과는 매우 다른 모습이다.

테슬라 직원들의 말을 들어보아도 보안이나 절차를 위해 혁신을 희생한다면 조직에 해가 된다는 인식이 분명해 보였다.

> "특허도 많고 혁신적 아이디어도 정말 많은 회사다. 그런데 모든 것이 시스템에 오픈되어 있다. 그래서 마음만 먹으면 얼마든지 정보를 가져갈 수 있는 게 사실이다. 정보 유출이라는 측면에서 분명 리스크가 있지만, 절대 보안이나 까다로운 절차로 인해 임직원들의 협업이 저해

테슬라 회의의 4대 원칙

1. 모든 사람이 준비되었을 때 회의를 한다.
2. 회의는 기본 팩트Facts, 결론/해결점로 답을 줄여나가는 과정이다.
3. 회의 시에는 항상 장기적 관점을 유지한다.
4. 직접 일을 한 당사자만이 회의에 참석한다.

되거나 혁신이 희생당하지 않도록, 엘론은 테슬라에서는 그 무엇보다 혁신이 최우선임을 늘 강조한다." (시니어 엔지니어와의 인터뷰)

혁신에 집중하기 위해 모든 비효율적 요소를 제거하는 활동에 있어서도 테슬라는 다른 회사들보다 혁신적이다. 임팩트 있는 의사결정과 관련되지 않으면 모두 비효율 요소로 간주한다는 것이 기본 철학이다. 상사에게 보고하기 위한 문서 작성은 시간 낭비라고 생각하기 때문에, CEO 보고 또한 문서 작성 없이 실제 제품을 시연하면서 구두로 진행한다. 이처럼 엔지니어들이 자기가 개발한 제품을 엘론 머스크에게 직접 설명하는 것이 일반화되어 있다. 개발 당사자가 그 제품에 대해 가장 잘 알고 가장 잘 설명할 수 있다고 믿기 때문이다. 실리콘밸리 회사들의 문화가 아무리 수평적이고 효율을 강조한다 해도, 직급에 상관없이 엔지니어가 직접 CEO에게 보고하는 문화는 이례적이다. 그만큼 테슬라는 빠르게 혁신을 실현하기 위해 불필요한 프로세스나 단계들을 최소화한다.

:비즈니스만큼이나 혁신적인 인사 제도:

세계에서 가장 혁신적인 회사 테슬라의 인사 제도는 어떨까? 비즈니스 모델이나 엘론 머스크의 리더십은 대중에게 많이 알려졌으나, 테슬라의 인사 제도에 대해서는 거의 알려진 바가 없다. 우리 연구팀이 2015년 처음으로 본사 인사 담당자를 만났을 때도 그렇고, 다음해에 엔지니어들과 인터뷰했을 때도 알 수 있었던 것은 테슬라의 인사 제도를 간략하게 정리하기란 쉬운 일이 아니라는 점이었다. 테슬라의 인사 제도는 그들의 비즈니스만큼이나 매우 혁신적으로 운영되기 때문이다.

테슬라 임직원은 입사를 하면 먼저 2주간 온보딩을 하게 된다. 특별히 정해진 시간이나 장소는 없다. 입사 즉시 현업에 곧바로 투입되어 역량을 발휘해야 하기 때문에 틈틈이 시간 날 때마다 온보딩을 실시한다. 전문성을 기반으로 한 타깃 채용을 하기 때문에 신규 입사자를 대상으로 한 페이스북의 부트캠프 같은 온보딩은 불필요하다는 것이 테슬라의 판단이다.

그리고 테슬라에는 국내 기업들처럼 정교한 인사 제도나 구글처럼 화려한 시스템이 없다. 인사 제도를 위한 공유 문서나 가이드라인도 거의 없으며 평가 횟수, 평가 등급, 평가 시기, 보너스 지급 수준 등도 자주 바

뀐다. 평가는 1년에 1회 실시를 기본으로 하고 평가 기준은 5등급으로 나뉘지만 시기와 등급을 매우 탄력적으로 운영한다. 대신 모바일 피드백 앱인 팀챗Team Chat을 활용해 동료와 상사에게 상시 피드백을 받는다. 특이한 점은 팀 기여도가 높아 탁월한 성과를 창출하고 혁신을 드라이브한 사람에게는 파격적인 인사 제도를 적용한다는 것이다. 일례로 입사 7개월밖에 안 된 주니어 엔지니어가 능력을 인정받아 정기 인사 시즌이 아닌데도 두 단계 승격인 매니저로 승진하는 경우가 있었다. 즉 혁신을 실천한 사람이 가장 좋은 대우를 받는다는 것을 실제 인사 제도로 증명해 보이고 있다.

교육과 육성 프로그램 운영도 독특하다. 실리콘밸리의 타 기업과는 다르게 업무 외에는 기타 모든 외부 교육에 대한 지원이 거의 없다. 임직원 모두가 전문가이며 개인 전문성은 일을 통해 테슬라 내부의 교육 사이트인 테슬라 러닝 허브Tesla Learning Hub에서 충분히 교육받고 성장할 수 있다고 믿기 때문이다. 저성과자들을 대상으로 하는 PIPPerformance Improvement Plan 적용 또한 매우 유연하고 효율적으로 진행된다. 조직에 부적합한 인력이라는 확신이 서면, 간단한 절차를 거쳐 적용 2주 내에 퇴출시키는 것이 테슬라의 원칙이다. 이것이 개인과 조직 모두에 효율적이고 이익이 된다고 생각해서다. 그러나 사람에 따라서는 6개월 동안 성과 개선 기회를 주고 변화를 관찰하는 경우도 있다.

테슬라의 인사 담당자는 정책과 인사 제도 운영을 다음과 같이 요약했다.

> "업계 최고의 인재들이 모인 곳에서는 회사가 그들의 역량만 잘 발휘하게 해주면 된다. 엄격한 성과 관리와 시스템, 절차 준수는 오히려 혁신을 방해하는 요소일 뿐이다."

과감한 절차 축소와 독특한 제도 운영, 바로 그것이 테슬라가 혁신을 강하게 드라이브해내는 비밀이 아닐까?

:"곧 우리가 바꾼 세상을 목격할 것이다":

2016년 5월 7일, 자율 주행을 하던 테슬라의 전기자동차 모델S가 트레일러와 충돌하면서 처음으로 운전자가 사망하는 사고가 발생했다. 그리고 그해 9월 네덜란드와 중국에서도 유사한 사고가 있었다. 이로 인해 테슬라의 자율 주행 자동차는 안전성 논란에 휩싸였고, 독일에서는 자율 주행 기능을 장착한 차량 적용의 판매와 운행을 재검토하겠다고 선언했다.

분명 2016년은 테슬라에 롤러코스터 같은 한 해였다. 솔라시티 합병을 통해 에너지 회사로서 성장 기반을 마련하겠다는 포부를 발표했고,* 실제로 성사시키는 쾌거를 달성했지만, 자율 주행 자동차의 안전성 문제를 둘러싸고 여러 가지 공격을 받으며 힘든 시간을 보내기도 했다. 그

---

* "Master Plan, Part Deux" (2016. 7. 20). 테슬라 홈페이지.

럼에도 많은 언론이 2017년은 테슬라가 더욱 성장하고 혁신을 이룰 해라고 예측한다. 《비즈니스 인사이더》에 따르면, 테슬라는 2017년 모델3를 출시할 예정이고, 디자인에 변화를 둔 모델Y의 프로토타입도 선보일 것으로 전망된다.** 더 나아가 도심형 교통수단인 버스도 구상 중이라고 하니 테슬라가 어떤 혁신적 아이디어로 다시 한 번 우리 모두를 놀라게 할지 주목된다.

2016년 11월, 테슬라 엔지니어는 인상적인 말을 들려주었다.

> "혁신적 아이디어는 누구나 가질 수 있다. 세상을 바꾸겠다는 포부도 꿈꾸는 자들의 이야기일 수 있다. 그러나 진정한 혁신은 실제 제품으로 이루어진다. 우리는 단 한 번도 말로만 혁신과 미션을 외친 적이 없다. 곧 우리가 바꾼 세상을 목격할 것이다!"

** DeBord. Matthew (2016. 12. 24). "2017 will Be Tesla's Biggest Year Ever—Here's What's in Store for the Company". *Business Insider.*

• 제4장 •

Collaboration

협업을
당연시하는
실리콘밸리

실리콘밸리 기업들은 기본적으로 경쟁을 중시한다. 실리콘밸리는 치열한 경쟁을 뚫고 살아남아야 최고의 제품과 서비스가 만들어진다는 공통된 신념 속에서 정말 철저하게 경쟁하는 곳이다. 하지만 실리콘밸리 기업들은 경쟁만큼이나 협력도 중시한다. 최근 실리콘밸리 기업의 조직 문화에 대한 조사 결과에 따르면, 실리콘밸리 기업의 엔지니어 중 42%가 "오픈소스 프로젝트에 참여한다"라고 응답한 반면, 비非실리콘밸리 기업의 엔지니어들이 이렇게 대답한 경우는 19%에 불과했다.* 오픈소스 프로젝트 참여가 겸업처럼 여겨지는 실리콘밸리 기업에서는 꼭 회사 일이 아니더라도 전문가끼리 회사라는 울타리를 넘어 서로 돕고 아이디어를 공유하는 것이 아주 자연스럽다는 뜻이다. 이러한 면모는 외부에서 쉽게 이식할 수 없는 실리콘밸리 특유의 역설적 기업 문화로 거론되기도 한다.

실리콘밸리 기업 내부에서는 어떨까? 이후 제5장에서 자세히 소개하겠지만, 실리콘밸리 기업들은 혁신적 문화를 강조하는 것만큼이나 효율적 문화도 중요하게 여긴다. 효율적 경영을 위해 공정한 평가 제도를 두는 등 내부 경쟁의 규칙이 확실한데, 실리콘밸리 기업들은 내부 경쟁도 치열하지만 내부 협업도 아주 자연스럽다. 기업 내에 경쟁과 협력이 공존하는 실리콘밸리의 특성이 그대로 투영되는 것이다. 실리콘밸리에서는 열린 혁신Open Innovation에서 강조되는 외부 협력만큼이나 내부 직원 간 협업Collaboration도 당연시한다. 그렇다면 실리콘밸리 기업들은 어떤 방식으로

* Harris, Jeanne G. & Alter, Allan E. (2014). "California Dreaming". *Accenture Outlook.*

협력하고 있을까?

실리콘밸리 기업들의 '협력'은 우선 남다른 사무 공간에서 잘 드러난다. 최근 구글, 애플, 페이스북 등 많은 기업들이 새 사옥을 지어 이전하면서 협업을 위한 열린 공간을 마련하고 있는데, 그 배경에 대해 본문에서 알아보도록 한다. 또한 어떤 제도들이 실리콘밸리만의 독특한 협업 문화를 가능하게 하는지 살펴본다. 해커톤 하면 일반적으로 개발자만의 이벤트로 생각하기 쉬운데, 해커톤이 협업 플랫폼이라는 점을 확인할 수 있을 것이다. 나아가 실리콘밸리 기업들이 해커톤처럼 오프라인에서 이루어지는 협업뿐 아니라 온라인에서는 협업을 위해 어떤 툴을 활용하고 있는지도 이 장에서 알아본다. 마지막으로 실리콘밸리 기업들이 협업을 촉진하기 위해 동료 평가나 인정, 그리고 상호 학습을 어떻게 활용하는지 살펴본다.

이제, 실리콘밸리에서 살아 숨 쉬는 남다른 협업 문화를 보여주는 실제 사례 속으로 들어가보자.

1

실리콘밸리에는 문門이 없다?!

실리콘밸리 기업들은 스타트업 고유의 정신을 지키기 위해 많은 노력을 기울인다. 그중 하나가, 혼자 일하지 않고 협업을 한다는 것이다. 작은 아이디어라도 함께 고민하고 해결법을 찾을 때 더욱 시너지가 발휘되기 때문이다. 그래서일까? 실리콘밸리에는 유독 열린 공간이 많다. 예컨대 바로 당신 옆자리에서 페이스북 CEO 마크 저커버그가 일하고 있다 해도 실리콘밸리에서는 그다지 놀랄 일이 아니다.

실리콘밸리는 어떤 열린 공간을 갖추고 있으며 그곳에서는 어떤 방식으로 아이디어를 공유하며 협업하고 있을까?

당신의 옆자리에 저커버그가 앉아 있다면

우선 실리콘밸리의 열린 공간은 문이 없는 사무실에서 시작한다. 대표적인 예가 어도비다. 어도비는 2012년 유타 주 리하이 시에 유타캠퍼스Utah Campus를 지었다. 이 캠퍼스의 기본 콘셉트는 개방과 협업이다. 이곳에서는 몇몇을 제외하면 누구도 문이 달린 사무실을 갖고 있지 않다. 유타 캠퍼스의 수장이자 어도비의 디지털 마케팅 부문을 총괄하는 브래드 렌처Brad Rencher 수석 부사장의 사무실도 예외는 아니다. 렌처 부사장은 "어디서든 직접 얼굴을 보고 의견을 나눌 수 있도록 열린 사무실 공간을 만들고 있다"라고 말한다.* 어도비에서는 언제든지 고개만 돌리면 옆에 있는 동료들과 회의를 할 수 있도록 높이가 낮은 화이트보드를 칸막이 대신 쓴다. 책상 주변이 모두 화이트보드이다 보니 직원들은 아이디어가 떠오르거나 창작 욕구가 생길 때마다 종이 대신 화이트보드를 활용한다.

인텔 역시 큐비클Cubicle이라 부르는 문 없는 사무 공간을 창업 초기인 1970년대부터 운영해왔다. 또 인텔의 모든 상사는 직원과의 일대일 면담을 받아주는 '열린 문 정책Open Door Policy'을 충실히 따르고 있다. 임원은 물론 CEO를 위한 별도의 사무 공간, 휴게 공간, 주차장도 없다.**

---

* 박정현 (2013. 3. 13). "아이들 뛰노는 직장… 어도비 유타 캠퍼스를 가다". 《조선비즈》.

** "사무실 책상 배치만 봐도 어떤 회사인지 안다" (2009. 5. 6). 《중앙일보》.

인텔 창업자, 고든 무어의 사무 공간(자료: flickr/Intel Free Press).

인텔의 전 CEO 폴 오텔리니Paul Otellini는 개방적이고 평등을 중시하는 문화를 인텔의 저력으로 꼽는다. "인텔은 수평적인 문화를 통해 스스로 문제점을 찾아내고 더 강해지는 특성을 지녔다"라는 것이다. 또한 "기술 혁신을 위해서는 직원들이 자기 목소리를 낼 수 있다고 느낄 만한 환경을 조성하는 것이 가장 중요하며, 창업자 로버트 노이스와 고든 무어는 처음부터 수평적인 조직을 유지하려고 애썼다"라고 밝힌다.* 결국 직급과 상관없이 아이디어를 공유하는 실리콘밸리의 수평적 조직 문화는 열린 사무 공간에서 출발한다고 볼 수 있다.

* "〈위클리 비즈〉 'IT 불사조' 인텔 수평적 문화의 힘" (2013. 11. 13). 《조선일보》.

그들이 '열린 공간'을 강조하는 이유

'열린 공간'이 갖는 의미는 단지 문이 열려 있다는 데 그치지 않는다. 실리콘밸리 기업들이 개방된 사무 공간에 이토록 관심을 두는 것은 임직원들이 언제 어디서나 일할 수 있는 환경을 만들어주기 위함이다. 시스코 시스템즈Cisco Systems는 '시스코의 연결된 사무 공간Cisco Connected Workplace'을 모토로 사업적으로도 그렇고, 조직 내부에서도 사무 공간의 혁신을 매우 강조하는 기업이다.** 심지어 시스코에는 사무 공간 혁신을 위한 전담조직까지 있는데, 바로 시니어 디렉터 앨런 맥긴티Alan McGinty가 이끄는 글로벌 워크플레이스 솔루션 그룹Global Workplace Solutions Group이다.*** 앨런 맥긴티는 "사무 공간의 혁신은 우수 인재를 유인하고 유지할 뿐 아니라 생산성을 높이는 데도 기여하며, 궁극적으로는 창의성을 이끌어낸다"라고 말한다. 이를 위해 시스코는 임직원의 라이프스타일Lifestyle을 분석해서 5가지 워크 스타일에 따라 직원들에게 사무 공간을 제공한다. ① 외부에서 고객들을 자주 만나는 모바일 근무Highly Mobile-Employees, ② 제한된 공간에서 일하는 캠퍼스 모바일 근무Campus Mobile-Employees, ③ 멀리 떨어져서 일하는 원격 근무Remote/Distant Collaborator, ④ 그리 멀지 않은 곳에서 일하는 인근 협업 근무Neighborhood Collaborator, ⑤ 사무실 근무Workstation Bound 등이 그것이다.

** Cisco Systems (2013). "Cisco Connected Workplace (White Paper)".

*** 앨런 맥긴티의 시스코 블로그 참조. 〈http://blogs.cisco.com/author/alanmcginty〉.

시스코의 오픈 오피스 플랜

시스코는 사무 공간의 혁신을 통해 열린 공간을 확보하고자 '오픈 오피스 플랜Open Office Plan'을 수립했으며, 3가지 세부 지침을 마련했다. 첫째, 모든 형태의 일과 팀워크를 위해 다양한 해결법을 제공한다. 둘째, 시스코 자체 협업 기술을 활용한다. 셋째, 임직원이 자신의 라이프스타일에 맞추어 언제 어디서나 일할 수 있도록 지원한다. 함께 일하면서 열린 혁신을 추구하자는 취지다.

자료: Cisco (2007). "How Cisco Designed the Collaborative Connected Workplace Environment". *Internal Material*; Crandell, Christine (2014. 4. 17). "Inside the Remaking of Cisco's Culture". *The Huffington Post*.

실리콘밸리 기업들이 개개인의 업무 스타일까지 고려하면서 사무 공간 혁신에 노력을 쏟는 이유는 무엇일까? 한 연구에 따르면, 사무 공간은 협업과 관련된다. 밀집도, 즉 가깝게 모여 있는 정도가 높을수록 협업이 촉진되는 반면, 밀집도가 지나치면 부작용이 발생한다는 것이다.* 이 연구에서는 1인당 점유 면적 5.57m²1.68평 이하를 위험 수준으로 보는데, 이보다 좁게 설계하면 협업을 촉진하려다가 오히려 부작용을 낳을 수 있다는 것이다. 밀집도가 높아지면 협업을 촉진하는 공유 환경은 증가하고 격리된 작업 환경은 감소하는 반면 전반적으로 사무 공간의

* "Space Utilization: The Next Frontier" (2015). CBRE 홈페이지.

구글 방문센터(Visitor Center) 내에 전시된 임직원 사무실 전경

여유가 줄어들어 협업에 중요한 팀워크, 의사결정, 집중력에 부정적 영향을 미치기 때문이다. 여유 없는 공간으로 인해 개인 프라이버시가 침해를 받고, 주변 동료들이 내는 잡음 때문에 집중력도 감소한다. 특히 지식 집약형 업무는 1인당 점유 면적이 더 많이 필요하다. 사무 공간 내 직원들의 동선과 유휴 공간을 고려하면서 직원들이 자유롭게 이동할 수 있다면 업무 집중도가 증가하고 원활한 협업도 가능하다.

그런 점에서 구글 등 실리콘밸리 기업들은 협업에서 열린 사무 공간이 얼마나 중요한지를 잘 알고 있으며, 이에 대해 진지하게 고민한다. 예컨대 구글은 자신의 장기인 데이터 분석에 근거해 열린 공간을 제공한다. 구글은 우선 직원들의 업무 패턴을 분석해 직원 간 상호작용과 협업을 향상시키는 구조로 사무실을 설계했다. 파티션을 없애고 팔을 내밀면 누군가의 어깨를 두드릴 수 있을 정도의 거리에 책상을 배치했다. 그런가 하면 조만간 완공될 신사옥에서는 직원들이 서로 2분 30초 이내에 마주칠 수 있도록 설계함으로써 자연스러운 교류를 유도한다.*

2015년 신사옥 'MPK 20Menlo Park Campus Building 20'을 마련한 페이스북도 유사하다. MPK 20은 축구장 7개 크기의 면적에 문, 가로벽, 복도 없이 하나로 연결된 세계 최대의 단일 공간이다. 개방된 공간으로 설계된 이 신사옥은 페이스북이 얼마나 직원 간 소통을 소중히 여기는지를 보여준다. 칸막이 없이 자유롭게 책상들을 배치했으며, 곳곳에 회의실과 휴게 공간이 있어 근무 중에도 얼마든지 활용이 가능하도록 해놓았다. 단층 건물인데도 8미터 이상이나 되는 매우 높은 천장 덕분에 페이스북 임직원 모두가 모여 있어도 답답하게 느껴지지 않으며, 건물 내 어느 누구와도 쉽게 소통하고 협업할 수 있도록 설계했다. 임원이나 경영진을 위한 별도의 분리된 공간은 존재하지 않는다. CEO 마크 저커버그의 책상 또한 사무실 한가운데에 있다.** 마크 저커버그는 임직원들이 자신의 집에 있는 물건이나 사진을 가져올 수 있도록 하고 회사 안에 우드숍Woodshop, 즉 목공소를 마련해 필요한 목재 도구를 공짜로 만들어주는 등 직원 개개인이 자신의 사무 공간을 스스로 꾸미고 개성을 맘껏 표현하라고 권장한다. 페이스북이 얼마나 다양성을 존중하는지를 보여주는 또 하나의 사례다.

---

* "Technology Giants New HQs". ConstructionChat.

** Adamczyk, Alicia (2015. 3. 31). "Inside Facebook's New Frank Gehry-Designed Headquarters MPK 20". *Forbes*.

페이스북의 사내 목공소 우드숍

협업을 위해 사무 공간을 혁신하는 노력에서는 애플도 예외가 아니다.*** 스티브 잡스가 최고의 건축물을 짓겠다는 신념으로 계획한 '애플 캠퍼스 2Apple Campus 2'는 쿠퍼티노 시의 대지 21만 평에 1만 3,000명을 수용할 수 있는 규모로 만들어졌다. 애플이 정확히 밝히지는 않았지만 약 50억 달러를 투입하여 세계 최고 수준의 사옥을 짓겠다는 목표 아래 진행된 것이다. 신사옥이 주목받는 것은 뭐니 뭐니 해도 가운데가 뚫린 도넛 모양으로 우주선을 닮았기 때문이다. 그런데 왜 하필 이런 도넛 우주선 모양일까? 직원들이 원형 복도를 따라 걸어 다니다

*** Thompson, Cadie (2016. 1. 3). "16 Incredible Facts about Apple's New 'Spaceship' Campus". *Business Insider*.

애플의 신사옥 전경(자료: City of Cupertino; Reisinger, Don (2016. 6. 30). "Check Out the Progress On Apple's Spaceship Campus". *Fortune*).

보면 자연스럽게 다른 부서 사람들을 만나 소통할 수 있는 구조라는 생각에서다.

열린 공간을 넘어 자유로운 소통 공간으로

실리콘밸리의 열린 공간은 이제 '놀이터'처럼 자유롭게 소통하는 업무 공간으로 바뀌고 있다. 창의적 아이디어를 발현하면서 직원 간 상호 교류를 촉진하고 있는 것이다. 넷플릭스도 예외가 아닌데, 각종 캐릭터가 사무실 곳곳에 비치되어 있어 자유로운 분위기를 연출하고 있으며, 늘 주변 동료들과 쉽게 소통하고 교류할 수 있다. 넷플릭스가 이런 사무 공간을 마련한 것은 자유로운 소통이 창의적 업무에 도움이 될 것이라는 믿음에서다.

투명한 소통을 위해 CEO의 집무 공간도 따로 두지 않고 있다. 넷플

위는 넷플릭스 사무실 전경. 아래는 테슬라 공장 안에 위치한 사무 공간.

릭스 CEO 리드 헤이스팅스는 "노트북과 휴대전화가 있는 곳이 바로 내 사무실이다. 오가는 직원들과 자유롭게 아이디어를 나눌 수 있어서 좋다"라고 말한다.*

테슬라 역시 '투명한 소통'이라는 측면에서 결코 뒤지지 않는다. 경영진과 사원의 구분 없이 좌우로 넓게 펼쳐진 사무실에는 파티션 하나 없

* Yarow, Jay (2013. 10. 23). "We Went To Netflix's Office and Visited the 'Towering Inferno', Reed Hastings' Secluded Rooftop Office Space". *Business Insider.*

이 개인 사무 공간이 끝없이 이어진다. 물론 CEO 엘론 머스크도 별도 사무실이 없으며, 공장에 있는 완성품 테스트라인 쪽 자리에서 직원들과 함께 근무한다. 직원들이 공장 내부에서도 CEO를 포함한 경영진과 항상 자유롭게 대화할 수 있는 환경을 마련한 것이다.*

이렇게 CEO가 열린 공간을 무대로 자유롭게 소통하는 모습은 실리콘밸리에서는 흔하게 찾아볼 수 있다. 인터넷 금융 결제 시스템 개발 업체 스트라이프도 그렇다. 2010년 동생과 함께 스트라이프를 창업한 CEO 패트릭 콜리슨Patrick Collison에게는 개인 사무실은 물론 전용 책상조차 없다. 그는 매일 근무 장소를 바꾸면서 회사 내 모든 직원들과 편하게 만나고 대화하며 일하고 또 이를 즐기는 것으로 유명하다.**

---

* Heisler, Yoni (2016. 5. 5). "Elon Musk Spends His Nights in a Sleeping Bag at Tesla's Factory". BGR (Boy Genius Report).

** Collin, Mathilde (2014. 12. 16). "11 Company Culture Hacks for Happy Customers and Employees". 〈http://blog.frontapp.com〉.

2

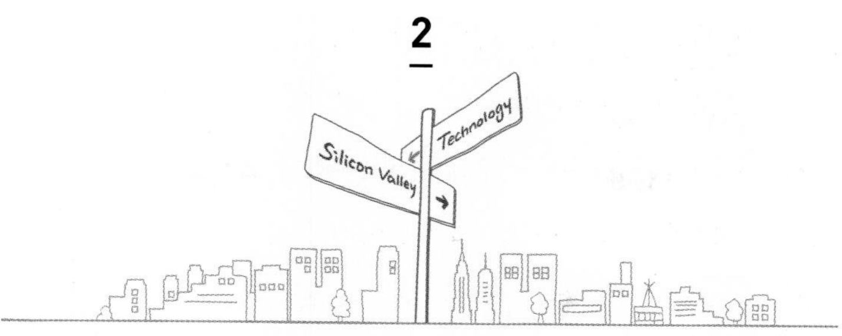

실리콘밸리의 남다른 협업 문화를 만드는 플랫폼들

실리콘밸리 조직 문화의 핵심 아이콘이 된 해커톤

실리콘밸리에서 창업을 한다면 어떤 사람들이 필요할까? MIT 슬론 경영대학원 빌 올렛Bill Aulet 교수는 "창업은 팀스포츠이며 3명의 핵심 인물이 필요한데, 비즈니스를 담당하는 '허슬러Hustler', 기술을 담당하는 '해커Hacker', 디자인을 담당하는 '힙스터Hipster'이다"라고 지적한다.*** 이렇게 구성된 팀을 스타트업 드림팀이라고 한다. 하지만 막상 드림팀을

*** Korn, Melissa (2013. 9. 4). "How to Make Entrepreneurs". *Venturewire*.

CEO 마크 저커버그와 함께 하는 페이스북의 해커톤 모습(자료: Deanne Fitzmaurice Photography).

구성했다고 하더라도 팀원들의 개성이 달라서 서로 조화를 이루지 못한다면 아무런 효용성이 없을 것이다. 그렇다면 어떻게 이들을 한데 묶을 수 있을까?*

드림팀에서 서로 협업하도록 묶어주는 핵심이 해커톤으로, '해커톤'은 실리콘밸리 기업의 오프라인 협업 플랫폼이라 할 수 있다. 흔히 해커톤을 개발자만의 일회성 이벤트라고 생각하기 쉽지만 실리콘밸리 기업들은 해커톤을 통해 협업을 시작하고 또 거기서 결실을 맺는다. 그래서 실리콘밸리 기업은 모두 저마다의 해커톤이 있다고 말한다.** 그렇다면 실리콘밸리 기업들은 해커톤을 통해 어떻게 협업하고 있을까?

해커톤은 원래 해답을 파헤친다는 의미의 핵Hack과 마라톤Marathon의

---

* Ellwood, Andy (2012. 8. 22). "The Dream Team: Hipster, Hacker, and Hustler." *Forbes*.

** Priestley, Theo (2016. 1. 20). "Why Every Business Should Run Internal Hackathons". *Forbes*.

해커톤의 일반적 진행 원칙

해커톤의 규칙은 아주 간단하다. 해커톤이 열린다는 공지가 뜨면 참가자들은 주말에 자기 노트북을 챙겨 출전한다. 주최 측에서 해커톤의 목표와 제약 조건constraints을 설명하면, 참가자들이 알아서 팀을 구성한다. 일반적으로 해커톤은 기획자, 프로그래머, 디자이너 등 5명 내외가 한 팀이 되어 참여한다. 즉 허슬러, 해커, 힙스터가 함께 참여하는 것이다. 최장 일주일도 있으나 보통은 24시간에서 72시간 후 자신들의 프로그래밍 결과를 제출하고 경쟁 결과가 발표되면서 끝이 난다.

그렇다면 그 결과물은 어떻게 처리할까? 사내 경쟁이라면 회사에 귀속되지만, 오픈 경쟁이라면 본인들에게 결과가 귀속된다. 따라서 이른바 '대박'이 날 여지가 있다.

자료: 〈https://hackathon.guide〉.

합성어다. 해법을 찾기 위해 끈질기게 고심하고 서로 경쟁도 하는 이벤트를 칭하는 말인 것인데, 한마디로 정의하면 솔루션 콘테스트라고 할 수 있다. 1960년대 MIT 학생들이 솔루션을 개발하는 과정이 마라톤과 유사했기에 이런 이름이 붙었다. 1999년 6월 선마이크로시스템스가 사내 프로그래밍 콘테스트 프로그램을 공식적으로 해커톤이라 칭하면서 이 말이 널리 알려졌다.***

*** Newton, Richard (2015. 2. 9). "The Hackathon Enters the Corporate Mainstream". *Financial Times*.

드림팀 멤버들은 주어진 시간 동안 기획 과정을 거쳐 프로그래밍은 물론 시제품 제작까지 토론과 협업을 통해 결과물을 산출한다. 그러므로 해커톤은 팀원들이 어떻게 협업하는지 배우는 동시에 협업한 결과를 구체화하는 과정이라고 할 수 있다. 해커톤은 이제 실리콘밸리의 조직 문화를 대표하는 혁신의 아이콘이 되었다. 그래서 혹자는 이를 두고 협업의 조직 문화를 견인하는 플랫폼이라고 부르기도 한다.* 대표적 사례가 페이스북이다. 페이스북은 자사 고유의 철학을 '해커웨이'라고 칭할 만큼 해커톤을 열정적으로 활용하는 기업이다.

마크 저커버그는 2012년 '주주들에게 보내는 서신'에서 페이스북 고유의 기업 문화와 경영 방식을 '해커웨이'로 정의했다.** 그는 페이스북의 창업 정신을 언급하면서 끊임없는 개선과 이터레이션, 스피드, 능동적인 실행과 개방성을 통한 혁신 창출이 핵심이라고 강조했다. 페이스북에서는 이것이 그저 말로 그치지 않고 사무 공간은 물론 건물에도 '해커웨이'를 상징하는 슬로건과 명칭을 사용한다. 멘로파크에 가보면 이를 쉽게 확인할 수 있다. 직원은 물론 수많은 방문자들이 광장에서 볼 수 있도록 큼지막한 슬로건이 건물 벽에 걸려 있고, 광장 바닥에는 HACK이라고 쓰여 있다.

페이스북은 2007년 처음으로 해커톤을 개최한 후 6~8주에 한 번씩 지속적으로 진행해왔으며 그 결과 2016년 1월 26일, 50번째 해커톤을

---

* Priestley, Theo (2016. 1. 20). "Why Every Business Should Run Internal Hackathons". *Forbes*.

** "Mark Zuckerberg's Letter to Investors: 'The Hacker Way'" (2012. 2). *Wired*.

페이스북의 멘로파크 광장 모습. 광장 바닥에 HACK이라는 글자가 쓰여 있다.

개최하게 되었다. 그 해커톤은 페이스북 본사인 멘로파크는 물론 런던, 뉴욕, 시애틀, 보스턴, 텔아비브에서도 개최되었으며 주제는 AI인공지능를 활용한 제품 개발이었다.*** 마크 저커버그는 자신의 페이스북에 "해커톤은 페이스북의 많은 베스트 아이디어들은 물론 최근에는 하이퍼랩스Hyperlapse, 세이프티 체크Safety Check도 만들었다"라면서 해커톤의 중요성을 강조했다.****

*** Terdiman, Daniel (2016. 1. 28). "Exclusive: Inside Facebook's AI Hackathon".

**** 마크 저커버그의 페이스북 (2016. 1. 28).

그런가 하면 글로벌 데이터센터를 운영하는 에퀴닉스는 스파커톤Sparkathon을 운영한다.* 스파커톤은 아이디어를 의미하는 스파크스Sparks에 해커톤을 조합한 명칭의 프로그램으로, 협업을 넘어 서로 배우고 경계 없는 혁신 조직 문화를 만드는 데 도움이 된다는 평가를 받고 있다. 에퀴닉스의 최고정보관리책임자CIO; Chief Information Ofiicer 브라이언 릴리Brian Lillie는 "스파커톤은 단순히 새로운 제품이나 프로세스를 만드는 것이 아니라 함께 퍼즐을 풀어나가는 에퀴닉스의 문화 그 자체를 의미한다"라고 말한다. 즉 스파커톤이 에퀴닉스 고유의 조직 문화를 만들어가는 플랫폼으로서 직원들은 이를 통해 회사의 전략, 시장, 경쟁에 대해 이해할 수 있고, 아이디어에 대한 다른 사람들의 생각을 접할 수 있으며, 이로써 더 좋은 소프트웨어를 만들어낼 수 있다고 강조하는 것이다.

한편 해커톤이 실리콘밸리 기업의 조직 문화를 대표하는 프로그램이 되면서 해커톤에 참여하는 사람들의 수도 점점 많아졌다. 내부 개발자는 물론 일반 직원, 그리고 외부 고객 및 개발자까지 참여하기에 이른 것이다. 가상화 소프트웨어 개발업체로 유명한 VM웨어는 테크놀로지 기업이지만 기술 혁신이 꼭 개발자들에게서만 나온다고 생각하지 않는다.** 이 업체의 글로벌 사업 담당 최고기술책임자CTO; Chief Technology Officer 폴 스트롱Paul Strong은 "VM웨어의 혁신은 회사 구성원 누구나 쉽게 아이디어를 내고 다양한 배경을 가진 구성원들이 자유롭게 다른 사

---

* Koty, Ramchandra & Sajith, Arimba (2015. 9. 23). "Software Engineering Innovation at Equinix: a Cultural Shift".

** 임유경 (2014. 9. 1). "3대 혁신 기업 VM웨어 본사 가보니…". 《ZDNet Korea》.

스파커톤의 슬로건

람의 아이디어에 살을 붙여 구체화하는 문화에서 시작한다"라고 강조한다. 즉 누구든 좋은 아이디어가 있으면 쉽고 편하게 아이디어를 펼칠 수 있는 문화를 만들어간다는 말이다. 이처럼 혁신을 불러일으키는 핵심 요소를 '다양성'으로 보기에 VM웨어의 해커톤인 보라톤Borathon에는 다른 직군의 직원들도 참여할 수 있다.

기업회계와 재무관리 솔루션 '퀵북스QuickBooks'를 개발한 인튜이트는 2014년부터 외부 개발자를 위한 퀵북스 커넥트 해커톤QuickBooks Connect Hackathon을 운영한다. 개발자 그룹 디렉터 로리 프레일리Lori Fraleigh는 말한다. "인튜이트는 해커톤을 통해 퀵북스의 온라인 생태계를 만든다. 궁극적으로는 규모와 상관없이 세계 모든 중소기업들을 효과적으로 지원할 수 있는 플랫폼을 만드는 데 많은 개발자들이 참여하도록 하려는 것이다."***

*** Robles, Patricio (2014. 11. 7). "Intuit Announces Winners of QuickBooks Connect Hackathon".

대기업들이 해커톤에 빠진 3가지 이유

해커톤은 주로 스타트업 기업들이 사용하는 것으로 알려져 있으나, 점차 대기업들도 해커톤에 주목하게 되었다. 그 이유는 첫째, 해커톤이 혁신의 스피드를 피부로 느끼게 해주기 때문이다. 고질적인 문제에 대한 해결책을 고민해 프로토타입을 만들고 테스트까지 해보는 일을 하루나 이틀 안에 해낸다는 것을 어느 기업이나 놀라운 경험으로 받아들인다.

둘째, 기존 비즈니스에 지장을 주지 않는다. 창의적 과제를 수행하려고 별도 조직을 만드는 기업들도 있지만 관리 비용이 올라가고 기존 비즈니스 조직에서도 불만을 품을 수 있는데, 해커톤은 벤처 문화를 충분히 활용하지만 일정 기간에만 열리다 보니 기존 비즈니스와 충돌하지 않는다. 기존 조직의 효율적이고 안정적인 운영을 중시하는 기업에 안도감을 준다는 것이 해커톤의 장점이다.

셋째, 조직 문화를 은근히 바꿀 수 있다. 많은 대기업들은 더욱 민첩하고 가볍게 행동하려고 노력하지만 몸에 밴 완벽주의 때문에 그렇게 하기가 힘들다. 완벽하지 않은 것은 허술할 뿐 아니라 위험하다고까지 여기기 때문이다. 하지만 끝없이 검토하고 보고하는 방식으로 계속 일하다 보면 결국 느려지게 되는 것이 문제다. 그런데 해커톤을 시행함으로써 스스로 문제 제기를 하게 된다. "우리라고 벤처기업처럼 못할 게 무언가." 이런 깨달음 속에서 조직의 일하는 방식이 바뀌게 되고, 바로 이것이 대기업이 해커톤에 주목하는 이유다.

자료: Overfelt, Maggie (2012. 9. 12). "Corporations Adopt the Hackathon". Workforce; Elias, Jennifer (2014. 5. 14). "Why Do Big Companies Do Hackathons?"; Grijpink, Ferry, Lau, Alan & Vara, Javier (2015). "Demystifying the Hackathon". Digital McKinsey.

온라인 협업의 토대가 되는 업무용 SNS

최근 실리콘밸리 기업들 사이에서는 오프라인은 물론 온라인에서도 협업의 중요성이 강조되고 있다. 직원들이 '풀기 어려운 문제'를 동료와 함께 해결하는 방법으로 온라인 소프트웨어를 활용하는 것이다. 온라인 협업이 시간과 공간의 제약 없이 업무에 몰입할 수 있고 스스로의 역량을 성장시킨다는 점에서 매우 효율적인 방식이라 판단한 것이다. 그래서 실리콘밸리 기업들은 직원들이 더 효율적으로 소통하고 협업할 수 있는 업무 시스템을 개발하고 적극 도입한다.

대표적 사례는 페이스북이다. 페이스북은 2015년, 업무용 SNS '페이스북앳워크Facebook@Work'를 개발하고 사내에 먼저 도입해 베타 테스트를 진행했다. 페이스북앳워크는 기존의 기업들에서 흔히 사용하는 사내 인트라넷에 기반한 이메일 중심 방식이 아니라, 신속한 전달과 공유가 핵심인 SNS 방식, 그중에서도 전 세계 유저가 17억 명이 넘는 페이스북의 모습 그대로 업무에 활용하는 것이다. 페이스북은 사내에서 먼저 이 프로그램을 사용해본 뒤 이를 사업화해 2016년 12월 6일 '워크플레이스Workplace by Facebook'를 공식 출시했다. 워크플레이스는 기존의 페이스북과 동일한 인터페이스를 탑재했으며 뉴스피드, 공유 기능, 라이브 동영상, '좋아요' 버튼, 검색 기능을 지원하고, 조직 내부는 물론 외부와의 협업을 위한 공동 그룹 기능을 추가했다.* 페이스북에 따르면 현재

* 목정민 (2016. 10. 11). "페이스북, 직장에서 사용하는 앱 워크플레이스 출시". 《경향비즈》. 사용료는 사용자 수가 1,000명 이하인 경우 월 1인당 3달러, 1,000명 이상 1만 명 이하인 경우 1인당 2달러, 1만 명이 넘으면 1인당 1달러 수준.

페이스북 워크플레이스의 화면.

스타벅스를 포함한 1,000개 기업이 이 시스템을 사용 중이다.[*] 페이스북 인사 총괄 임원 로리 골러Lori Goler는 "직원들은 소통이 잘 이뤄지는 조직을 원한다. 이러한 시스템이 그런 조직을 만들어주는 데 중요한 수단이 될 것"이라고 강조했다.[**]

세일즈포스닷컴도 이와 유사한 것으로 '채터Chatter'라는 시스템을 사용하며, 기업용 프로그램으로도 판매한다. 그런데 세일즈포스닷컴에서는 이 프로그램을 단지 업무에 활용할 뿐 아니라 소통과 협업의 촉진제로도 쓴다. 세일즈포스닷컴은 네이버 파워블로거와 유사한 '채터라티Chatterati Top 20' 제도를 내부적으로 운영한다. 업무 관련 포스트와 해

---

* McDonald, Clare (2016. 10. 11). "Facebook at Work Comes out of Beta and Launches as Workplace". *ComputerWeekly.com*.

** Clancy, Heather (2016. 10. 10). "Here's What Facebook's Workplace Email-Killer Looks Like". *Fortune*.

당 포스트 댓글 수, 팔로워 수 등을 종합적으로 분석해주는 로직을 개발하고 이를 통해 회사에서 영향력 높은 직원을 선정하는데, 이렇게 선정된 직원들에게는 회사의 핵심 리더만 참석하는 글로벌 임원 회의에 참석할 기회를 제공한다.*** 이러한 제도를 통해 협업과 소통에 앞장서는 직원들을 인정하고 우대한다는 강력한 메시지를 직원들에게 전달하고 있는 것이다.

*** Ibarra, Herminia & Hansen, Morten T. (2011). "Are You a Collaborative Leader?". *Harvard Business Review*.

3

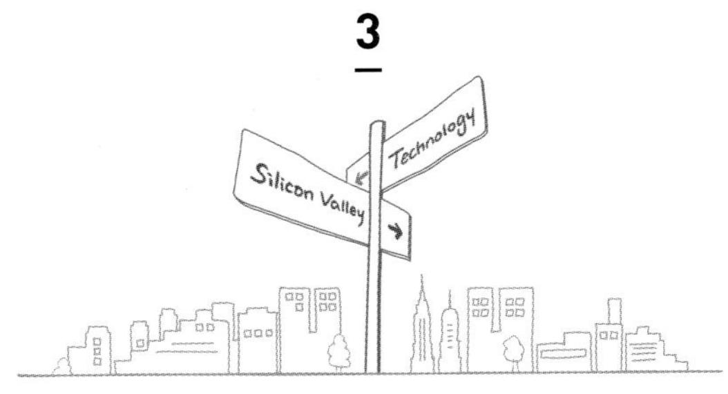

협업을 촉진하는 건전한 동료 평가와 피드백

공정하게 평가하지 않으면 공정하게 평가받을 수 없다

실리콘밸리 기업들에서는 공정한 평가를 위해 평가받는 사람이 평가자를 정하는 것이 일반적이다. 자기 자신을 잘 알고 도움이 되는 평가를 해줄 수 있는 사람을 선정하므로 동료 평가가 일반화되어 있다.* 이때 자칫 인기 평가가 되거나 서로 담합하지 않을까 하는 우려가 생길 수 있지만, 실리콘밸리에서는 그렇게 하면 오히려 자신에게 해가 된다고 생각

* 최현수 (2013). "평가, 동료에게 답을 묻다". 《SERI 경영노트》. 제175호. 삼성경제연구소.

하는 사람들이 많다. 내가 공정하게 평가하지 않으면 결국 나 자신도 공정하게 평가받을 수 없다고 생각하는 문화가 있다.**

구글의 동료 평가 제도가 대표적인 예다.*** 구글 직원들은 3~4명의 동료에게 연 2회 평가를 받는데, 평가 시점이 되면 개인별 동료 평가자 리스트가 자동으로 생성된다. 물론 자신이 추가/변경할 수 있고, 평가자의 최종 선정은 관리자가 한다. 선정된 평가자들은 피평가자에 대해 개인별로 설정된 목표와 핵심결과OKR; Objectives and Key Results를 잘 달성했는지, 피평가자의 장점이 무엇이고 개선할 점은 무엇인지를 기술한다. 이때 공정한 평가를 위해 개인 성과를 가급적 정량적으로 표현하는 것이 포인트다.

이처럼 실리콘밸리 기업에서 동료 평가 제도가 잘 운영되는 것은 동료 평가가 동료들 간에 건전한 압박으로 작용함으로써 생산성과 효율성을 함께 높여주기 때문이다. 이를테면 프로그램 개발의 경우, 코딩한 결과물을 데이터베이스에 입력하기 전에 동료들이 리뷰해주고 개선 의견을 주고받는다. 이렇게 동료끼리 상호 평가하면서 협력하는 것이 실리콘밸리에서는 아주 익숙한 모습이자 일종의 '문화'라고 할 수 있다. 동료 평가를 통해 협업에 대한 개인의 기여에 보상하고 이를 통해 동료 간의 자발적이고 아낌없는 지원과 더불어 협업이 촉진되는 선순환 구조가 만

** Stewart, Greg L., Courtright, Stephen. H. & Barrick, Murray. R. (2009. 8). "Peer-Based Reward And Individual Performance: A Field Examination". *Academy of Management Annual Meeting Proceedings*. 1–7.

*** Lebowitz, Shanal (2015. 6. 15). "Here's How Performance Reviews Work at Google". *Business Insider*.

들어지는 것이다.

그런 맥락에서 실리콘밸리 기업에서는 동료 간 칭찬이나 감사 표현을 통해서도 협업이 자연스럽게 강조된다. 예컨대 구글에는 '지땡스gThanks'라는 시스템이 있다. 일하면서 동료에게 받은 도움에 대해 이 시스템을 통해 칭찬과 감사의 마음을 표시할 수 있는데, 이때 '칭찬하기Kudos'와 '동료 보너스Peer Bonus' 중 하나를 선택할 수 있으며, '칭찬하기'를 통해 간단한 칭찬 메시지를 전송하면서 그 내용을 전 직원에게 공개할 수도 있다. 또한 '동료 보너스' 제도를 이용할 수도 있는데, 이 경우에는 감사의 글을 널리 알려 고마움을 표하거나 도움을 받은 해당 동료에게 보너스 175달러가 지급된다.* 특기할 만한 점은 보너스를 지급할 때 별도의 결재 프로세스가 없다는 것이다. 그러면 마구 사용할 것이라는 우려가 나올 수도 있지만 구글에서 제도를 도입한 지 10년이 지났어도 동료 보너스를 악용한 사례는 거의 없다고 한다. 이에 대해 구글의 최고인사책임자였던 라즐로 복은 "우리는 직원들이 옳은 일을 할 것이라고 우리가 믿어줄 때 그들이 실제로 옳은 일을 한다는 사실을 알았다"라고 술회한다.**

페이스북은 동료 평가 결과를 성과에 반영해 업무 생산성을 높이는데 적극 활용한다. 이를 '성과 요약 사이클Performance Summary Cycle'이라 칭한다.*** 연 2회 동료 평가 기간 중에 2주 동안은 함께 일한 동료 3~5

---

* Gavett, Gretchen (2014. 6. 30). "The Paying-It-Forward Payoff". *Harvard Business Review*. pp. 1–4. (Digital Articles)

** 라즐로 복 (2015). 《구글의 아침은 자유가 시작된다》. 이경식 역. 알에이치코리아. pp. 390–391.

*** "Facebook Likes Continuous Feedback". Impraise Blog.

실리콘밸리의 독특한 선행 나누기(Paying-It-Forward) 문화

실리콘밸리에서 동료 평가가 협업을 촉진할 수 있는 것은 실리콘밸리만의 독특한 문화, 이름하여 '선행 나누기' 문화 덕분이다. 즉 도울 때는 대가를 바라지 않고 도와주며, 도움을 받은 사람은 다른 사람에게 이를 되갚는다는 것이다. 이는 2011년 스탠퍼드 대학 교수이자 창업가인 스티브 블랭크Steve Blank가 실리콘밸리 기업들의 남다른 문화를 "선행 나누기 문화"라고 언급하면서 세간에 알려지게 되었다. 그는 "젊은 스티브 잡스가 인텔의 창업자이자 CEO였던 로버트 노이스에게 멘토링을 받을 수 있었던 것이 바로 이 문화 덕분이다"라고 했다. 실리콘밸리에서는 수많은 기업가들이 자신의 경험과 지식을 대가 없이 나눠 주고, 열정은 있지만 기반이 없는 창업가들에게 적잖은 돈을 투자하거나 꼭 필요한 사람들을 만나게 도와주는 모습을 쉽게 볼 수 있다. 이러한 문화가 실리콘밸리 기업의 동료 평가에 그대로 투영되면서 동료를 있는 그대로 평가하고 인정하는 등 대가를 바라지 않고 동료의 성공을 기원하는 모습으로 발전했다고 할 수 있다.

자료: Blank, Steve (2011. 9. 15). "The Pay-It-Forward Culture". 〈https://steveblank.com〉.

명에게 평가를 받고 관리자는 동료 평가 결과를 감안해 등급을 결정한다. 이때 평가자들은 피평가자가 프로젝트에 어떻게 기여했고 얼마나 협업을 잘했는지를 구체적으로 기술하는데, 동료 평가 결과는 관리자에게 우선 공개되며, 평가받는 사람에게 공개할지 여부는 동료 평가자가 선택하도록 한다. 또한 공식 평가 외에도 시스템에 '땡스Thanks'라는 섹션을 두어 협업에 대해서는 곧바로 동료 피드백을 하도록 한다.

실리콘밸리 기업들에서 협업의 특징은 성과 창출을 위해 동료가 필요로 할 때마다 피드백을 한다는 것이다. 넷플릭스가 대표적 사례다. 넷플릭스에서는 공식적 성과 평가나 상대평가를 하지는 않지만 360도 상시 피드백을 통해 조직의 긴장감을 유지하며, 직급에 상관없이 실명으로 진행하는 실시간 대면 피드백이 활성화되어 있다. 팀원이 업무를 제대로 해내지 못하면 곧바로 당사자와 관리자에게 솔직하게 피드백하는 것이 자연스러운 일로 여겨진다. "동료에게 피해를 끼치지 않게 일하자"라는 넷플릭스의 문화를 단적으로 보여주는 것이다.*

페이스북의 인사 총괄 임원 로리 골러는 "사업과 환경이 매우 빠르게 변하고 있어 반기 평가를 분기 평가로 바꿔도 부족하며, 구성원들이 평가라고 느끼지 못할 정도로 빈번하게 해야 한다"라며 상시Ongoing 피드백을 강조한다. 그래서 페이스북 관리자들은 격주마다 1회 이상 부서원들과 피드백 면담을 하고 업무 진척도와 애로 사항을 파악한다. 3주 이상 면담을 하지 않으면 이유를 불문하고 관리자의 코칭 역량이 부족한 것으로 간주한다.** 일상적인 회의나 프레젠테이션 내용에 대해서도 시스템을 활용해 동료 간에 그리고 리더와 팀원 간에 실시간으로 피드백을 할 수 있다.***

---

* McCord, Patty (2014. 2). "How Netflix Reinvented HR". *Harvard Business Review.*

** Feloni, Richard (2016. 2. 5). "Facebook's HR Chief Explains How the Company Does Performance Reviews". *Business Insider.*

*** Parikh, Jay (2016. 6. 29). "How Facebook Tries to Prevent Office Politics". *Harvard Business Review.*

최고의 강사는 바로 옆에 있는 동료

실리콘밸리 기업들은 직원들 간 상호 학습 분위기를 적극 지원하면서 자연스럽게 협업하는 분위기를 만들어간다. 최고의 강사는 바로 옆에 있는 직원이라는 생각에서다.

2015년 구글 직원들이 일하는 방법을 상세하게 소개한 책을 쓴 라즐로 복은 '교육·훈련 프로그램 만들기' 장의 '각 분야 최고 직원을 강사로 모셔라'라는 섹션에서 구글의 현실에 맞게 전문지식을 전해줄 수 있는 강사는 바로 구글 직원이라고 주장한다. 그는 구글이 "일을 통한 상호 학습Learning each other"을 기조로 직원 간 정보 공유를 촉진하는 학습 체계를 구축한다고 강조했다.****

일방적으로 가르치는 과거의 방식은 이제 의미가 없으며, 일하는 과정에서 배우는 '학습과 공유Learning & Sharing'가 중요하다는 것이다. 특히 교육을 할 때 자기 주도 학습과 상호 학습 그리고 전통 교육의 이상적 비중이 70:20:10이라고 지적한다. 또한 '최고의 직원은 최고의 강사'라는 교육 철학에 따라 동료 간 노하우를 공유하고 상호 코칭이 활성화될 수 있도록 회사에서 적극 지원한다. 알고리즘 설계 등 기술에 대한 강의뿐 아니라 오락 관련 주제로도 강의할 수 있다. 동료 간 노하우 공유의 대표적 사례는 G2GGoogler-to-googler 프로그램이다. 직원들이 스스로 강사가 되어 자신의 전문 분야에 대한 온·오프라인 강의를 제공하는 것

**** 라즐로 복 (2015). 《구글의 아침은 자유가 시작된다》. 이경식 역. 알에이치코리아. pp. 331–332.

미국 IT 기업들의 나노학위 열풍

최근 실리콘밸리 기업을 포함해 미국의 많은 IT 기업들은 첨단 IT 기술에 특화된 나노학위Nanodegree 프로그램을 적극 도입하는 추세다. '나노학위 프로그램'이란 미국의 유니콘 기업 유다시티Udacity가 2014년 6월 AT&T와 공동 개발한 IT 전문가용 단기 유료 온라인 교육 과정이다. 정부가 인정하는 공식 학위 과정은 아니지만, 최첨단 기술을 온라인으로 배울 수 있어 주목받고 있는데, 6~12개월 과정으로 이루어지며 과정별 교육 비용은 월 200달러(연간 2,400달러)에 불과하다. 현재 안드로이드 개발자, iOS 개발자, 데이터 분석가, 기계학습 엔지니어, 웹 개발자, 모바일 게임 개발자, 시니어 웹 개발자 등 총 12개 과정이 운영된다.

나노학위를 도입한 기업은 구글, AT&T, 페이스북, 세일즈포스닷컴 등이 있는데, 구글과 AT&T는 개발에 직접 참여하기도 했다. 실리콘밸리 기업들이 나노학위 과정을 도입하는 이유는 IT 산업의 특성상 급격한 기술 변화에도 아랑곳없이 직장인이나 대학생들이 이런 기회를 통해 첨단 기술을 쉽게 습득할 수 있을 뿐더러 IT 생태계 조성에도 한몫하기 때문이다. 특히 구글은 유다시티와 공동으로 과정을 개발하고 현직 전문가를 강사로 활용하면서, 안드로이드 기술을 확산시키며 기술을 선도한다는 기업 이미지를 갖게 되었다. 최근 이집트에서는 안드로이드 개발자 과정을 아랍어로 신설하기도 했다.

자료: "How a 6 Month 'Degree' Could Put You ahead of the Competition" (2015. 11. 23). *CNN*.

인데, 2013년 기준으로 3,000명의 G2G 강사진이 2,200개의 강좌를 제공했고, 2만 1,000명 이상의 직원들이 참여했다. 구글 직원 대부분이 2개 이상의 강좌에 참여해 총수강자가 11만 명이 넘었다.* 한편 구루Guru라는 프로그램에서는 직원들이 해당 분야의 '구루'임을 자처하며 자발적으로 다른 직원들에게 리더십, 경력 개발, 경영 관리 등 직장생활에 필요한 조언을 하기도 한다.

한편 테슬라는 자기 주도적 학습을 지원한다는 차원에서 '테슬라 러닝 허브Tesla Learning Hub'를 직원들에게 제공한다. 다양한 외부 교육기관의 콘텐츠를 접하도록 연결해 직원들의 상시 학습 환경을 조성한 것이다. 단순히 외부 강사의 강의를 듣는 데 그치는 것이 아니라, 현장 관리자를 중심으로 직원들이 각자에게 필요한 콘텐츠를 직접 학습하고 정기 모임을 통해 업무에 어떻게 적용할지 토의한다. 일 속에서 상호 학습을 하고 그 과정에서 협업을 이루어내는 조직 풍토를 마련하는 것이다.

---

* 라즐로 복 (2015). 《구글의 아침은 자유가 시작된다》. 이경식 역. 알에이치코리아. p. 334.

지금까지 실리콘밸리 기업의 남다른 협업 문화를 살펴보았다. 실리콘밸리 기업에서는 협업이 단순한 수사에 그치지 않고 실제 일을 하면서 당연시되는 고유한 문화로 인정받는다. 실리콘밸리에서 이렇듯 협업이 생생하게 살아 숨 쉬는 이유는 무엇일까?

저명한 글로벌 정보기술 연구 및 자문기관 가트너Gartner의 협업 및 소셜 소프트웨어 부문 연구 VPVice President 제프리 만Jeffrey Mann은 일하는 방식의 혁신, 즉 스마트 워크Smart Work를 위한 3가지 핵심 요소를 ICT, 인사 제도, 그리고 사무 공간이라고 강조했다.* 모바일 기술로 대표되는 정보통신기술의 발달로 직원 간 정보와 아이디어 공유가 용이해졌고, 직원들이 도전과 혁신에 적극 참여하도록 지원하는 인사 제도는 물론, 물리적 공간에서도 사무 공간을 혁신하는 일련의 시도들이 스마트 워크를 가능하게 했으며, 이 3가지 요소들이 상호 보완적으로 작용하면서 일하는 방식의 혁신을 촉진한다는 것이다.

일하는 방식의 혁신에서도 협업은 매우 중요한데, 제프리 만이 언급한 3대 요소를 실리콘밸리 기업에 적용해볼 수 있다. 먼저 정보통신기술 측면에서는 협업을 위한 온라인 툴이 온라인 협업 플랫폼 역할을 하고 있고, 인사 제도 측면에서는 오프라인 협업 플랫폼인 해커톤을 비롯해 협업을 촉진

---

* Mann, Jeffrey (2012. 6. 18). "Transform the Workplace with Focus on Bricks, Behaviors and Bits". Gartner; Raguseo, Elisabetta, Luca, Gastaldi & Neirotti, Paolo (2016). "Smart Work: Supporting Employees' Fflexibility Through ICT, HR Practices and Office Layout". *Evidence-based HRM.* 4(3), pp. 240-256에서 재인용.

하는 동료 평가, 피드백, 상호 학습이 제도화되어 있다. 사무 공간 측면에서도 실리콘밸리 기업은 열린 공간을 중시한다.

이제 실리콘밸리에서는 문이 있는 사무실도 없고 복잡하고 어려운 소통 또한 사라졌다고 할 수 있다. 앞서 살펴본 것처럼 실리콘밸리 기업들은 실제 직원 간 거리가 어느 정도이면 협업에 좋은지, 직원들의 동선이나 회의실, 휴게실 같은 공유 공간이 얼마나 필요한지, 어떻게 하면 이를 제대로 활용할 수 있을지 연구한다. 이는 실리콘밸리 기업들이, 직원들이 업무에 전념하고 서로 협업할 수 있도록 할 방법을 진지하게 고민하고 있다는 의미다. 그들은 닫힌 사무실 문을 과감하게 열고, 굳이 의식하지 않더라도 자연스럽게 소통하고 협업할 수 있는 열린 공간을 당연시한다.

또한 실리콘밸리 기업들은 자기만의 독특한 방식으로 협업을 위한 제도를 도입해놓고 있다는 점도 살펴보았다. 혹여 우리는 겉으로는 해커톤을 대단하다고 부러워하면서 속으로는 '그들만의 잔치'라고 애써 무시하고 있지는 않은가? 만약 협업다운 협업을 과감하게 시도하기를 주저했다면, 이제 실리콘밸리 기업들처럼 동료 평가나 피드백, 상호 학습 문화를 협업의 촉진제로 활용해볼 필요가 있다. 우리도 협업에 대해 진지하게 고민할 시점이다. 우리의 기업들에도 더욱 강력한 소통과 협업의 바람이 불어야 하지 않을까?

벤처기업의 속도와 혁신을 유지하는 대기업 시스코,

속도의 경제를 추구하는 젊은 조직

이제 막 개인용 컴퓨터PC가 상용화되기 시작한 1970년대만 해도 같은 학교 안에서도 건물마다 컴퓨터 시스템이 제각각이었다. 그런 탓에 서로 다른 건물에서 근무하던 스탠퍼드 대학의 레오나드 보삭Leonard Bosack과 샌디 러너Sandy Lerner는 자유롭게 정보를 주고받기가 어려웠다. 컴퓨터 운영 담당이던 이들은 이런 불편을 해소하고자 자신들의 전문성을 살려 대학 내 모든 컴퓨터를 하나의 네트워크로 연결하는 기기를 개발했다. 그것이 바로 지금의 라우터Router다. 이후 결혼한 두 사람은 1984년, 집 거실 한 켠에 실험 공간을 두고 신용카드로 창업 비용을 충당해 처음으로 라우터를 상용화하는 회사를 차린다. 회사 이름은 당시에 살던 도시 이름 샌프란시스코에서 따와 시스코Cisco라고 정했고, 샌프란시스코의 상징인 금문교를 회사 로고로 정했다. 오늘날의 시스코는 그렇게 탄생했다.

CISCO™

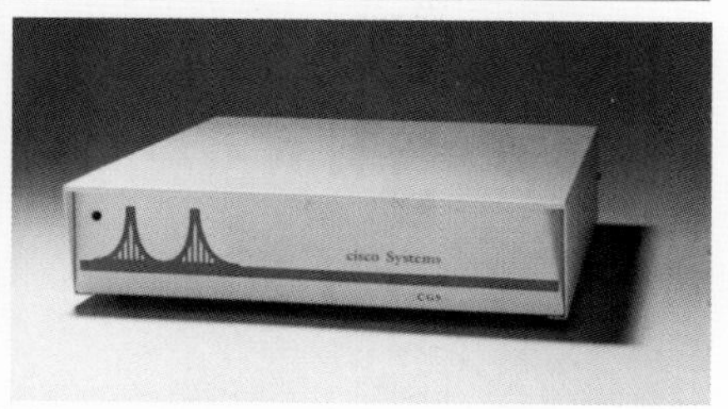

금문교를 형상화한 시스코의 회사 로고와 시스코가 처음으로 출시한 라우터(자료: 시스코 홈페이지).

1986년 첫 제품을 출시한 후 라우터가 컴퓨터 네트워크를 위한 필수품으로 부상하면서, 그 수요는 폭발적으로 증가했다. 이러한 수요 증가에 힘입어 시스코는 매년 40%를 웃도는 초고속 성장을 지속해왔다. 닷컴.com 열풍이 전 세계를 휩쓸던 1999년 말에 들어서면서 시스코는 인텔을 제치고 실리콘밸리에서 시가총액이 가장 높은 기업이자 세계 네트워크 장비 시장의 80%를 차지하는 독보적인 세계 최대 네트워크 장비 업체로 성장했다.

이후 IT 기술 환경은 하루가 다르게 진화를 거듭해왔다. 1990년대의 라우터·스위치 중심에서 2000년대의 와이파이·클라우드 컴퓨팅 중심으로, 그리고 최근의 빅데이터 분석에서 사물인터넷에 이르기까지……. 어제는 유용했던 기술이 내일은 쓸모없는 기술이 될 정도로 변화가 급속한 환경을 맞았다. 이러한 가운데 루슨트Lucent, 노텔Nortel, 알카텔Alcatel 등 시스코와 어깨를 견주던 네트워크 분야 최고 업체들이 기술 변화의 속도를 따라잡지 못하고 경쟁에서 뒤처지며 사라져갔다. 그러나 시스코는 라우터 부분에서 여전히 흔들림 없이 세계 1위 자리를 꿋꿋이 지키고 있다. 그뿐만 아니라, 통신 장비 전반과 클라우드, 보안 등 네트워크와 관련된 새로운 분야까지 무서운 속도로 영역을 확장했다. 그 결과 라우팅, 스위칭, 무선랜 등 네트워크 분야에서 가장 강력한 기업으로 우뚝 섰다.

사실 시스코는 페이스북이나 구글처럼 일반인들에게 익숙한 회사는 아니다. 그도 그럴 것이 시스코는 개인을 대상으로 서비스를 제공하는 회사가 아니라 보이지 않는 네트워크 기술을 제공하는 회사이기 때문이다. 즉 시스코는 사람의 몸 구석구석에 혈액을 전달하는 혈관처럼 인터넷 세상에서 정보와 정보, 컴퓨터와 컴퓨터를 연결해주고 전달해주는 인터넷 네트워킹을 담당한다. 《하버드 비즈니스 리뷰》가 "인터넷으로 할 수 있는 모든 것은 다 시스코 덕분"이라고 말하는 이유가 바로 여기에 있다.*

시스코는 1986년 첫 제품을 내놓은 이래, 세계 최첨단 IT 기술이 마치 전쟁터같이 각축하며 부침을 겪는 실리콘밸리에서 2016년 현재 총 매출액 126억 달러, 전 세계 직원 수 75만 136명, 총 1,400건 이상의 특허, 전 세계 약 7만여 곳의 파트너 보유, 주력 비즈니스 부문 시장 점유율 1, 2위 등 놀라운 실적을 보이며 대표적 성공 기업으로 자리매김했다.** 글로벌 경기의 불확실성이 확산되는 상황에서도 여전히 전문가들에게 "지속 성장이 예상되는 기업"으로 평가받으며, 급속한 기술 변화에

---

* 인더 시두 (2011). 《투 래빗》. 김하락 역. 모멘텀(재인용).

** 시스코 홈페이지.

도 고삐를 늦추지 않고 발전하는 시스코의 거침없는 성장 비결은 무엇일까? 그 비결은 '규모의 경제'보다 '속도의 경제'를 추구하는 기업 경영 전략과 이를 실행하기 위해 개방성과 스피드, 유연성을 추구하는 인사 제도에서 찾을 수 있다.

:M&A로 핵심 인재 선점하기:

실리콘밸리에서는 '인재 전쟁'이라고 불릴 정도로 우수 인재를 확보하려는 경쟁이 언제나 치열하다. 점진적 기술 변화가 아닌 '기술 혁명'이라 불릴 정도로 날마다 새로운 기술이 개발되는 환경 속에서, 최첨단 기술을 보유한 인재는 곧 그 기업의 경쟁력, 때로는 기업의 생존과도 직결되기 때문이다. 이 같은 IT 산업의 맹렬한 경쟁 속에서 시스코는 빠르고 유연하게 새로운 기술을 가진 인재를 확보하는 방법으로 M&A를 활용해왔다. 기업을 인수한다는 것은 단지 기술을 인수하는 것이 아니라 해당 기업의 인력을 인수하는 것이라는 점을 깊이 인식해 누구보다 잘 활용한 것이다.

시스코는 1993년 스위치 업체 크레센도Crescendo를 인수했다. 이를 시작으로 네트워크 솔루션 관련 시장을 선도할 최신 기술을 가진 기업을 인수하면서 해당 분야의 유능한 인재를 확보해 시장을 선점해왔다. 이렇게 성사시킨 M&A 거래만 2016년 6월 현재까지 무려 193건에 달한다. 시스코는 2015년에도 IoT 실시간 분석회사 파스트림ParStream, 네트워크 보안회사 랜코프Lancope, 화상회의 소프트웨어 회사 아카노Acano 등을 잇달아 인수했다. 2016년 2월에는 IoT 플랫폼 회사 제스퍼테크놀로지Jasper Technologies를 14억 달러에 전격 인수했으며, 연이어 클라우드 스타트업 클리커CliQr와 클라우드 보안 업체 클라우드락CloudLock을 인수했다.

한 조사에 따르면 M&A 결과가 성공적인 경우는 20% 정도에 불과할* 정도로 M&A가 성공으로 이어지기란 일반적으로는 쉽지 않다. 그 주된 이유는 피인수 기업의 핵심 인재 이탈과 두 조직 간 기업 문화의 충돌에서 오는 갈등이다. 이런 점에서 시스코는 "인수 대상 기업은 반드시 6개월 이내에 상품화할 수 있는 탁월한 기술력을 확보하고 있어야 한다"라는 기준 외에도 비전과 기업 문화 측면의 조화를 고려했다. 실제로 시스코 시스템즈의 인적 자원 개발 담당 이사이자 피인수 기업 관리를 담당하는 보 파넬Beau Parnell은 인수 기업의 타당성을 판단할 때 가장 중요한 것은 과연 두 기업의 문화가 서로 조화를 이룰 수 있는가 하는 것이라고 말했다.**

피인수 기업의 핵심 인재들에게 막대한 스톡옵션을 제공해 이직을 막았고, 피인수 기업의 직원을 양사 CEO의 허락 없이는 결코 해고하지 않는다는 '마리오 원칙Mario Rule'을 철저히 지켜 고용을 보장해주었다. 그 결과 피인수 기업의 최고경영진 70%가 시스코에 남았으며, 오히려 피

---

* "'잘못된 만남'… 최악의 M&A 10選… 비즈니스위크 보도" (2000. 12. 3). 《한국경제》.

** 제프리 페퍼·찰스 오레일리 (2002). 《숨겨진 힘: 사람》. 김병두 역. 김영사.

인수 기업 직원들의 이직률이 시스코 직원들의 이직률보다 낮았다. 이는 시스코의 M&A가 '몸집 불리기'에 불과한 것이 아니라는 점과 피인수 기업을 단순히 거래의 대상으로 보지 않고 인재 확보를 위한 전략으로 활용한다는 사실을 잘 보여주는 사례다. 1993년 이후 약 7년간 70배 급등한 시스코의 주가는 신기술 벤처 기업 인수 후 핵심 인재 확보를 통해 역량을 높이는 이른바 '인수 후 개발A&D; Acquisition & Development' 전략이 매우 성공적이었음을 증명해준다.

:'시스코 부족'의 일원으로 강한 유대감을 갖는 직원들:

시스코 직원들은 회사에 대한 만족도가 아주 높은 것으로 알려져 있다. 시스코에 입사하는 것은 곧 '시스코 부족部族'의 일원이 되는 것이라고 느낄 정도로 그들 사이의 유대감은 강하다. 앞서 살펴본 것처럼 시스코는 팀 중심의 조직이다. 임직원 개개인의 역량만큼이나 팀워크가 시스코의 인사 관리에서 핵심 요소다. 따라서 시스코의 조직 문화에 융화되어 강한 유대감을 가질 만한 핵심 인재를 찾는 것이 이 회사의 채용에서는 핵심적 과제다.

2016 글로벌 인재 포럼에 참가한 크리스토퍼 미드Christopher Mead 시스코 아태 지역 인재 채용 총괄 임원은 "시스코는 채용을 핵심 사업Core Business으로 생각한다"라고 밝히며 시스코만의 독특한 인재 채용 방식을 소개했다.*** 아무리 우수한 인재를 채용한다 해도 조직에 제대로

적응하지 못하는 사람이라면 입사 후 얼마 되지 않아 퇴사하고 만다. 실제로 많은 기업들이 이런 면에서 어려움을 호소하기도 한다. 대부분 제한된 정보를 가지고 막연히 회사의 외형만 보고 입사했다가 조직 문화가 맞지 않아 퇴사하는 경우다. 시스코는 이런 오류를 최소화하고자 채용 담당뿐 아니라 전사적으로도 채용 과정에 적극 참여한다.

기술적 역량을 갖추었을 뿐 아니라 시스코 기업 문화에 적합한 인재를 찾기 위해 시스코는 여타 실리콘밸리 기업들과 달리 외부 채용 에이전시를 이용하지 않고 내부 채용팀을 꾸려 진행한다. 아울러 외부에 광고를 내기보다 내부의 직원 추천을 통해 더 나은 인재를 채용할 수 있다고 믿는다는 것도 시스코의 특징이다. 직원 추천제란 조직 문화와 행동 규범에 익숙한 내부 임직원들에게 적당한 동료, 선후배, 지인을 추천받아 채용하는 것을 말한다. 이 제도는 내부 임직원을 통해 지원자들과 조직의 문화적 특성을 충분히 커뮤니케이션할 수 있다는 가정하에 운영된다. 신규 직원을 가장 많이 추천한 직원에게는 포상도 제공한다. 실제로 직원 추천제를 통해 입사한 지원자의 경우 업무 만족도가 높고 이직 의향도 낮은 편이었다. 시스코 코리아의 경우 해마다 전체 채용 인원의 30% 정도를* 사내 추천제로 뽑는다.

*** "2016 GLOBAL HR FORUM DAY 2 현장 중계" (2016. 11. 3). YouTube.
* "IT 업계 '사내 추천제' 확산" (2003. 7. 13). 《파이낸셜뉴스》.

:팀과 신입사원이 함께 부서를 결정하는 '시스코 선택':

팀워크를 강조하는 시스코의 인사 원칙을 보여주는 또 다른 사례는 '시스코 선택Cisco Choice' 제도다.** 시스코는 2006년부터 '시스코 선택'이라는 이름의 독특한 신입사원 채용 프로그램을 운영한다. 이 프로그램의 핵심은 신입사원들로 하여금 자신들이 일하기 원하는 부서를 스스로 선택하게 하는 것이다. 시스코에 입사한 신입사원들은 입사 후 일주일간의 일반적 오리엔테이션을 거친다. 그다음 일주일 동안 관리자들은 신입사원들에게 자신들의 부서에 관해 프레젠테이션을 한다. 이 과정에서 관리자들은 자신들의 팀이 세워놓은 계획뿐 아니라 자신들의 관리 스타일까지 구체적으로 설명해줌으로써 신입사원들이 실제로 근무했을 때 어떤 상황을 겪게 될지를 미리 파악할 수 있도록 한다. 그러면 프레젠테이션 이후 신입사원들이 그 가운데 5개 부서를 선택한다. 이때 신입사원들 역시, 단순히 자신이 원하는 사업부나 기술 영역을 선택하는 것이 아니라 자신의 역량과 커리어 목표, 업무 스타일과 가장 잘 매칭이 되는 관리자가 누구인지까지 고려해 부서를 선택한다. 그러고는 자신이 선택한 부서장과 인터뷰를 진행하게 되는데, 이때 신입사원은 자신을 어필하고 부서장은 신입사원이 그 부서에 적합할지를 두고 관찰하면서 상호 간에 합의를 이끌어내게 된다. 이런 과정을 거쳐 최종 선택을 하는데 신입사원 대부분은 자신이 1순위로 선택한 부서에서 근무한다.

** 시스코 홈페이지.

이러한 제도를 통해 시스코는 신입사원들이 스스로 선택한 곳에서 일할 수 있도록 선택권을 제공하고 그럼으로써 그들에게 커리어에 대한 목표의식을 심어준다. 자신이 '최선'이라고 여겨 선택한 일이기에 더욱더 책임감을 갖게 된 신입사원들은 당연히 업무 몰입도가 높다. 특히 시스코처럼 팀 단위로 일하며 팀워크를 강조하는 기업에서 관리자와의 일하는 스타일 매칭까지 고려해 신입사원에게 직무 선택권을 보장해주는 이러한 제도는 그 의미가 더욱 크다 하겠다.

실제로 다수의 연구 조사에 따르면, 직원들이 회사에 불만을 품거나 문제 제기를 하는 경우 그중 상당 부분은 업무 자체가 아니라 관리자와의 관계에서 오는 갈등 때문이다. 그런데 시스코는 신입사원에게 선택권을 줄 뿐만 아니라 해당 부서와의 상호 합의를 존중함으로써 조직이 원하는 인재와 매칭이 되도록 하여, 팀워크를 중시하는 고유의 인사 철학을 실현하는 것이다. '시스코 선택' 프로그램 도입 후 신입사원의 2년 뒤 정착률이 98%에 달하기도 했다.

: 빠른 조직 정착을 돕는 'Fast Start Program' :

앞서 언급한 것처럼 시스코는 하루가 다르게 변화하는 시장 환경에서 살아남기 위해 '스피드 경영'을 추구하는 기업이다. 이에 따라 직원 관리에 있어서도 '속도'의 원칙을 중요시한다. M&A를 통해 최신 기술력을 보유한 핵심 인재를 확보하는 전략도 어찌 보면 기술 개발에 소요되는 시간을 단축하는 방법 가운데 하나다. 또한 시스코는 업무 경험이 전혀 없는 사람은 거의 뽑지 않는다. 경력자 채용 비율이 90% 이상을 차지하는데 그 이유 역시 '속도'에 있다. 업무 경험이 없는 사원들은 직장 생활에 적응하는 것을 힘들어하거나 적응에 많은 시간을 소모하기 때문이다.

이러한 원칙의 연장선에서 시스코는 채용된 직원이 '빠르고 정확한 성과'를 내는 데 기여하도록 지원하기 위해 'Fast Start Program', 즉 조직 조기 정착 프로그램을 운영한다.* Fast Start Program은 최단시간에 신입사원들이 자신의 능력을 발휘하게끔 하는 데 초점을 둔 다양한 오리엔테이션 프로그램으로 구성되어 있다. 이 프로그램에 따라 각 부서에서는 신입사원이 출근하기 전에 만반의 준비를 갖추고 출근 첫날부터 무리 없이 일할 수 있는 환경을 마련한다. 가령 회사의 IT 부서는 신입사원들이 출근 전에 미리 회사의 조직, 전략, 문화 등 회사 전반에 대한 자료를 온라인으로 공유할 수 있도록 시스템을 지원한다.** 그런 뒤 이틀간만 교육에 할애함으로써 신입사원의 오리엔테이션 기간을 최단기간으로 단축한다. 이후 2주간은 매니저와 밀착 근무를 하면서 신입사원이 자신의 개인적 목표를 설정할 수 있도록 지원한다. 또한 기존 직원 가운데 한 사람을 신입사원의 '버디Buddy'로 배정해 회사의 제반 사항을 알려준다. 입사 후 2주 정도가 지나면 해당 직원의 상사는 부서의 업무

---

* 제프리 페퍼, 찰스 오레일리 (2002). 《숨겨진 힘: 사람》. 김병두 역. 김영사.

** Mark Stein & Christiansen, Lilith (2010). *Successful Onboarding: Strategies to Unlock Hidden Value within Your Organization*. McGraw-Hill Education.

목표와 직원의 개인적 목표에 관해 직원과 면담하라는 내용의 이메일을 받는다. 이러한 노력을 통해 시스코는 신입사원들이 회사가 추구하는 '속도의 경제'에 동참하고 기여하도록 지원한다.

:외부와의 경계를 허문 유연한 인재 활용* :

시스코는 빠르게 변화하는 산업 환경에서 우위를 선점하기 위해 '속도의 경제'를 추구하며, 이러한 기업 경영전략 실행에 기여하는 시스코의 인사 제도가 가진 또 다른 특징은 유연성이다. 시스코는 경계를 두지 않고 상이한 배경의 인재들을 포용하며, 그에 따라 직원들은 서로서로 다양한 시야와 관점을 배워 이를 빠르게 자신의 것으로 만든다. 이를 위해 시스코는 크게 3가지 방식을 활용한다. 첫째는 내부 인재의 다양성 추구, 둘째는 이종 업계의 전문가 활용, 셋째는 외부 조직과의 파트너십이다.

먼저 시스코는 다양한 배경·교육·출신의 인재를 채용하고자 노력한다. 시스코는 서로 다른 배경을 가진 사람들이 어우러지며 만들어내는 다이내믹을 통해 혁신이 달성된다고 믿는다. 그렇기 때문에 관점이 다른 사람들을 하나로 수렴시키려 노력하기보다는, 서로 다르기 때문에

* Monterde, Stephan (2016. 6. 8). "How We Think About Innovation at Cisco". *Harvard Business Review*.

오히려 혁신적 아이디어가 탄생할 수 있다고 본다.

둘째, 전혀 무관해 보이는 이종 업계의 전문가를 채용해 문제를 해결한다. 예를 들어 시스코는 신흥 시장 고객을 대상으로 한 프로그램을 개발하기 위해 최첨단 시계 업계의 전문가를 채용하기도 했다. 시스코 제품들이 상당히 고가라는 점에서 새로운 시장 진입이 쉽지 않다는 문제가 있었는데, 이 문제를 해결하기 위해 다양한 럭셔리 제품 관련 산업에서 전문가를 채용해 이들이 새로운 시장 진출 시 어떻게 유사한 문제를 해결했는지 그 노하우를 적용하고자 한 것이다. 그 결과 특정 지역 고객을 대상으로 맞춤형 솔루션을 개발할 수 있었다.

셋째는 다른 기업과의 파트너십 활성화다. 시스코는 다른 기업과의 파트너십이 기업의 지식 기반을 확장하는 최고의 방법이라 믿는다. 예를 들어 최신 포그 컴퓨팅Fog Computing** 기술과 아키텍처 개발을 위해 시스코는 마이크로소프트, 에릭슨 등 선두기업들과 파트너십을 체결해 새로운 오픈 포그 컨소시엄Open Fog Consortium을 구성했다. 또한 시스코는 IBM, 인텔 등과 함께 블록체인Block Chain*** 부문에서 새로운 비즈니스 가능성을 탐구하고자 개방 장부 프로젝트Open Ledger Project에도 착수했다. 이와 같이 시스코는 조직 안팎의 경계를 허무는 유연한 인재 활용을 통해 혁신의 주도권을 놓치지 않고 있다.

** 방대한 양의 데이터를 먼 곳에 있는 대형 데이터 서버에 저장하지 않고 데이터 발생 지점 근처에서 처리하는 시스코의 기술이다.

*** 공공 거래 장부라고도 불리며 가상화폐로 거래할 때 발생할 수 있는 해킹을 막는 기술이다.

:팀의 성취가 회사의 성공을 좌우한다:

GPTWGreat Place to Work Institute는 매년 '일하기 가장 좋은 100대 기업'을 조사해서 발표하는데, 2016년 GPTW 콘퍼런스에서 가장 주목받은 강의 가운데 하나가 바로 시스코의 사례 발표였다. '일하기 가장 좋은 100대 기업' 조사가 처음 발표된 1998년 이래로 시스코는 19년간 단 한 번도 빠지지 않고 명단에 오른 기업으로 유명하다. 그래서 2016년에도 많은 대회 참가자들이 시스코의 성장과 인재 관리 비결을 배우려고 몰려들었다. 연단에 선 프란신 카트수다스Francine Katsoudas 시스코 최고인재책임자CPO; Chief People Office는 시스코가 19년 연속 '일하기 가장 좋은 100대 기업'에 선정된 비결로 '팀 중심 인사'를 꼽았다.

카트수다스는 강연에서 "팀의 능력과 성취에 따라 회사의 성과가 좌우된다"라는 시스코의 원칙을 소개했다. 즉 시스코는 기업의 사업 및 인력 관리 전략의 교차점에 팀이 존재한다고 믿으며, 기업의 목표 달성을 위해 조직이 만들어내는 일련의 의사결정을 실행하고자 어떻게 일해야 할지에 대한 답 또한 팀에서 찾는다. 카트수다스에 따르면, 시스코에서 팀은 모든 사업 전략을 실행하는 단위이자, 환경 변화에 가장 빠르고 효과적으로 대처할 수 있는 단위이다. 이러한 판단에 따라 개인을 중심으로 하는 기존의 역량 개발과 성과 평가는 최근의 복잡한 환경 변화에서 조직이 요구하는 혁신·창의성·민첩성 측면에서 부적합함을 카트수다스는 지적하기도 했다. 그래서 시스코는 인력 관리 전략 역시 개인 중심에서 팀 중심으로 바꾸어 팀 역량을 강화하는 데 중점을 두고 있다.

일례로 시스코는 팀 역량 강화를 위해 "더 많은 팀을 우수한 팀으로 만든다"라는 목표를 설정하고 이를 위해 2가지 과제를 추진했다. 첫째는 'Find the Teams'라는 과제로 회사의 조직도에서 드러나지 않는 태스크task별 팀을 찾아내는 것이다. 이러한 탐색 작업에 약 2~3주를 쓰며 확인해본 결과, HR 시스템에 드러나지 않는 팀이 41%나 추가로 존재한다는 점을 발견할 수 있었다. 조직도에 드러나지 않는 팀까지 발굴해 필요한 지원을 제공하는 회사가 바로 시스코다.

그리고 둘째로, 'Team Excellence at CISCO'라는 팀의 특성 분석 프로젝트 과제를 실시했다. 우수한 조직의 8가지 조건을 측정하는 임직원 설문 조사를 실시하고, 이를 통해 우수한 팀과 일반 팀의 점수 차가 가장 큰 항목 3가지를 도출했다. 그 결과 우수한 팀은 ① 역량 활용 기회, ② 안정감 & 신뢰, ③ 가치 공유 측면에서 뛰어나다는 것을 알아냈다. 이러한 조사 결과를 바탕으로 시스코는 더 많은 팀을 우수한 팀으로 만들기 위한 다양한 프로그램을 도입했다.

한편 시스코는 '팀 스페이스Team Space'라는 실시간 팀 정보 제공 플랫폼을 구축해 팀원 간 협업을 지원했다. 구체적으로 살펴보자면, 팀원 본인의 역량 측정, 소속 팀의 실시간 실적 조회, 본인의 강점 작성, 주 단위 근황 업데이트, 팀 리더의 성과 평가 결과월 1회 등을 한눈에 조회할 수 있도록 한 것이다. 특히 자신의 근황을 주 단위로 업데이트하는 '위클리 체크인Weekly Check-in'은 팀 리더들에게 팀원들과의 대화에 필요한 데이터를 제공함으로써 리더들이 팀원들과 업무적 접촉 빈도를 높이도록 유도한다. 또한 시스코가 추구하는 '속도의 경제'에 적합한 조직 문화를 구

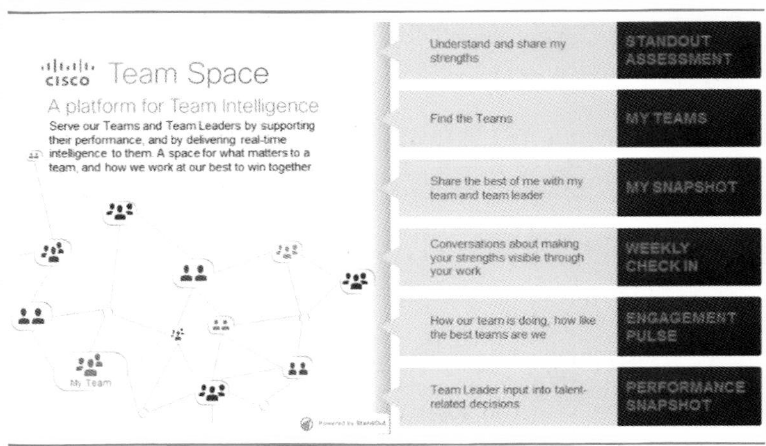

시스코의 '팀 스페이스' 플랫폼(자료: 〈https://twitter.com/standouttmbc/status/720287542810161152〉).

축하기 위해 상명하달식의 수직적 문화를 지양하고 팀 리더에게 자율권을 부여함으로써 팀 단위의 빠른 의사결정이 가능하도록 하고 있다. 빠른 의사결정을 위해 팀 조직의 규모는 최소한으로 유지하며, 필요 인력이 추가로 생기면 그때그때 팀 리더가 인사 부서에 요청할 수 있다. 이뿐만 아니라 채용 과정에도 팀 리더가 직접 참여해 원하는 인력을 직접 선택한다.

시스코는 직원들의 개인적 기여를 보상할 때도 팀 차원의 자율성을 보장해준다. 예를 들면 동료 직원에게 경제적 보상을 해줄 필요가 있다고 생각될 때 누구나 관리자의 허락만 받으면 저녁 식사부터 최고 5,000달러 포상금까지 다양한 보상을 하는 것이 가능하다. 이러한 보상은 24시간 내로 신속하게 이루어진다. 이 같은 보상 제도를 장려하고자 인사 고과 평가 시 관리자는 직원들이 각자 할당받은 보상 예산을 모두 집행했는지를 평가 기준에 넣는다. 이처럼 일정 규모의 보상까지는 팀 내에서 자율적으로 결정하도록 재량권을 보장해주는 것 또한 철저히 '팀 중심'으로 움직이는 시스코의 인사 원칙을 잘 보여준다.

: 자사의 첨단 기술로 구현한 최고의 유연 근무 환경, '연결된 사무 공간'* :

시스코 시스템즈 본사가 위치한 실리콘밸리의 평균 이직률은 거의 30%에 달한다. 반면 시스코에 근무하는 직원들의 이직률은 10%를 밑돈다. 실리콘밸리의 우수한 인재들 사이에서도 유독 시스코가 매력적인 회사로 손꼽히는 이유는 무엇일까? 최첨단 기술 개발을 주도한다는 점, 즉 '일에 대한 자부심'과 함께 가장 많이 언급되는 것이 바로 '유연한 근무 문화'이다. 실리콘밸리 기업 중 최초로 1993년 재택근무제를 도입한 회사가 바로 시스코다.

시스코는 직원들에게 일하는 '장소'가 아닌 '일' 자체에 집중하게 함으로써 시간에 구애받지 않고 언제 어디서든 혁신을 도출하도록 유도한다. 물론 파격적인 유연 근무가 가능한 것은 텔레프레즌스TelePresence, 화

---

* Cisco (2007). "Cisco IT Case Study: How Cisco Designed the Collaborative Connected Workplace Environment". 시스코 홈페이지.

상회의 시스템, 웹엑스WebEx, 원격회의 시스템, 자베르Jabber, 메시지 확장 프로토콜 등 시스코의 자체 핵심 기술 덕분이다. 시스코는 자신들의 독자적 기술을 활용해 적극적으로 유연 근무를 추진해왔으며, 이것이 바로 시스코의 '연결된 사무 공간Connected Workplace'이다.

"대학에서는 어떤 교수도 '이 과제를 도서관에서 9시부터 6시까지 끝마쳐라'라고 말하지 않는다." 시스코의 근무 환경 전략가Cisco Workplace Strategist 돌리 우Dolly Woo의 말이다. "대신, 해야 할 과제와 기한을 주되 어떻게 할지는 전적으로 학생에게 맡긴다. 시스코는 바로 이런 관점에서 연결된 사무 공간을 설계하게 되었다."

물론 시스코도 과거에는 여느 기업처럼 "정해진 근무시간 동안 직원들은 자신의 사무 공간에서 일하며, 그렇기 때문에 직원들에게 책상과 PC, 전화기가 놓인 업무 공간을 제공해야 한다"라는 전통적 전제하에 사무 공간을 설계했다. 그 결과, 회의실은 언제나 부족했으며, 직원 개인 사무 공간의 평균 65% 정도는 항상 비어 있었다. 시스코의 근무 환경 효율화팀 크리스틴 로스Christine Ross는 "우리가 기존에 갖고 있던 근무 환경은 실제 직원들에게 필요한 형태가 아니다"라고 지적했으며, 또한 시스코 직무 자원팀 부팀장 마크 골란Mark Golan은 이렇게 말한다. "누구도 근무시간의 3분의 1만 머물겠다고 공장 같은 형태의 사무실을 고려하지는 않을 것이다. 그러나 바로 우리가 그런 식으로 해왔다. 이제 우리는 활용성에 기반을 둔 자원 재배치를 통해 시스코의 비용을 상당히 절감할 수 있으리라는 점을 깨달았다." 이후 직무 자원팀은 직함 기준이 아닌 개개인의 니즈에 따라 근무 환경을 설계하고 이들이 일하는 데 필요한 다양한 선택지를 제공했다.

구체적으로 시스코는 사무 공간의 전반적 개선을 위해 엔지니어, 판매, 콜센터, 일반 행정 등 업무를 4개 카테고리로 분류하고 각각에 맞는 공간, 서비스, 기술, 지원, 정책과 절차 등 풀 옵션을 설계했다. 그리고 시스코는 자사의 IP 커뮤니케이션 기법을 도입, 직원들에게 무선 모바일 기술을 지원해 새로운 이동성을 가능하도록 하자는 목표를 설정했다. 이렇게 새로운 근무 환경 속에서 직원들은 자신의 필요에 따라 다양한 사무 공간을 선택할 수 있었다.

현재 시스코에서는 원격회의가 일상화되어 회의실에는 참석 대상자의 20%만이 실제로 참석하고, 나머지는 인터넷폰을 이용해 원격으로 참여한다. 지난 7년간 원격회의가 6배 이상 증가했고, 전 세계 263개 도시에 1,097개의 텔레프레즌스 원격회의 공간을 운영하며, 2만 1,000명 이상의 직원이 가정에 가상 사무 공간을 마련했다. 현재 전 직원을 대상으로 유연 근무제를 실시한다. 임직원을 대상으로 한 설문 조사 결과 시스코의 '연결된 사무 공간' 제도는 시스코 직원들이 가장 만족하는 제도라는 결과가 나왔으며, 직원 만족도는 물론 팀워크와 생산성까지 높이는 제도로 평가받는다. 한 직원은 유연한 근무 환경을 통해 "존중받고 신뢰받는 느낌을 받기 때문에 행복하다"라고 말하기도 했다.

숫자로 살펴본 시스코의 일하는 방식

- 41%의 직원은 미국이 아닌 다른 나라에서 일함
- 38%의 직원은 자신의 매니저와 상이한 지역에서 일함
- 47%의 직원은 서로 다른 시간대의 직원과 협업
- 89%의 직원은 적어도 주 1회 이상 영상회의를 함
- 32%의 직원은 모바일 워커로 분류됨
- 6%의 직원은 원격 접속으로만 일함

자료: Cisco Work Profile Survey (2012).

시스코의 다양한 사무 공간 레이아웃. 이동식 가구를 배치해 자유로운 협업 문화를 조성하고(위 왼쪽), 대형 서류함과 개인 사물함을 배치했으며(위 오른쪽), 집중력을 높일 수 있도록 독서실 같은 공간도 제공한다(아래 왼쪽). 어디서나 근무할 수 있도록 무선인터넷을 제공하는 건 기본이다(아래 오른쪽)(자료: 시스코 홈페이지).

:벤처기업의 속도와 혁신을 유지하는 대기업:

실리콘밸리의 신흥 테크 기업들과 비교하면 시스코는 전통 대기업 범주에 든다. 창립한 지 이미 30년이 지났으며 임직원 수는 7만 명을 넘어섰다. 이렇듯 '이미 완성된Developed 대기업'으로 성장한 시스코이지만, 대기업의 경직성을 극복하기 위해 내부 혁신을 거듭하며 신흥 기업이 가진 좋은 제도를 적극 도입하고 있다.

시스코는 M&A를 통해 핵심 인재 확보라는 목표만 달성한 것이 아니다. 자칫 조직이 거대해지면서 관료화되거나 정체되는 것을 막기 위한 내부 혁신의 동력 또한 M&A로 확보한다. 시스코의 '파운더스포럼Founders Forum'이 그 예다. 193개 회사를 인수한 시스코는 되도록 많은 인재를 확보하기 위해 인수 회사의 창업 멤버 46명으로 구성된 파운더스포럼을 설립했다. 파운더스포럼은 분기에 한 번씩 만나 창의적 아이디어를 공유한다. 시스코가 인수한 기업 대부분이 최첨단 기술을 보유한 젊은 스타트업이라는 점에 착안, 이들 기업의 젊고 우수한 인재들이 스타트업 정신을 잃지 않고 시스코에 새로운 자극을 주는 역할을 하도록 한 것이다. 이로써 시스코를 혁신하는 동시에 이들에게 새로운 동기부여를 제공하고, 업무에 있어서도 자부심을 고취해 인재를 유지하는 데 기여한다.

또한 시스코는 실리콘밸리 신흥 테크 기업의 새로운 조직 문화 트렌드를 수용해 매주 화요일이면 맥주를 비롯한 음료와 팝콘, 식사나 커피 등을 무료로 제공할 뿐 아니라 미용실, 약국, 세차장 등 직원들에게 필수적인 혜택을 다양하게 제공해 그들이 더 많은 시간 동안 일에 몰입할 수 있도록 돕는다. 또한 경쟁 지향적 성과 평가 시스템으로 인해 비판받는 연례 성과 평가제를 폐지하고 수시 피드백 중심의 싱크업Think-up 시스템을 도입했다. 이처럼 시스코는 대기업이면서도 벤처기업의 속도와 혁신을 유지하기 위한 전략적·제도적·조직 문화적 노력을 지속하고 있다.

시스코는 기술의 확보가 기본적으로 그 기술을 가진 인재, 즉 기술 개발의 핵심인 지적 자본을 확보하는 것이라는 점을 잘 알고 있다. 또한 극소수에 불과한 뛰어난 인재에 집중하기보다는 모든 직원의 가치를 두루 포착함으로써 탁월한 성공을 거둘 수 있었다. 지금도 시스코는 미래에 필요한 기술과 인재를 정확히 예측하고 채용하는 한편, 적절한 이상을 직원들과 공유해 경쟁자의 추월을 허락하지 않고 있다.

Zoom in 실리콘밸리 혁신 기업 ⑨ Pinterest

사용자 자신도 알지 못하는 '흥미'를 찾아낸 핀터레스트,

세상의 모든 아이디어를 모으다

핀터레스트는 종이나 물건을 벽에 고정할 때 사용하는 '핀Pin'과 '흥미'를 의미하는 '인터레스트Interest'를 합친 합성어이다. 사람들은 핀터레스트를 이미지 중심의 SNS라고 이야기하지만 핀터레스트는 자신들을 '비주얼 소셜 큐레이션Visual Social Curation'이라고 소개한다. 단순히 사람들과의 네트워킹이나 일상의 공유만이 아니라, 본인의 관심사를 나누고 원하는 분야의 '정보'를 제공받을 수 있는 서비스이기 때문이다. 그래서 핀터레스트는 자신들이 제공하는 서비스를 소셜 네트워크보다는 구글과 비교해주길 바란다.

"구글이 정보를 검색하는 서비스라면, 핀터레스트는 사용자에게 이전에 보지 못한 새로운 아이디어를 제공하는 서비스다." (벤 실버맨, 《파이낸셜타임스》와의 인터뷰)*

핀터레스트를 시작한 사람은 어릴 때부터 수집을 즐겨하던 벤 실버맨이라는 30대 청년이었다. 벤은 의대도 그만두고, 컨설턴트도 그만두고, 구글에서의 경력도 내려놓고 자기 사업을 시작했다. 구글에서 쌓은 경험을 바탕으로 앱을 개발해 시장에 내놓았지만 실패했다. 하지만 그는 좌절하지 않고 두 동업자의 도움을 받아 다시 도전하는 마음으로 핀터레스트를 창업했다.

시작은 단순했다. '누구나 무언가는 수집한다'라는 작은 아이디어가 그 시발점이었다. 고객들의 취미 활동을 도와주고 이를 분석해서 '무엇'을 좋아할지 미리 찾아주면 사람들이 관심을 가질 것이라는 생각이었다.

처음부터 반응이 좋았던 건 아니다. 사용자가 확보되지 않자 지인들을 동원해 사이트를 홍보하고, 직접 가입자들을 구하러 나섰다. 구글에서 함께 일하던 동료들과 고향에 있는 친구들에게도 사이트 소개 이메일을 보냈다. 심지어 초기 이용자 500명에게는 개인적으로 연락을 돌리고 자신의 휴대폰 번호를 가르쳐주며 지속적으로 연락했다. 무엇이 문제인지, 무엇을 원하는지 끊임없이 물었고, 사용자들의 저마다 다른 불만 사항을 들으며 조금씩 개선해나갔다.

이런 벤의 노력은 2011년 출시된 아이폰 앱이 인기를 끌며 결실을 맺기 시작했다. 여성들 사이에서 입소문이 퍼지면서 핀터레스트 앱의 인기가 높아진 것이었다. 복잡한 기능 없이 간편하게 사진이나 정보를 모

---

* Kuchler, Hannah (2016). "Ben Silbermann, Pinterest: Going Global, Modestly". *Financial Times*.

으고 친구들과 공유할 수 있다는 점이 주효했다. 그 후 핀터레스트는 승승장구했다. 서비스를 시작한 지 2년 만에 페이스북과 트위터에 이어 미국 방문자 수 3위를 기록하는 소셜 네트워크 서비스로 성장한 것이다.

그뿐만이 아니다. 최근에는 직접적 거래 기능까지 강화해 확실한 수익 모델을 구축해놓고 있다. 예를 들어 2015년에는 '바이어블 핀Buyable Pin' 기능을 더했다. 자신의 관심사를 공유하고 받아보는 것에서 한발 더 나아가 그 제품을 사고 싶을 때 곧바로 눌러 결제할 수 있는 시스템을 도입한 것이다. 실제로 핀터레스트는 미국 전자상거래 플랫폼들과 활발한 파트너십을 맺고 있으며, 포천 500대 기업 중 38%가 핀터레스트 계정을 만들어 이를 마케팅 수단으로 활용한다.** 이런 끊임없는 노력이 빛을 발했는지 핀터레스트의 기업가치는 2013년 25억 달러에서 2016년 11조 달러로 급상승했다. 3년 만에 무려 440배 증가한 것이다.

트위터마저 사용자 수가 감소하고 대대적 구조조정이 진행되는 상황에서 핀터레스트는 도대체 어떤 방법으로 이렇게 승승장구하는 것일까?

** "The Fortune 500 Pinterest Report" (2016). Rivalfox.

:스타트업은 '사람'이 전부!:

① 좋은 사람보다 '적합'한 사람을 뽑아라

핀터레스트는 '채용'에 가장 많은 공을 들인다. 창업자 벤 또한 "회사를 세울 때 무엇이 가장 중요했느냐"라는 질문에 "누구를 채용할지 결정하는 일"이라고 대답했다.*

사업 초기, 벤은 직원 채용에 정말 열심이었다. 일단 좋은 사람을 구하는 일에 왕도는 없다고 생각했다. 아니, 단순히 이력서만 받아보아서는 작은 규모의 스타트업에 자신이 원하는 사람은 들어오지 않을 것이라고 확신했다. 그래서 그는 할 수 있는 모든 방법을 동원했다. 온라인 구인 사이트에도 공고를 내고, 테드Ted Talks 강연장에도 찾아갔으며, 사무실에서 BBQ 파티를 열어 사람들을 초대하는 등 발품을 팔았다. 그리고 뽑을 만한 상대를 만나면 소중히 여기는 가치가 무엇인지 직접 물어보았다.

핀터레스트는 많은 사용자들에게서 사용자 자신도 알지 못하는 '흥미'를 찾아낸다는 독특한 사명을 내세우고 있다. 그런데 이러한 사명을 달성하려면 넘치는 호기심과 창의성은 필수 조건이다. 더욱이 조직의 기반을 닦아야 했던 초창기에는 열심히 일하고 많이 일하되, 자존심이 지나치게 세거나 거만하지 않은 사람이 요구되었다. 끊임없이 다양한

---

* How to Start a Startup (2014. 10. 28). "Lecture 11–Hiring and Culture, Part 2 (Patrick and John Collison, Ben Silbermann)". YouTube.

의견을 주고받고 답을 찾아내는 과정이 무엇보다 중요했기에 자신의 주장이 너무 강하거나 그저 똑똑하기만 한 사람들은 핀터레스트의 사명에 부합하지 않았기 때문이다. 이렇듯 까다로운 조건에 부합하는 인재를 찾아야 했기에 핀터레스트는 채용에 심혈을 기울였다.

그리고 깊은 고민의 과정을 거치며 결성된 멤버는 다들 조금은 특이한 사람들이었다. 보드게임을 너무 좋아해서 자신만의 규칙을 만들어 게임을 직접 설계하는 사람도 있었고, 또 어떤 사람은 마술에 빠져 마술 트릭을 알아낼 뿐 아니라 그것을 설명하는 비디오를 직접 제작하기까지 했다. 핀터레스트는 이렇듯 자신이 좋아하는 것에 완전히 빠질 수 있는 사람, 거기에 그치지 않고 관련된 무언가를 '만들어내는' 사람을 원했고, 실제로 그런 사람들을 선발했다.

핀터레스트의 CEO 벤은 사업 초기 팀을 꾸려나갈 때부터 엔지니어, 디자이너 등의 직무에 치중하지 않았다. 작은 스타트업이었지만 '채용' 담당자를 따로 두는 등 인재와 함께하기 위한 각별한 노력을 쏟았다. 그 덕분에 '인재'를 중요시하는 정신은 지금까지도 핀터레스트에 깊게 자리잡고 있다.

② 채용 프로세스에도 핵심 가치를 담아라

핀터레스트에는 '어울림We Knit', '과감한 실행We Go', '사용자 최우선We Put Pinners First', '진정성We are Authentic'이라는 4대 핵심 가치가 있으며, 이를 채용 프로세스에도 늘 반영하고 있다.**

먼저, 구직자가 회사에서 다양한 사람들과 건강한 의견을 주고받으며 어울릴 수 있는지 확인하기 위해 '핀터레스트 적합도Fit for Pinterest' 검사를 진행한다. 이는 인터뷰를 통해 구직자와 핀터레스트 간의 문화 적합성을 측정하는 데 초점을 맞춘 검사로, 별도 훈련을 받은 직원들이 검사를 진행한다. 그리고 채용된 사람들을 트래킹하여 검사 결과가 구직자의 미래 성과와 얼마나 어떻게 연관되어 있는지 분석한다. 이를 다시 그다음 채용 프로세스에 반영해 핀터레스트 적합도Fit for Pinterest 검사 도구를 끊임없이 발전시킨다. 그리고 이 결과는 지원자들의 그 어떤 역량보다도 중요시된다.

두 번째로 빠른 실행력을 추구하는 조직답게 핀터레스트는 채용에도 애자일 프로세스Agile Process를 도입한다. 의견을 내고 깊이 고민만 하는 것이 아니라 빠르게 시도하고 빠르게 피드백을 반영해 지속적으로 발전시키는 것을 원칙으로 삼는다. 필요 없는 절차는 단축하고 단계마다 최대한 매끄럽게 이어지도록 한다. 채용 프로세스를 실시하기 전에 과학적 분석을 통해 미리 심도 깊은 이야기 주제를 선별해 시간을 절약한다.

세 번째, 사용자를 최우선에 두고 진정성 있게 일을 추진하고 진행하기 위해 구직자에게 합격 또는 불합격 여부만을 통보하는 것이 아니라 최대한 솔직한 피드백을 제공한다.

핀터레스트는 구직자들이 이 회사에 합격하느냐, 불합격하느냐보다 중요한 것은 이 모든 과정이 '핀터레스트'다워야 한다는 것, 그리고 이를 통해 지원자들이 핵심 가치를 경험하는 것이라 믿는다.

** "How Pinterest's Culture Drives Its Recruiting Process" (2014). *Greenhouse.*

:다양성은 조직 창의성의 근간!:

① 목표를 수치화하고, 공유하고, 반성한다

핀터레스트는 다양성을 중시한다. 2016년 10월, 핀터레스트는 회사 공식 블로그에 가입자 수 150만 명 달성을 축하하는 포스팅을 게재했다. 하지만 이 글에서 가장 강조한 것은 새로운 가입자 75%가 미국 이외 지역 사용자라는 사실과, 이전에는 여성 사용자 수가 압도적이었지만 한 해 동안 남성 사용자 수가 70% 증가해 전체 사용자 수의 40%에 육박했다는 점이다. 즉 더욱 다양한 성별·인종·지역의 사람들이 핀터레스트를 사용한다는 사실에 큰 관심을 두는 것이다.*

더욱 다양한 사람들의 더욱 다양한 관심사를 담아내고 싶어하는 핀터레스트가 내부 다양성에 관심을 쏟는 것은 어찌 보면 너무도 당연한 일일지 모른다. 핀터레스트는 임직원의 다양성이 확보된 조직은 더 창의적이라는 믿음을 전면에 내세우며 강조한다. 인종·성별·민족뿐 아니라 직원들의 역량이나 삶의 경험 또한 다양하게 유지하고자 정기적으로 회사의 다양성 목표치를 세우고 이를 발표하며, 연말이 되면 그 달성도를 공유한다.

사실 구성원의 다양성과 관련된 '수치'를 공유하는 것은 다른 실리콘밸리 회사들에서도 심심치 않게 볼 수 있다. 하지만 이러한 바람을 일으킨 당사자는 바로 핀터레스트였다. 2013년 트레이시 추Tracy Chou라는 핀

---

* Silberman, Ben (2016). "A 2016 Update on Diversity at Pinterest". 핀터레스트 공식 블로그.

터레스트의 아시아계 엔지니어가 "Where are the Numbers?"라는 글을 블로그에 올려 자신과 함께 일하는 엔지니어들의 90%가 남성임을 알렸다. 핀터레스트는 이를 감추려 하지 않았다. 경영진은 이듬해 임직원의 성별 및 인종 비중에 대한 좀 더 정확한 수치를 공개했고 이를 바로잡겠다고 선언했다. 핀터레스트의 솔직함이 이슈화되면서 다른 기업들에도 영향을 주게 된 것이다.

핀터레스트의 '다양성' 목표가 주목받는 또 다른 이유는 진정성 때문이다. 핀터레스트는 개발자와 비개발자로 직군을 나누어 각각의 목표를 설정했다. 보통 다른 회사들은 직군에 상관없이 전체 임직원을 아우르는 다양성 목표를 발표한다. 하지만 그렇게 되면 직군별 관리 실태는 정확히 알 수가 없다. 그래서 원래 남성 직원 비중이 높은 개발 직군에서는 낮은 여성 비율을 유지하고, 비교적 여성 인력을 구하기 쉬운 제품 관리·디자인·경영 지원 등의 직무에서 여성 비율을 더 높여 목표 '수치'를 확보하는 등의 일이 가능하다. 하지만 핀터레스트는 진정한 다양성은 직무를 넘어 전 분야에서 이루어져야 한다고 생각하며 이를 실천하고 있다.

② 소수집단도 소외시키지 않는다

핀터레스트의 이러한 '다양성 추구'는 나날이 심화되어, 2016년 1월에는 최고다양성책임자CDO; Chief Diversity Officer를 선임했으며, 소수집단에 속하는 엔지니어들에게 기회를 주는 프로그램까지 진행하기 시작했다. 그리고 '소수집단을 위한 도제 프로그램Apprenticeship Program'을 신설하여 여성이나 엔지니어 백그라운드가 없는 사람 중 일부를 선발해 1년 동안 핀터레스트에서 엔지니어로 일할 수 있도록 교육을 지원한다. 또한 '인게이지Engage'라는 명칭의 여름 인턴십 프로그램을 개최하는데, 대학 1~2학년 학생들 중 컴퓨터공학이나 기술에 관심을 둔 사람들에게 전공과 상관없이 8주의 인턴십을 제공하는 것이다. 이는 기존의 공고한 개발자 네트워크 바깥에 있는 사람들에게도 기회를 주기 위함이다.

> "우리가 다양성을 지키고자 하는 활동들은 회사 전체에 이득을 주기 위함이다. 일상의 대화와 문제 해결 과정 중 다양성에서 야기되는 '풍성함Richness'이야말로 우리가 지향해야 하는 것이다." (핀터레스트 CDO 캔디스 모건Candice Morgan의 《비즈니스 인사이더》와의 인터뷰)*

핀터레스트는 다양성의 긍정적 효과를 극대화하기 위해 전문 컨설팅도 받는다. 더욱 놀라운 점은 단순히 진단받는 데 그치지 않고 지속적으로 회사 내부에서 실험을 진행하며 새로운 통찰력을 갈구한다는 사실이다. 채용·평가·업무 프로세스의 전 과정에서 어떻게 하면 다양한 사람들의 잠재력을 끌어낼 수 있는지, 혹시라도 인지하지 못하는 편견은 없는지 밝혀내려는 노력의 일환이다. 한 예로 채용 과정에 화이트보드를 이용해야 하는 활동이 있었는데, 코딩 실력이 동일하거나 심지어

---

* Kerby, Richard (2016). "Pinterest Diversity Head: What We're Doing Is Trying to Benefit the Entire Workplace". *Business Insider*.

비영리단체 데브/컬러를 설립한, 핀터레스트 소속의 흑인 엔지니어 메이킨드 에이드아그보(자료: Dev/Color).

더 뛰어난 여성 엔지니어 구직자에게 이 활동이 불이익을 준다는 사실이 밝혀지자 이를 채용 프로세스에서 제외하기도 했다.

한편, 핀터레스트는 비영리단체 데브/컬러Dev/Color를 후원한다.* 이 단체는 핀터레스트의 흑인 엔지니어 메이킨드 에이드아그보Makinde Adeagbo가 만든 단체로서 IT 분야에서 흑인 소프트웨어 엔지니어들의 영향력을 높이는 활동을 펼친다.** 메이킨드는 미국의 부富를 상당 부분 창출하는 IT 산업에서 흑인들이 역량을 펼칠 동등한 기회를 얻지 못한다는 문제의식에서 이 비영리단체를 만들고 활동을 시작했다. 데브/컬러는 대학에서 엔지니어로 성장하고자 하는 흑인 학생들에게 멘토링을 주선하고, 주니어 엔지니어들을 대상으로 한 강연을 개최하기도 한

* Thomas, Kaya (2015). "Pinterest Engineer Launches dev/color to Support Communities of Black Engineers". *TechCrunch*.

** 실리콘밸리 내 흑인 직원 비중은 2%에 불과 (Next10.org, 2015년 기준).

다. 핀터레스트는 관련 인프라 구축을 돕고 재정적 지원을 아끼지 않는 것은 물론 메이킨드가 엔지니어 업무 외에도 데브/컬러 활동에 업무 시간의 50%를 할애하는 것을 허락한다. 한 사람의 작은 아이디어에서 자체적으로 시작된 활동이지만 만약 핀터레스트의 전폭적 지원이 없었다면 유지되지 못했을 것이다.

:스타트업 문화를 지속적으로 유지하는 방법 2가지:

① 소통을 통해 정답을 찾아나가는 '문화클럽'

실리콘밸리에서 빠르게 성장하는 벤처기업들의 공통된 관심사는 무엇일까? 사업이 확장되어 임직원이 증가할 때 어떻게 스타트업 '문화'를 올곧게 지켜낼 수 있는가 하는 것이다. 핀터레스트도 예외는 아니었다. 샌프란시스코에서 3명이 조촐하게 시작한 핀터레스트도 현재는 임직원이 500여 명에 이르며 사무실 또한 런던, 도쿄, 파리, 뉴욕, 시카고, LA, 포틀랜드 등 8개 도시에 산재해 있다. 따라서 어떻게 하면 핀터레스트 고유의 기업 문화를 전 세계에서 동일한 기조로 지켜나갈지 끊임없이 고민해야만 했다.

그런데 핀터레스트 창업자들은 이러한 고민을 자기들만의 것으로 제한하지 않았다. 이 문제를 같이 풀어가자며 직원들에게 손을 내밀었고, 함께 논의해나갔다. 그렇게 해서 생겨난 것이 '문화클럽Culture Club'이다.*** 문화클럽은 다양한 개성을 지닌 핀터레스트 직원들이 한 달에

두 번씩 만나 자신들의 문화를 어떻게 발전시키고 유지할 수 있는지 고민하는 장을 제공한다. 일단 직원들이 다 같이 모이고 소통할 기회를 확보해야 한다고 생각한 것이다. 논의 중 몇몇 엔지니어들이 핀터레스트가 고객들의 '관심사'에서 시작된 기업임을 되새겨 직원들의 '공통 관심사'가 무엇인지 끌어내보자고 제안하기도 했다. 그래서 몇몇 엔지니어들은 핀터레스트 직원들이 '피닝Pinning'한 결과를 분석해 20여 개 관심사를 찾아냈고 이를 기반으로 새로운 작은 동호회들이 생겨났다. 문화클럽은 이러한 작은 동호회가 만들어지고 지속될 수 있도록 지원하고 있다.

문화클럽이 확대되면서 자연스레 하부 그룹이 만들어졌는데, 그중 하나가 직원들의 '물리적 거리감'을 해결하는 조직이었다. 8개 도시에 흩어져 있는 직원들이 어떻게 '일체감'을 가질 수 있을지 고민하는 작은 그룹이 생겨난 것이다. 이들은 아침마다 회의를 열어 미국 동부나 유럽에 있는 직원들까지 모두 참여하는 회의의 장에서 함께 의논한다. 이처럼 핀터레스트는 고민거리를 직원들과 공유하며 소통을 통해 답을 찾아나간다.

② 창업자 마인드를 전파하는 '핵위크'

핀터레스트는 기업가 정신을 잊지 않기 위해 일주일 동안 핵위크Hack

*** Chaykowski, Kathleen (2015). "Meet Enid Hwang, Guardian of Pinterest's Culture and Community". *Forbes*.

Week라는 행사를 진행한다.* 핵위크는 해커톤과 유사한 개념으로, 직원들이 하던 업무를 멈추고 새로운 팀을 만들어 약 일주일 동안 새로운 문제점을 도출하고 이를 해결하기 위한 제품을 '개발'하는 프로젝트다. 짧은 시간에 강도 높은 '창조' 활동을 통해 스타트업 마인드를 되새기는 것이다.

핀터레스트의 핵위크에는 건강한 긴장감과 작고 빠른 조직을 지향하고자 하는 의도가 담겨 있다. 그리고 이 핵위크에서는 엔지니어들끼리만 모여 뚝딱하고 제품을 개발하는 일이 없다. 모든 팀에 개발-디자인-제품 관리 3가지 직무가 반드시 포함되도록 하고 있으며, 이들 내부에서 건강한 논쟁과 긴장감이 유지되도록 한다. 서로의 경험과 시각이 달라 의견 조율에 다소 시간이 걸리고 불편하더라도 이 3가지 기능이 한마음으로 움직일 때 획기적 혁신을 이룰 수 있다는 믿음 때문이다. 또한 핵위크팀은 소수로 운영된다. 한자리에 모여 빠르고 효과적으로 대화하고 의사결정을 할 수 있는 최소 인원을 유지하기 위해서다. 소수의 사람들끼리 같은 '목표Mission'를 공유할 때 얼마나 강한 역량이 발휘되는지를 직접 경험하도록 유도하는 방식이다.

---

* Lopp, Michael (2015). "How Pinterest Created a Product Engineering". 핀터레스트 공식 블로그.

• 제5장 •

Efficiency

최고의 직원이 최고의 속도로 달린다

실리콘밸리 기업을 정의하는 단어를 뽑는다고 할 때 '혁신'이라는 키워드는 절대 빠지지 않을 것이다. 우주여행, 무인 자동차 개발 등 세상을 바꾸겠다는 원대한 신념을 가지고 누구도 상상하지 못한 제품과 서비스를 출시하는 수많은 실리콘밸리 기업들을 떠올려보면 당연한 이야기다. 한편 '효율Efficiency'이라는 키워드는 어떤가? 이 역시 실리콘밸리 기업을 정의하는 핵심어로서 어울린다는 느낌이 드는가?

실현 가능성이 낮거나 당장 수익을 창출하기 어려운 프로젝트에 많은 인력과 비용을 들이는 실리콘밸리 기업들을 생각하면, 이 질문에 대해서는 절로 고개가 갸웃거려질지 모른다. 또 직원 채용을 위한 복잡한 절차, 많은 비용이 발생하는 파격적인 복리후생, 심지어 근무시간 20%를 본업이 아닌 다른 일에 쓰라고 장려하는 기업의 매니지먼트 방식을 과연 '효율적'이라고 말할 수 있을까? 그런데 역설적이게도, 바로 이러한 질문들이 실리콘밸리의 효율을 이해하게 해주는 가늠자가 된다.

일반적으로 직원이 점차 늘어나고 다양한 사업 분야에 진출하는 등 성장 과정에 있는 기업의 경영진에게는 어떻게 하면 회사의 다양한 자원을 효율적으로 관리할 수 있을지가 가장 큰 관심사다. 이에 따라 '전사적 자원관리 Enterprise Resource Planning' 시스템 같은 인프라를 구축하고 전사에 공통되는 업무 처리 기준과 프로세스를 만드는 등 회사의 관점에서 '관리' 효율성을 높이려는 다양한 방법을 개발하고 적용하게 된다.

그런데 실리콘밸리 기업들은 전혀 다른 관점으로 접근한다. '회사'를 위한 효율이 아니라 '직원'을 위한 효율에 초점을 맞추는 것이다. 실리콘밸리에서는 직원들이 성과와 무관한 불필요한 일에 시간을 빼앗기지 않도록 자율과 책임을 부여하여 마음껏 일할 수 있는 환경을 만드는 것이 '관리' 중심의 방식보다 훨씬 더 '효율적'이라고 생각한다. 비록 그 과정에서 다소 비용이 발생하더라도 결과적으로는 최고의 직원들이 최고의 성과를 낼 것이라는 믿음이 있다. 이러한 신뢰가 있기에 "그런 식으로 직원들을 풀어주면 누가 열심히 일하겠는가?", "추가로 소요되는 비용만큼 효과가 있을까?" 등 지극히 '관리' 중심적인 관점에서 나오는 반대편의 공격을 거뜬히 막아낼 수 있는 것이다. 이 신념이 직원들을 위한 파격적 제도를 운영하는 기반이 되어준다.

직원 관점의 효율성을 얻어내려면 2가지 전제가 필요하다. 하나는 신뢰할 만한 최고의 직원을 선발하는 것이며, 다른 하나는 직원들에게 부여된 자율과 권한만큼 책임도 엄격하게 부여하는 것이다. 실리콘밸리 기업들은 이 2가지 전제를 너무나도 잘 이해하고 있으며, 그에 따른 실천 또한 잘해나가고 있다. 우선 타협 없는 엄격한 채용으로 믿고 맡길 수 있는 직원들을 선발하여 직원을 믿지 못해 발생하는 불필요한 관리상의 비효율을 줄인다. 또한 투명하고 명확한 평가를 통해 건전한 긴장감을 조성하여 직원들이 성과에 대해 강한 책임감을 느끼게 만든다. 이러한 직원 중심의 고효율 문화를 구축한 실리콘밸리 기업들의 다양한 노력을 구체적으로 살펴보자.

1

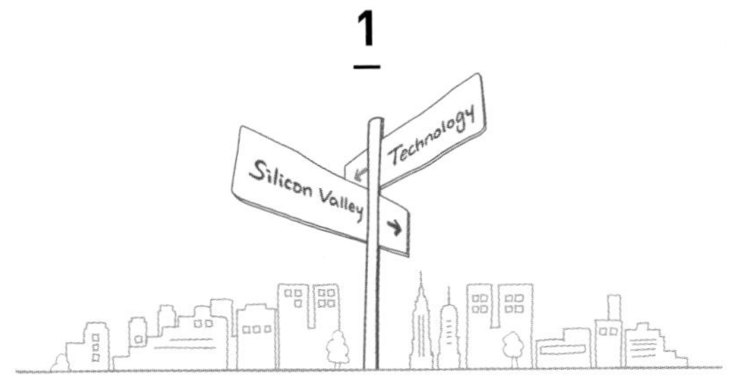

최고의 효율은 최고의 채용에서부터

실리콘밸리의 A플레이어론

대부분의 실리콘밸리 기업들은 채용 과정이 매우 까다로우며 다단계로 진행된다. 그것은 앞서 설명했듯이 기업 비전에 맞는 인원을 선발하려는 목적도 있지만, S/W나 IT 분야를 기반으로 하는 실리콘밸리 기업에는 최고 전문성을 가진 인재를 얼마나 보유하느냐가 핵심 경쟁력이 되기 때문이다. 마이크로소프트의 창업자 빌 게이츠도 평소 "위대한 선반공은 평균적 선반공이 받는 임금의 몇 배를 더 받는다. 그러나 위대한 소프트웨어 개발자는 평균적 소프트웨어 개발자에 비하면 1만 배 이상 큰 가치를 지닌다"[*]라는 말로 소프트웨어 업계에서 핵심 인재의 중요성을 강조하기도 했다.

실리콘밸리 기업들이 최고 직원을 선발하는 데 회사의 모든 노력을 쏟는 또 다른 이유는 채용이 육성보다 더 효율적이기 때문이다. 비유하자면 속도 제한이 없는 고속도로에서는 아무리 정비를 잘하고 좋은 윤활유를 쓴다 해도 근본적인 엔진 성능의 차이를 극복할 수 없는 것과 마찬가지다. 즉 마음껏 일하도록 부여받은 자율과 권한을 충분히 활용할 수 있는 신뢰할 만한 직원들을 채용하고, 이들에게 최고의 동료와 함께 일할 기회를 제공하는 것이 고성과를 내는 데 가장 효과적이라고 믿는 것이다. 엄격하고 복잡한 채용 프로세스에서 발생하는 비용이 교육훈련 비용보다 훨씬 더 높은 생산성을 발휘한다는 경험을 통해 이러한 원칙을 갖게 된 것이다. 그래서 대부분의 실리콘밸리 기업들은 육성보다는 채용에 집중하며 CEO들 역시 A급 인재의 중요성을 강조한다.

이러한 A플레이어 원칙을 채택한 가장 대표적인 기업은 앞서 사례를 자세히 살펴본 넷플릭스다. CEO 리드 헤이스팅스는 공식적 훈련을 제공해도 성과가 낮은 직원을 A급으로 만들 수는 없다면서 A급 인재들로 회사를 채운다는 원칙을 고수한다. 이에 따라 넷플릭스는 공식적 경력 개발 제도를 운영하지 않으며, 뛰어난 동료 그리고 도전적 업무 수행을 통해 스스로 성장하는 것을 넷플릭스의 7가지 핵심 문화 중 하나로 공표했다.

---

* 라즐로 복 (2015). 《구글의 아침은 자유가 시작된다》. 이경식 역. 알에이치코리아.

또한 넷플릭스는 회사의 이익을 최우선으로 생각하며, 고성과를 추구하는 회사의 전략을 이해하고 지원할 수 있는 사람을 채용하는 데 주의를 기울여야 한다고 강조한다. 그렇게 했을 때 직원 가운데 97%는 올바른 일을 할 것이라면서, 대부분의 회사들이 다른 3%의 원인으로 발생할 수 있는 문제를 처리하느라 엄청난 비용이 드는 HR 정책을 집행한다며 비판하기도 했다.* 특히 넷플릭스는 '성과 향상 프로그램PIP'은 결코 성공적으로 운영될 수 없다는 생각으로 성과가 부진한 인력들에게는 많은 퇴직금을 제시하고 해고하는 것을 원칙으로 삼는다.

애플 역시 A급 인재의 중요성을 철저히 인식하고 있는 회사다. 애플의 전 CEO 스티브 잡스도 A급 인재는 A급 인재를 뽑고, B급 인재는 C급 인재를 뽑는다며 최고 수준의 직원 선발을 항상 강조했다. 테슬라의 엘론 머스크 역시 채용의 원칙으로 "채용은 신중하게, 해고는 빠르게Hire Slowly, Fire Fast"를 제시하면서 반드시 필요한 직무에 최고 수준의 전문성을 갖춘 인재를 채용해야 한다고 이야기한다.

채용에 타협은 없다

알파벳 회장 에릭 슈미트는 최근 미국에서 열린 IT 콘퍼런스 '서밋 앳 시Summit at Sea'에 참석했다가 아주 곤란한 일을 겪었다. 연설을 마치고 한

---

* McCord, Patty (2014. 2). "How Netflix Reinvented HR". *Harvard Business Review*.

참석자로부터 질문을 받았는데 그는 구글에 지원했다가 면접에서 떨어졌다며 자신을 당혹스럽게 한 그 질문을 에릭 슈미트에게 다시 던졌다. 에릭 슈미트는 매우 당황한 기색을 보이며 구글의 그 질문은 나쁜 질문이었다면서 고심 끝에 답을 내놓기도 했다.** 이 질문은 구글의 까다로운 면접을 대표하는 일명 '브레인 티저Brain Teaser'라는 것으로, 기존 틀에 얽매이지 않는 발상의 전환으로만 해결 가능한 퍼즐이다.

구글 회장조차 쉽게 풀 수 없을 만큼 어려운 면접 질문을 운영하는 등 구글의 면접 절차는 매우 까다롭고 복잡하다. 면접 전형에 대한 분석을 통해 지금은 지원자당 대면 면접을 4번으로 제한하고 평균적으로 47일 이내로 채용 절차를 진행하지만, 한때는 대면 면접만 20번이 넘고 길게는 180일까지 소요되었다.*** 그렇기에 구글은 결코 채용의 질을 놓고 타협하지 않는 대표적 기업으로 통한다.

미국에서 자산 관리 소프트웨어 분야의 최고 기업으로 통하는 인튜이트도 "인튜이트는 최고의 직원만 채용한다Intuite Only Hires Top Talent"라는 비전을 가지고 있다. 그만큼 채용 및 인재 선발을 중요시한다. 인튜이트는 조직이 급격히 성장해나가면서 자리 채우기에 급급한 채용으로 변질되는 등 핵심 인재 채용에 어려움을 겪게 되자 'A4AAssessing For Awesome'라는 새로운 채용 제도를 도입했다. 이 제도는 회사에서 가장 뛰어난Awesome 관리자로만 평가자를 구성하고Awesome Assessors, 직무의 필수 보

** Goldhill, Olivia (2016. 11. 26). "Eric Schmidt Struggled to Answer a Google Interview Question". *QUARTZ*.

*** 라즐로 복 (2015). 《구글의 아침은 자유가 시작된다》. 이경식 역. 알에이치코리아.

인튜이트 A4A 제도의 4대 구성 요소

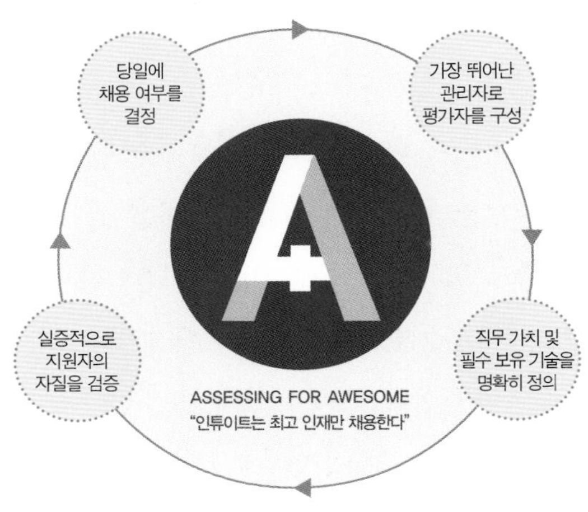

유 기술 및 가치를 명확히 정의하며Key Skills & Values, 지원자의 직무 역량 및 기술 시연을 통해 실증적으로 자질을 검증Craft Demonstration하여 인터뷰 당일에 채용 여부를 결정Same Day Desision하는 것을 4가지 핵심 요소로 설정한 것이다. 이 제도의 핵심은 회사 내에서 가장 뛰어난Awesome 면접관을 확보하는 것인데, 이를 위해 인튜이트는 선정된 이들에 대한 리뷰를 통해 면접관의 수준과 자질을 지속적으로 검증한다. 특히 모든 면접관의 평가 의견 기록을 추적하여 실제 채용 결과와의 비교 분석을 실시한다. 실제 입사 후 좋은 성과를 내는 우수한 직원에 대한 평가를 바탕으로 그를 채용한 뛰어난 면접관에게는 시상을 통해 그 성과를 인정하고 포상한다. 이를 통해 최고의 직원만 채용한다는 인튜이트의 비전을 달성했고, 실제 인재 채용 만족도도 14%나 높아졌으며, 채용 기간도

12일로 단축했다.*

우버의 경쟁사인 리프트 역시 채용을 가장 중시하는 회사다. 우버만큼이나 급속도로 성장하고 있는 리프트로서는 '빠른' 인력 충원이 매우 중요한 부분임에도 결코 채용의 질을 포기하지 않는다. 특히 임원급 채용에 있어서는 경험이 풍부하고 리프트 고유의 문화에 부합하는 인재를 선발하느라 엔지니어링 부문 VP를 채용하는 데 무려 10개월이 걸리기도 했다. 심지어 채용 지원자의 역량을 더 과학적으로 예측하고자 사내 데이터 전문가들이 모든 관련 데이터를 분석한다. HR 총괄 임원 론 스톤Ron Storn은 "창업 초기에 채용한 직원들의 직무나 역할이 시간이 지나 회사가 성장하면서 적합하지 않게 되는 경우가 많다. 이에 회사가 급속하게 성장하면서 얻은 가장 큰 교훈은 채용과 더불어 해고하는 법을 배울 필요가 있다는 것이다"라고 말하며 직원들의 수준을 지속적으로 유지하는 것의 중요성을 강조한다.**

---

* Rick Jensen (2016. 4). "Great Place to Work Annual Conference Intuit Breakout Session".

** Srinivasan, Leela (2015. 11. 20). "How Lyft Hired for Hypergrowth: 19 Key Insights". *Lever*.

2

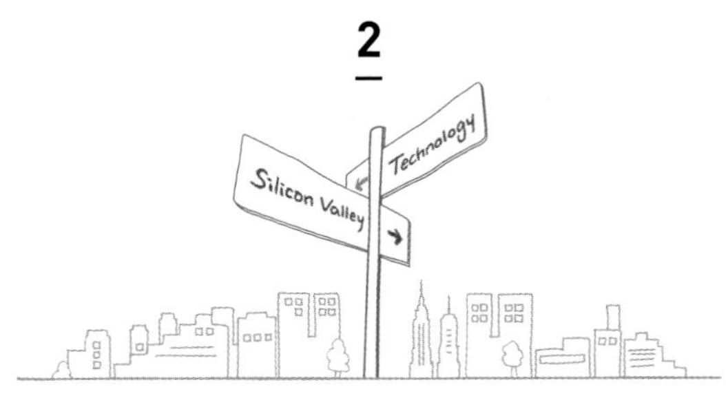

회사를 위한 효율이 아니라 직원을 위한 효율

고속도로의 장애물을 제거하라

실리콘밸리 기업들의 채용 과정이 이처럼 복잡하고 엄격한 반면, 한번 채용한 직원들에게는 전적인 신뢰를 보낸다. 힘들게 채용한 최고의 직원들이 비효율적인 부분에 시간을 빼앗기지 않고 마음껏 일하도록 지원하는 데 집중한다. 알파벳 회장 에릭 슈미트는 "좋은 경영진이란 직원들이 가장 빠른 속도로 달릴 수 있도록 길 위의 장애물을 제거하는 사람"이라며, '직원' 중심 효율에 초점을 맞추는 것이 경영진의 가장 중요한 역할임을 지속적으로 강조하기도 했다.*

이에 구글은 2009년 '관료제 파괴자Bureaucracy Busters'라는 제도를 실시했다. 애초 스타트업으로 시작한 회사였으나 구글 역시 급격히 성장하면서 불필요한 비효율이 생겨나기 시작했기 때문이다. 구글은 관료제 등으로 인한 비효율을 해결하기 위해 직원들에게 직접 물어보는 상향식 의사소통 방식을 도입했다. 그렇게 직원들에게 아이디어 제안을 독려했는데, 그 최초의 시도에서 구글 직원들은 무려 570개 아이디어와 5만 5,000번 이상의 투표를 통해 비효율을 초래하는 장애물들을 선정했다. 그런데 재미있게도 직원들이 업무 중 가장 크게 좌절감을 느낀 문제는 사소하면서도 쉽게 고칠 수 있는 것들이었다. 예를 들면 달력 앱에 그룹이 추가되는 걸 허용하지 않아 규모가 큰 회의 일정을 잡을 수 없다든가, 예산 승인 절차가 까다로워 관리자들이 매우 사소한 비용까지 일일이 검토해야 하는 문제 등이었다. 구글은 즉시 직원들의 목소리를 반영해 이런 장애물들을 제거함으로써 회사가 급속하게 성장하는 와중에 발생한 비효율적 프로세스와 업무를 개선할 수 있었다.**

에릭 슈미트와 함께 일했던 야후 CEO 마리사 메이어도 야후에 취임하자마자 '비효율적 프로세스Process, Bureaucracy & Jams' 제거 프로그램을 운영했다. 직원들이 회사의 독소 프로세스나 불필요한 규정에 불만을 제기하면 이에 대해 동료들이 투표를 할 수 있는 온라인 시스템을 구축한 것으로 여기서 50명 이상의 지지를 받으면 즉시 경영진에게 보고되

---

* Sellers, Patricia (2013. 10. 22). "How Yahoo CEO Mayer Fixed 1,000 Problems". *Fortune*.

** 라즐로 복 (2015). 《구글의 아침은 자유가 시작된다》. 이경식 역. 알에이치코리아.

고 개선이 추진된다. 차량 정체를 일으키던 주차장 게이트 교체부터 소스코드의 효율적 배포 등 이를 통해 무려 1,000건 넘게 개선이 이루어졌다. 마리사 메이어는 《포천》 지와의 인터뷰에서 이런 비효율 개선을 위한 노력이 야후를 더 매력적인 직장으로 만들었으며 제도 시행 후 지원자 이력서가 2,000건이나 늘었다며 성과를 언급하기도 했다.*

테슬라 또한 비효율 제거에 적극적인 기업으로 CEO 엘론 머스크가 이 일을 주도한다. 그는 회사 내에서 여러 가지 약어 사용을 금지했다. 약어로 대화하는 것이 편할 수는 있지만, 새로 들어온 사람에게 그게 무엇을 줄인 단어인지 어떤 의미인지 일일이 설명해야 하므로 비효율을 발생시키는 장애물이 된다고 여긴 것이다. 또한 테슬라에서는 문서 작성을 최소화하고 효율적으로 회의를 운영하려는 노력을 지속적으로 추진해왔으며, 따라서 상사 보고용 문서 작성은 시간 낭비로 간주한다.

페이스북의 최고운영책임자COO 셰릴 샌드버그는 구글에서 페이스북으로 옮긴 후 직원들에게 자신에게 보고할 때는 파워포인트를 사용하지 말고 토론 목록 같은 것을 가져오라고 지시하기도 했다. 그녀는 2012년 하버드 비즈니스 스쿨 졸업식 축사에서 파워포인트 금지령에 대해 다시 언급하기도 했다. 당시 파워포인트를 사용하지 말 것을 권장했음에도 직원들이 잘 지키지 않자 그녀는 "나는 규정을 싫어하지만 이것 하나만은 규정하겠다. 더는 내 미팅에서 파워포인트는 없다I Hate Rules But I Have a Rule, No More PowerPoint in My Meetings"라고 언급하면서 올바르지 못한

* Sellers, Patricia (2013. 10. 22). "How Yahoo CEO Mayer Fixed 1,000 Problems". *Fortune*.

권위나 규칙에 따른 비효율의 제거를 강조했다. 셰릴 샌드버그 말고도 실리콘밸리의 CEO들 가운데는 파워포인트를 싫어하는 사람이 많다. 스티브 잡스도 마찬가지인데, 제품 검토 과정에서 가장 먼저 금지한 것이 바로 파워포인트였다. 무엇인가 얘기해야 할 것을 아는 사람은 파워포인트가 필요 없다는 것이 그의 지론이었다.**

업무에서는 스몰Small하라

실리콘밸리 기업들은 세상을 바꾸겠다는 원대한 비전과 목표를 추구하는 반면, 적어도 업무에서는 '스몰' 원칙을 준수한다. 스몰 원칙이란 회의나 보고에서 직접적 연관이 없는 직원의 참여를 최소화하고, 실제 프로젝트도 되도록 최소 인원으로만 운영하는 것이다. 이러한 스몰 원칙은 스타트업으로 시작한 기업이 성장하고 규모가 커지면서 발생하는 필연적 관료제나 불필요한 위계 관계로 인한 문제를 줄이고, 직원들이 여전히 스타트업에서 일하듯 주도적으로 일하는 환경을 만들어줄 수 있다.

예를 들어, 구글은 효율적 회의를 위한 원칙을 수립하여 전 직원들과 공유한다. 첫째, 모든 회의에는 반드시 리더가 있어야 한다. 둘째 회의의 목적을 공유해야 한다. 이와 함께 회의 시작 24시간 이전에 회의 자료를

** 월터 아이작슨 (2011). 《스티브 잡스》. 안진환 역. 민음사.

전달해야 하며, 회의 종료 48시간 내에 회의 결과를 공유해야 한다. 셋째, 회의에는 8명 이내의 꼭 필요한 사람만 참석해야 한다.* 이처럼 구글은 회의에 대해 명확한 비용 개념을 가지고 있어 불필요한 회의가 생기지 않도록 한다. 테슬라 역시 회의를 효율적으로 운영하기 위한 원칙을 갖고 있다. 우선 회의를 기본 팩트Facts를 통해 답을 줄여나가는 과정으로 정의하며, 직접 일을 한 사람만 회의에 참석시킨다. 또 모든 사람들이 준비되었을 때 회의를 하며, 회의 시에는 항상 장기적 관점을 유지하며, 반드시 정해진 시간 내에 회의를 마치도록 권장한다.

애플은 '직접 책임자DRI; Directly Responsible Individual' 제도를 운영한다. 직급과 무관하게 특정 업무에 대한 최종 책임자를 미리 정해 업무에 불필요하게 관여하는 사람을 최소화하자는 의도다. 이에 따라 경영진이 참석하는 중요 회의에도 관리자가 아닌 해당 업무의 직접 책임자만 참석하는 경우가 빈번하다. 이러한 제도를 통해 경영진과 실무 책임자의 거리를 좁혀 중간 보고 단계에서 발생하는 비효율을 줄일 수 있다.**

실리콘밸리 기업들은 프로젝트를 수행할 때도 소규모 팀 단위로 운영한다. 문제 해결력이 좋은 탁월한 인재들이 활발히 의사소통하면서 마음껏 역량을 발휘하도록 유도하기 위해서다. 테슬라가 대표적 예다. 보통 전통적 대형 자동차 회사들은 하나의 모델에 10명 넘게 소속된 디자인팀을 운영한다. 반면에, 미국 소비자 전문지 《컨슈머 리포트*Consumer*

---

* 에릭 슈미트, 조너선 로젠버그, 앨런 이글 (2014). 《구글은 어떻게 일하는가》. 박병화 역. 김영사.

** Baer, Drake (2015. 8. 28). "3 Ways Steve Jobs Made Meetings Insanely Productive—and Often Terrifying". *Business Insider*.

테슬라의 전기차 모델S
(자료: 테슬라 홈페이지).

Reports》에서 2015년 미국 최고의 자동차로 선정된 테슬라의 모델S는 단 3명의 디자이너가 설계를 담당했다.***

이러한 스몰 원칙은 직원들의 사고와 행동에도 아주 자연스럽게 녹아들어 있다. 실례로 구글에는 HR에 최근의 기술 트렌드를 활용해 직원들에게 더 효율적인 환경을 구축해주는 피플 어낼리틱스People Analytics 팀이 있다. 이 팀에서 하는 일은 아주 거창하거나 대규모의 프로젝트가 아니다. 무료 식사 제공의 부작용 줄이기, 교육 참석률 높이기 등 HR에 넛지****를 활용하여 직원들의 사소한 행동부터 개선을 유도한다. 혹시 이러한 노력이 너무 작고 사소하다고 생각하는가? 그렇다면 구글 피플 어낼리틱스 직원의 이 말에 귀 기울여보기 바란다.

*** "테슬라 모터스, 혁신 기업 1위로 도약할 수 있었던 이유는?" (2015. 10. 8). 《이코노미스트》.

**** '넛지'는 '팔꿈치로 슬쩍 찌르다', '주의를 환기시키다'라는 뜻을 가진 단어로, 흔히 행동경제학에서 '똑똑한 선택을 이끄는 힘'을 지칭한다. 미국 시카고대의 행동경제학자 리처드 탈러(Richard H. Thaler)와 법률가 캐스 선스타인(Cass R. Sunstein)이 공저한 《넛지》라는 책에서 '타인의 선택을 유도하는 부드러운 개입'이라는 의미로 이 단어를 사용하면서 널리 알려졌다.

"개선할 수 있는 작은 부분부터 즉시 실행하는 것이 우리 구글의 문화이며, 이를 회사의 모든 구성원들이 공유한다."

당신을 향합니다

실리콘밸리 기업들은 서베이Survey를 적극 활용해 직원들이 내놓고 요구하지 않는 잠재적 니즈를 선제적으로 찾고자 노력한다. 이를 가장 잘 실행하는 기업 역시 구글인데, '구글 가이스트'라는 설문을 통해 직원 개인별 니즈를 파악하고 관리한다. 즉, 개인이 선호하는 보상, 직무 등 HR 제도에 대한 설문을 실시하고, 이를 정책에 반영하거나 개인 커리어에 적용한다. 또한 구글은 서베이 결과를 바탕으로 실제 직원들의 업무 몰입에 가장 영향을 미치는 요인을 찾아내는 빅데이터 분석도 실시했다. 직원들과의 사전 인터뷰를 통해 업무 몰입에 영향을 미칠 만한 다양한 예상 요인을 파악하고, 그것이 5년치 직무 만족도와 성과에 미치는 영향을 비교한 것이다. 그 결과 다양한 예상 요인 중 가장 높은 영향을 미친 것은 '자율성 보장 문화'와 '경력 개발', '자기 성장 기회'로 밝혀졌다. 그런데 특히 흥미로운 것은 저성과자들에게는 '공짜 음식' 같은 특전이 가장 높은 영향을 미치는 요인으로 나타났다는 점이다. 이에 구글은 고성과자 리텐션Retention과 직접적 연관성이 없는 복리후생 예산은 더 늘리지 않고 직무 전환이나 해외 근무 기회 확대 등 경력 개발을 위한 지원에 초점을 맞춘다.

최근 국내의 많은 기업들도 직원들이 가장 효율적으로 근무할 수 있는 시간과 공간을 자유로이 선택하도록 하는 유연 근무제를 도입하는 추세인데, 이러한 제도를 최초로 시도한 곳이 바로 실리콘밸리다. HP가 1972년 미국에서 가장 먼저 자율 출퇴근 제도를 도입했다.* 시스코도 1993년 글로벌 업무 환경을 구축하기 위해 텔레커뮤니케이션 Telecommunication 프로그램을 직원들에게 배포하면서 집에서도 업무 처리가 가능하도록 했는데, 이 제도가 바로 재택근무의 시초라 하겠다. 시스코는 재택근무를 통해 직원 업무 몰입도가 높아져 1.9억 달러를 아낄 수 있었다고 공표하기도 했다.** 현재 대부분의 실리콘밸리 기업들이 유연 근무제를 도입하고 있는데, 최근에는 반려동물과 함께 일할 수 있는 공간까지 제공하는 등 직원 개인의 특성을 더욱더 고려해주는 방식으로 최고의 업무 효율을 낼 수 있도록 지원하고 있다.

또한 실리콘밸리 기업들은 회사 내의 문제만이 아니라 직원들의 라이프사이클 전반에서 발생하는 고충 해결에도 적극적이다. 회사 밖에서 발생하는 사소한 일이나 고충으로 인해 직원들이 업무에 몰입하지 못한다면 결국 효율성이 떨어진다고 생각해서다. 이러한 이유로 미국은 출산휴가가 법적으로 보장되지 않는 유일한 국가인데도 대부분의 실리콘밸리 기업들은 출산휴가 및 관련 지원금 제도를 운영한다. 특히 넷플릭스는 무려 1년 동안 유급 출산휴가를 보장하며, 세일즈포스닷컴은

* Dobbin, Frank (2009). *Inventing Equal Opportunity*. Princeton University Press.

** Romer, Christina (2010). *Work–Life Balance and the Economics of Workplace Flexibility*. Executive Office of the President Council of Economic Advisers.

자녀 보육 서비스 업체와 계약해 연 6일의 '백업 차일드 케어Backup Child Care' 서비스를 제공한다.

한발 더 나아가, 실리콘밸리에는 IT 분야 여성 인재 유치 목적으로 난자 냉동 시술을 지원하는 기업까지 있다. 페이스북, 애플, 구글이 대표적 기업들이다.* 난자 냉동 시술은 의료보험 적용이 안 되는 경우가 많은 대표적 고액 시술인데, 이 회사들은 최대 2만 달러까지 지원하면서 여성 직원들의 경력 관리를 돕고 출산 및 육아와 업무 병행을 독려하고 권장한다는 강력한 메시지를 전달하고 있다. 구글은 직원들의 집안 살림을 대신할 단기 아르바이트 서비스 '태스크 래빗Task Rabbit' 이용권도 지급하여 직원들이 사소한 일에 신경 쓰지 않고 업무에 더욱더 몰입하도록 지원한다.

얼마 전 페이스북은 본사가 있는 멘로파크에 1,500여 세대의 아파트를 짓겠다고 발표했다. SNS 기업이 웬 아파트 건설이냐고 의아해할 수 있다. 하지만 이 역시 실리콘밸리의 부족한 거주 공간으로 인한 직원들의 높은 월세 부담을 줄여주려는 목적이다.

이처럼 다양한 복리후생 지원은 직원들이 업무에 더욱 몰입할 수 있는 환경을 만들어줄 뿐만 아니라 채용 시장에서 기업 브랜드를 높여 최고 인재를 영입할 수 있는 기반이 되어준다. 결국 직원 중심의 효율을 지속적으로 유지해나가는 동력인 셈이다.

---

* Weber, Lauren (2014. 10. 12). "Apple and Facebook's Newest Perk: Freezing Your Eggs". *The Wall Street Journal*.

3

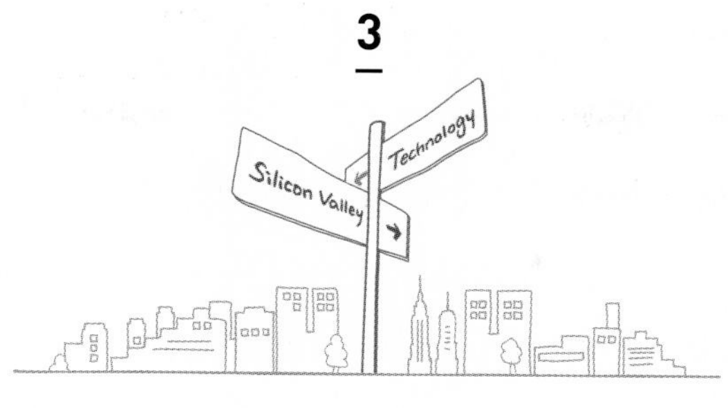

무엇이 철저한 성과주의를 가능케 하는가?

열심히 일하는 것만으로는 충분하지 않다

최근 실리콘밸리가 주목받으면서 관련 기사들도 많이 볼 수 있는데 주로 실리콘밸리의 자유롭고 개방적 측면을 다룬 내용이다. 이런 기사들을 보면서 언제든지 다양한 음식을 먹을 수 있는 카페테리아, 무제한 휴가 제도, 반려동물과 함께 근무하는 사무실 등 우리나라에서는 보기 힘든 특이한 제도나 복리후생에 선망의 시선을 보내는 한편, 이러한 제도를 실리콘밸리 기업들의 창의와 혁신의 근원으로 생각하는 사람들도 많은 듯하다.

그런데 실리콘밸리 기업 벤치마킹에서 현지 직원들을 만나거나 실리콘밸리에서 근무하는 한국인들의 언론 인터뷰를 보면, 그들이 공통적으로 언급하는데도 정작 우리는 주목하지 않는 것이 있다. 바로 세계 최고의 직원들과 협업하며 인정받기 위해 끊임없이 자기 역량을 높여야 한다는 '전문성'에 대한 부담, 개인별로 철저히 설정되는 '목표로 인한 압박', 상사와 동료들의 수시 피드백을 받으면서 회사가 기대하는 목표를 반드시 달성해야 한다는 '성과에 대한 부담'을 느끼는 직원들이 굉장히 많다는 점이다. 이처럼 실리콘밸리에는 동료들에 의한 압박과 더불어 투명하게 공개되는 평가/보상에 기반한 철저한 성과주의 문화가 정착되어 있다. 그리고 이러한 기조가 형성된 데는 창업자 CEO들의 역할이 매우 컸다.

넷플릭스 CEO 리드 헤이스팅스가 가장 대표적인 예다. 그는 "열심히 일하는 것으로는 충분하지 않다Hard Work Isn't Enough"라고 역설한다. A급 노력을 기울였는데 성과는 B급에 머문다면 넷플릭스를 떠나라며 엄격한 성과주의 문화를 정착시켰다. 또한 그는 얼마나 '효율적'으로 성과를 냈는지도 중요하게 생각한다. 그는 최소한의 노력으로 A급 성과를 내는 것을 '최고의 성과'라고 정의하면서, 이러한 성과를 달성한 직원에게는 그 권한을 더 늘려주고 업계 최고 대우를 보장하는 것을 HR의 기본 원칙으로 삼는다.

리드 헤이스팅스와 함께 넷플릭스에서 오랫동안 최고인재책임자CTO; Chief Talent Officer로 일했던 패티 맥코드Patty McCord는 고성과의 정의를 직원들에게 자주 주지시키는 것이 HR의 중요한 역할이라고 주장했다. 그는 직원들을 위한 최고의 HR 실행 방안은 치어리더, 파티, 티셔츠 배포 등이 아니라 실제 비즈니스를 위해 좋은 것이 무엇인가를 직원들로 하여금 알게 하는 것과 성과를 위해 무엇을 지원해줘야 할지 정확히 찾아내는 것이라고 언급하기도 했다. 심지어 넷플릭스는 직원들에게 경쟁 업체에서 더 높은 연봉을 제안받으면 HR 부서에 알려달라고 요청하기도 한다.* 직원의 시장가치를 반영해 연봉을 재산정하기 위해서라고 하니 철저한 성과주의 원칙이 얼마나 잘 실행되고 있는지가 가늠된다.

테슬라도 100% 업무 몰입 문화를 강조하기로 유명하다. 더 좋은 세상을 만드는 데 기여하기 위해 테슬라는 직원들이 각자의 업무 영역에서 최선을 다할 것을 요구한다. 특히 CEO 엘론 머스크는 "당신이 얼마나 열심히 일하느냐는 문제가 아니다. 누군가는 당신보다 더 열심히 일한다No Matter How Hard You Work, Someone Else Is Working Harder"라는 말을 미팅에서 자주 언급하며, 열심히 일하는 것보다 성과를 내는 것이 더 중요하다고 지속적으로 강조한다.

자율적 근무 문화를 대표하는 구글에서도 엄격한 성과주의가 자율적 문화를 지지하는 기둥이 되어준다. 실제로 구글 혁신의 원천이라면서 주목받은 '20% 룰'이 성공할 수 있었던 것도 철저한 성과 관리가 기반이 되어주었기 때문이다. 잘 알려져 있다시피, 20% 룰이란 자신이 일하는 시간의 20%를 자신이 '해야 하는' 업무가 아니라 '원하는' 업무

---

* Nilen, Max (2013. 12. 30). "Legendary Ex-HR Director From Netflix Shares 6 Important Lessons". *Business Insider*.

에 자유롭게 쓸 수 있는 제도이며, 구글 창의성의 핵심인 '자유'를 대표하는 제도다. 이제는 구글의 대표적 서비스가 된 G메일이나 구글 나우Google Now도 바로 이런 시도가 결실을 맺은 것으로, 이 제도는 그만큼 큰 성과를 가져다주었다.

그런데 이 제도를 구글의 엄격한 성과주의 문화를 고려하며 들여다보면, 자신이 원래 해야만 하는 일에 자신이 가진 재원의 80%만 투입하고도 회사가 기대하는 수준의 성과를 만들어내야 한다는 역설적인 말이 된다. 즉 본업에서 더 높은 생산성을 만들어내고, 그것을 기반으로 자유롭게 창의적 시도를 할 여유까지 가지라고 하는 셈이다. 실제로 이런 이유로 20% 룰을 활용하는 데 부담을 느끼는 구글러들도 많다.* 구글 최초의 여성 엔지니어이자 야후 CEO 마리사 메이어가 야후 취임 후 사내 미팅에서 "구글의 20% 룰에 대해 더러운 비밀Dirty Little Secret을 말해주겠다. 그것은 사실 120% 룰이다"** 라고 언급한 것도 바로 이런 엄격하고 지독한 성과주의를 겨냥한 것이었다.

---

* Mims, Christopher (2013. 8. 16). "Google's '20% Time', Which Brought You Gmail and AdSense, Is Now as Good as Dead". *Quartz*.

** Carlson, Nicholas (2015. 1. 13). "The 'Dirty Little Secret' About Google's 20% Time, According to Marissa Mayer". *Business Insider*.

실리콘밸리에서도 평가는 언제나 '어려운' 문제다

'엉덩이 고과'라는 말을 들어본 적이 있는가? 이는 직원을 평가할 때 성과가 아니라 의자에 가장 오래 앉아 있는 사람에게 좋은 평가를 주는 것을 비꼬는 우스갯소리다. 그런데 이런 일이 아직도 주변에서 빈번하게 일어나는 것도 사실이다. 우리나라의 많은 관리자들은 여전히, 밤늦게까지 일하는 직원들이 성실하고 우수한 직원이라는 잘못된 생각을 하는 경우가 많다. 심지어 밤늦은 시간 사무실에 직원들이 얼마나 남아 일하는지 확인하려고 순찰을 도는 관리자도 있다. 이 때문에 결국 특별히 남아서 해야 할 일이 없는 사람까지 억지로 자리를 지키고 있는 부조리함이 생겨난다. 개개인의 목표가 명확하게 설정되지 않아 정확히 성과 측정을 하기가 어렵고 적시 평가가 이루어지지 않을 때 이러한 일이 일어나기 쉽다.

국내 기업만 이런 문제가 있는 것은 아니다. 실리콘밸리에서도 직원들 사이에 가장 많은 불만을 초래하는 풀기 어려운 문제가 바로 '평가'와 관련된 것이다. 그러나 실리콘밸리에서 '평가'는 단순히 등급을 구분하는 역할이 아니라 직원들이 더 잘할 수 있도록 지원하는 역할을 목표로 삼는다. 한 번이라도 조직에서 평가 관련 업무를 해본 사람이라면 알겠지만 평가 제도를 바꾼다는 것은 매우 지난하고 많은 변화를 수반하는 일이다. 그럼에도 실리콘밸리 기업들은 상대평가나 평가 등급 자체를 폐지하는 등 과감하고 새로운 방식을 적극적으로 도입하고 지속적으로 개선한다. 이러한 노력 덕분에 실리콘밸리에서는 철저한 성과주의가 잘 정착되어 있기도 하다.

2012년 가을 어도비는 평가 제도를 전면 개편했다. 상대평가를 폐지하고, 새로운 평가 시스템을 도입한 것이다. 왜 이런 시도를 하게 되었을까? 과거 어도비는 상대평가로 인해 직원 간 협력에서 난항을 겪었으며, 또 평가 공정성에 대한 불만도 높았다.* 게다가 관리자와 부서원 사이의 면담이 형식적으로 이루어지다 보니 "저성과자가 있다 해도 관리자는 평가 시점인 연말까지 기다려야" 했으며 관리자들이 연말 평가 리뷰에 들이는 시간이 무려 8만 시간이나 되었다. 게다가 이런 평가 제도에 불만을 품은 고성과자들이 이직하는 사태가 벌어졌다. 상황이 악화되자 2012년 어도비의 인사 책임자 도나 모리스Donna Morris는 "연말 평가 제도를 없애고 회사와 임직원 모두에게 도움이 되는 새로운 성과 관리 시스템을 만들자"라고 제안했다. 이렇게 해서 새로운 평가 제도로 체크인Check-In이 탄생했다.**

새로운 평가 제도에서는 평가 등급을 매기는 역할보다 성과에 대한 지속적 피드백을 하는 것을 관리자에게 핵심 역할로 부여한다. 평가를 간결하게 3가지 요소Expectations, Feedback, Growth and Development로만 구성하고, 직원들이 이해하기 쉽도록 관리자의 역할과 질문 리스트가 포함된 엽서 크기의 카드 한 장으로 만들어 배포했다.

---

* "The Dreaded Performance Review? Not at Adobe". ⟨http://blogs.adobe.com/adobelife/adobe-life-magazine/v1/check-in/⟩.

** Baer, Drake (2014. 4. 10). "Why Adobe Abolished the Annual Performance Review and You Should, Too". *Business Insider*.

또한 '체크인' 제도에서는 평가에 대한 시간 및 방법상의 규정을 두지 않고 전적으로 관리자의 재량에 맡겨 조직별로 성과 관리 방법의 자율권을 부여했다. HR 부서에서는 "매니저가 자주 피드백을 줍니까?" 등 평가 만족도와 프로세스 준수도를 묻는 여러 문항을 6개월마다 1회씩 실시하는 조직 몰입도 조사Engagement Survey에 포함시키고 지속적으로 관리자의 피드백 수준을 모니터링한다. 이러한 서베이에서 하위 점수를 받은 관리자의 10%는 초록-노랑-빨강 삼색등으로 관리하며, 개선이 되지 않아 지속적으로 빨간색에 머무르는 관리자에게는 부서 이동 조치를 취하는 등 불이익을 주기도 한다. 이와 함께 관리자들에게 효과적인 코칭 및 피드백 방법을 지속적으로 안내하고 온라인 교육 자료도 업데이트하며, 심지어 관리자 코칭 스킬 개발을 위해 리더십 컨설턴트까지 채용하는 등 관리자의 피드백 역량 개선을 위한 노력을 멈추지 않는다.

체크인 제도를 도입한 후 어도비에서 고성과자의 자발적 퇴직이 이전보다 30% 감소했고, 비자발적 퇴직은 오히려 50% 증가했다. 다음번 평가까지 기다리지 않고 기대 수준에 맞지 않는 저성과자는 적시에 직접적으로 평가하고 피드백을 할 수 있었기 때문이다.***

실리콘밸리 기업에서 평가는 목표와 핵심 결과OKR; Objectives and Key Results를 명확하게 세우는 것부터 시작한다. OKR은 1970년대에 인텔

*** Burkus, David (2016. 6. 1). "How Adobe Scrapped Its Performance Review System and Why It Worked". *Forbes*.

상대평가 제도의 등장과 부작용

구성원들을 정해진 상대평가 비율에 맞추어 평가하는 상대평가 제도는 1980년대 GE의 잭 웰치Jack Welch가 사용한 후 널리 확산되었다. 성과주의 강화를 위해 글로벌 기업이 경쟁적으로 이를 도입했는데, 구현된 성과와 미래 잠재력을 동시에 평가하는 GE의 나인 매트릭스9 Matrix가 대표적인 평가 툴로 부각되었다. 그 평가 결과에 따라 일정 비율로 고성과자GE의 경우 상위 20%, 중간 성과자중간 70%, 저성과자하위 10%로 분류하고, 고성과자는 다양한 형태로 보상하는 반면, 저성과자에게는 불이익을 줌으로써 내부 경쟁을 촉진해 성과 창출을 유도한다는 논리다. 하지만 지나친 내부 경쟁으로 협력과 집단지성의 발현을 저해하는 부작용이 초래된다는 지적이 나오고 있다.*

자료: Burkus, David (2016). *Under New Management: How Leading Organizations Are Upending Business as Usual*. Houghton Mifflin Harcourt.

전 CEO 앤드루 그로브Andrew Grove가 OKR을 최초로 도입한 후 실리콘밸리 기업에서 일반화되었다.** 인텔에서는 분기별로 CEO의 OKR, 관리자의 OKR, 또 직원 개인의 OKR을 공개해 직원들이 회사와 본인의 목표를 연계하도록 한다. 회사, 팀, 개인 수준에서 3~5개의 측정 가능

---

* 미국의 통계학자이자 글로벌 품질 대상인 데밍 어워즈(Deming Awards)의 창시자 에드워즈 데밍(Edwards Deming)은 "상대평가 기반의 성과 관리 제도가 팀워크를 저해하고 내부 경쟁과 사내 정치를 조장한다"라고 지적했다. Hunter, John (2012. 10. 29). "Dr. Deming Called for the Elimination of the Annual Performance Appraisal".

** Niven, Paul. R. & Ben, Lamorte (2016). *Objectives and Key Results: Driving Focus, Alignment, and Engagement with OKRs*. John Wiley & Sons, Inc. pp. 1–12.

한 기준으로 목표를 설정하여 구체적으로 무엇을 어떻게 할지를 정하게 된다. 그리고 목표가 달성되었음을 계량적으로 측정 가능한 것들만을 '성과'로 간주한다. 이와 함께 360도 피드백 등을 포함하는, 포컬 프로세스Focal Process라는 성과 평가 시스템을 통해 자기 평가를 한 후 반드시 동료 평가를 받고 나서 관리자 면담으로 이어지는 프로세스를 운영한다.

OKR의 원조 인텔보다 이 제도를 훨씬 잘 활용하는 기업으로 우리에게 알려진 기업은 구글이다. 구글은 개인별로 분기별 전사 목표와 연계된 OKR을 수립하고, 시스템을 통해 모두 공유한다. 직원마다 분기별로 4~6개의 OKR을 갖는데 이는 0~1점의 점수로 평가된다. 그 과정에서 직원들에게 매우 도전적인 목표 설정이 요구되는데, 통상 0.6~0.7점 수준의 결과가 적당한 것으로 인정받는다. 1점으로 평가받으면 너무 쉬운 목표를 설정했다고 여겨지는 것이다. 또한 구글에서는 OKR을 바탕으로 관리자가 수시로 진척 상황에 대해 부하 직원에게 피드백을 하는 것이 필수적이다. 일주일에 한 번 일대일 미팅을 진행해야 하며, 분기에 한 번은 반드시 커리어 개발을 위한 미팅을 해야 한다.

게다가 구글은 모든 평가 결과를 투명하게 공개한다. 회사 내 등급별 비율과 자신의 등급, 타 부서의 등급별 비율까지 모든 것이 공개되며, 등급에 따른 직무별·직급별·성별 평균 보상 수준도 매년 시스템에 업데이트된다. 이러한 투명성을 바탕으로 성과에 따라 강력한 차별 정책을 운영한다. 구글의 최고인사책임자였던 라즐로 복도 대부분의 기업이 채택하는 보상 방식이 평등Equality 개념과 공정성Fairness 개념을 혼동

한다며 최고의 직원에게는 차별적인 최고 대우를 해주는 것이 필요하다고 언급하기도 했다.* 그러나 구글은 지속적으로 성과가 부진한 직원일지라도 톱 탤런트Top Talent를 가진 우수한 직원일 수 있다는 생각으로 직무와 팀을 전환해 성과 개선의 기회를 제공하는 등 불필요한 낙인 효과를 경계한다.

페이스북도 성과를 지원하는 수단으로 '평가'를 활용하는 데 적극적이다. 성과 평가는 1년에 두 번 실시하지만 온고잉On-going 피드백을 활성화해 직원들이 적시에 평가받는 문화를 구축한다. 또한 평가의 공정성을 확보하고자 일종의 조정 회의인 '캘리브레이션 세션Calibration Session'을 3회에 걸쳐 진행한다. 1단계에서는 2~3개 팀 매니저들끼리 모여 모든 팀원을 평가하며, 2단계에서는 모든 매니저들이 모여 1단계 평가 결과를 리뷰한 후 개인별 등급을 부여한다. 3단계에서는 CEO와 임원이 모여 최종 평가를 하고 결정을 내린다. 이러한 절차적 공정성을 기반으로 페이스북에서도 개인별 성과 평가 결과에 따라 임금 인상률, 보너스, 주식 등 보상에 큰 차이를 둔다. 마크 저커버그는 "아주 특별히 잘하는 직원은 조금 잘하는 직원과 단지 약간의 차이가 있는 것이 아니다. 그들은 거의 100배 차이가 난다"** 라고 말하며 페이스북의 인재 중시 철학을 강조하기도 했다.

---

* 라즐로 복 (2015). 《구글의 아침은 자유가 시작된다》. 이경식 역. 알에이치코리아.

** Helft, Miguel (2011. 5. 18). "For Buyers of Web Start-Ups, Quest to Corral". *The New York Times*.

실리콘밸리 기업들은 엄격한 채용과 철저한 성과주의 기반 위에서 직원 중심 경영을 통해 혁신과 효율을 동시에 달성하는 메커니즘을 구축해 놓고 있으며, 이것이 결국 선순환의 사이클을 만들어낸다. 이러한 고효율 메커니즘을 요약하면 ① 신뢰할 수 있는 직원 선발을 위한 엄격한 채용 → ② 직원 몰입을 방해하는 비효율 제거 → ③ 자율과 권한만큼의 책임이 따르는 철저한 성과 관리를 통해 업무 집중도가 높은 고몰입 문화를 조성해 직원들의 생산성을 높이는 것이다. 이런 과정으로 생산성을 향상시켜 여력을 확보하고 직원들이 이를 자유롭게 활용하도록 지원하면서 혁신 활동을 촉진한다.

실리콘밸리 기업 사례로부터 무언가 엄청난 비밀을 기대한 독자라면, 너무도 당연한 이야기에 다소 실망스러울지도 모른다. 그렇다면 각 단계별로 지금 자신이 속한 조직에서 그러한 일이 제대로 시행되고 있는지 살펴보면서 이 질문에도 대답해보길 바란다. 공석이 생겼을 때 자리 채우는 데만 급급하지 않은가? 사고나 문제가 생기면 직원들을 더욱 움츠리게 만드는 관리 방안을 만들지는 않은가? 성과에 입각해 평가하기보다는 승격할 때가 된 직원에게 좋은 평가를 주지는 않은가?

결론적으로 실리콘밸리 기업의 고효율 문화는 철저한 실행으로 이어진다. 우선 실리콘밸리 CEO들부터 A플레이어의 중요성을 대내외에 강하게 공표하면서 그러한 원칙이 실질적으로 지켜질 수 있는 채용 제도를 운영한다. 특히 핵심 인재를 효과적으로 선발하기 위해 빅데이터 분석 등 과학적 접근을 통해 지속적으로 채용의 질을 높인다.

그리고 철저하게 직원 중심의 관점에서 비효율적 요소들을 제거한다. 실리콘밸리에서는 경영진부터 직원들까지 최고 속도로 달릴 수 있도록 고속도로의 장애물을 치우는 것이 가장 중요하다는 원칙이 밑바탕이 된다. 따라서 직원을 신뢰하지 못한 데서 비롯되는 관료제 요소를 제거하여 불필요한 비용을 줄인다. 회의나 보고에도 직접 연관된 사람들만 참석하게 하며, 가급적 소규모 팀 단위로 조직을 운영해 탁월한 인재들이 자기 역량을 마음껏 발휘하도록 유도한다. 또한 직원 개개인의 특성을 고려해 가장 효율적으로 근무할 수 있는 다양한 제도와 복리후생을 지원함으로써 업무 몰입도를 최고로 끌어올릴 수 있는 환경을 구축한다.

마지막으로, 철저한 성과주의를 통해 직원들이 고속도로 밖으로 나가는 것을 견제한다. 실리콘밸리 직원들은 최고의 동료들에게 인정받으려면 지속적으로 전문성을 높여야 한다는 부담과 도전적 목표 설정을 통해 반드시 성과를 내야 한다는 압박 속에서 근무한다. CEO들도 그저 열심히 일하는 것만으로는 충분하지 않다는 강력한 메시지를 던진다. 직원들이 이런 부담감을 느끼고 있는데도 철저한 성과주의가 잘 받아들여지는 것은 실리콘밸리 기업들이 성과 '지원' 역할에 충실하게 평가 제도를 운영하고자 노력하기 때문이다. OKR을 통해 명확하고 투명하게 목표를 설정하며, 온고잉On-going 피드백을 통해 알맞은 때에 조언을 제공한다. 또한 평가 결과와 보상 수준도 투명하게 공개하는 등 공정성을 확보하고 성과에 대해서는 명확하게 차등 보상한다.

2013년 갤럽은 142개국 근로자에게 얼마나 업무에 몰입하는지 묻는 설

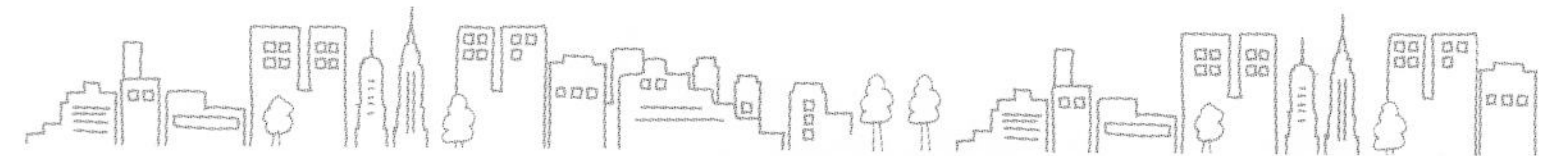

문을 진행했다. 설문에서는 근로자에게 "업무에 몰입한다", "업무에 몰입하지 않는다", "의도적으로 업무에 몰입하지 않는다"라는 총 3개 문항을 선택하게 했다. 조사 결과 우리나라는 "업무에 몰입한다"라고 응답한 직원 비율이 11%로 142개국 중 최하위 수준이었으며, "의도적으로 업무에 몰입하지 않는다"라는 응답도 22%에 이르렀다. 반면 미국은 "업무에 몰입한다"라고 응답한 비율이 무려 30%로 조사되었다.* 한국과 미국 직원들의 업무 몰입도가 이렇게까지 차이가 나는 이유는 무엇일까? 과거에 한국 기업들의 고도성장을 이끈 회사 주도의 일사불란함이 긍정적 역할을 하기보다는 오히려 부정적으로 작용하는 시대가 되었기 때문이다. 기존의 '하면 된다' 식으로 회사가 정한 목표를 가지고 직원들을 압박하고 열심히 따라오게만 만들어서는 생산성을 높이기 어렵다. 파괴적 혁신이 속출하는 경영환경에서는 회사를 위한 효율에만 집중하는 관리 방식으로는 성공하기 힘든 것이다. 그러므로 우리의 효율을 다시 정의하자. 즉, '회사/사업' 중심 사고에서 '직원' 중심 사고로 전환해야 한다. 회사 내 모든 프로세스와 제도를 직원의 관점에서 재설계하라. '직원 중심의 효율'이 4차 산업혁명 시대에 필요한 혁신의 기반이다.

---

* 이유정 (2013. 10. 20). "한국 직장인 90% 업무 몰입 못해… 부하 잘 이끌 리더 키워야". 《한국경제》.

열광적 팬덤을 만들어내는 애플,

엄격한 비밀주의와 완벽주의

IT 분야의 대표적 글로벌 기업 가운데 하나인 애플은 1976년 4월 1일 스티브 잡스와 스티브 워즈니악Steve Wozniak, 로널드 웨인Ronald Wayne 등 세 사람이 창고에서 만든 개인용 컴퓨터 '애플 IApple I'에서 시작됐다. 이후 애플은 그래픽 사용자 인터페이스GUI; Graphical User Interface와 마우스로 작동하는, 당시로서는 엄청나게 혁신적인 PC였던 매킨토시Macintosh, 1984년와 MP3 플레이어 아이팟iPod, 2001년, 아이폰iPhone, 2007년, 아이패드iPad, 2010년 등을 잇달아 성공시키며 2016년 말 기준으로 직원 11만 6,000명, 시가총액 6,176억 달러에 이르는 거대 기업으로 성장했다.*

IT 산업이 급속히 성장하면서 아마존Amazon, 1994년 창립이나 구글Google,

* 애플은 2016 회계연도(2015년 10월~2016년 9월)에 매출 2,156억 달러, 영업이익 600억 달러, 순이익 457억 달러를 기록했다. Mickle, Tripp (2017. 1. 6). "Apple CEO Cook's 2016 Pay Lower as Tech Giant Misses Targets". *The Wall Street Journal.*

1998년 창립처럼 30년 남짓한 역사를 가진 기업들이 제너럴일렉트릭GE; General Electric Company, 1878년 창립 같은 거대기업의 시장가치를 능가하는 일이 예사가 되었지만, 애플의 성공 스토리에는 다른 IT 기업들과는 확연히 구분되는 독특함이 있다. 대중 연예인보다 더 많은 팬을 몰고 다녔던 창업자 고故 스티브 잡스부터 아이폰을 쓴다는 사실만으로도 남다른 특권 의식을 느끼는 소비자들까지, 애플에는 무조건적 열광과 지지를 보내는 막강한 팬덤이른바 'Apple Fanboy'이 형성되어 있다. 2013년 《월스트리트저널》이 미국, 영국, 호주 소비자들에게 스마트폰 제조업체별 재구매 의향을 조사한 결과, 애플이 76%로 압도적 1위를 차지한 반면 삼성58%을 제외한 나머지 브랜드는 20~30%대의 재구매 의사를 표명했다.** 그만큼 애플은 압도적 충성도를 지닌 고객을 보유하고 있다.

하지만 아이폰의 매력적인 디자인과 편리한 사용자 경험에 대해 이야기하는 사람은 많아도 정작 애플이 어떤 프로세스로 움직이는지, 애플의 성공 비결이 무엇인지 자신 있게 이야기하는 사람은 많지 않다. 애플에 대한 뉴스는 차고 넘치지만 쿠퍼티노Cupertino의 '무한궤도애플 사옥, Infinite Loop'에서 벌어지는 일은 철저히 베일에 싸여 있다. 그렇다면 이제부터 한 걸음씩 애플의 비밀을 향해 발을 내딛어보자.

** "Data Point: iPhone Owners Are Loyal, But How About Samsung?" (2014. 3. 14). *The Wall Street Journal*.

:첫째도, 둘째도 비밀 엄수!:

많은 기업들은 자신만의 경쟁력을 유지하고 직원들에게 기대되는 행동 방식을 제시하기 위해 비전이나 핵심 가치, 경영철학 등을 공들여 만든다. 그리고 구성원들이 바뀌고 사업이 달라져도 기업 고유의 정체성이 유지되도록 반복해서 그 내용을 강조한다. 하지만 놀랍게도 세계 최대 IT 기업 애플에는 공식적 비전이나 핵심 가치가 없다. 이뿐만 아니라 구글 직원들이 CEO와 직접 소통해 회사가 돌아가는 전후 사정을 훤히 꿰고 있음에도, 대부분의 애플 직원들은 신제품 발표회 전까지 새로 출시될 제품은 무엇이고 새로운 기능이 무엇인지 조금도 알지 못한다.

이처럼 애플에는 "궁극적으로 꼭 알아야 할 것만 공유The Ultimate Need-to-Know Culture"한다는 강력한 원칙이 존재한다.* 적어도 애플 내에서는 회사의 신규 프로젝트나 부서 간 이해관계 등 자기 업무와 직접 관련되지 않은 내용에 대한 대화는 금기시되고, 오직 당면한 일에 대해서만 이야기를 나누도록 유도하는 암묵적 규율이 강조된다.** 회사의 모든 역량이 집중되어야 하는 신제품 개발 프로젝트 역시 마치 퍼즐처럼 작은 조각으로 분리되어 운영되며, 완성된 퍼즐의 전체 모양은 오로지 최고위층만 알게끔 철저히 비밀을 유지한다.

애플에는 소위 '비밀경찰Secret Police'이라 불리는 '충성 팀Loyalty Team'이

---

* Lashinsky, Adam (2012. 1. 18). "This Is How Apple Keeps the Secrets". *Fortune*.

** 애덤 라신스키(2012). 《인사이드 애플: 비밀 제국 애플 내부를 파헤치다》. 임정욱 역. 청림출판. p. 31. 애플의 실상을 정확히 다룬 몇 안 되는 책 중 하나인 이 책의 본문 2장의 제목도 '비밀주의'다.

존재한다. 이들은 직원들의 메일이나 메신저를 공식적으로 감시할 뿐 아니라 회사 밖에서도 비밀리에 애플 직원들의 이야기를 모니터링하는 것으로 알려져 있다.*** 애플은 직원들에게 이 비밀주의를 최우선 행동 수칙으로 강조한다. 만일 위반할 경우 예외 없이 처벌을 가할 뿐 아니라 "세계 최고의 변호사들"이 끝까지 응징한다는 것을 공공연히 드러냄으로써 직원들의 공포심을 조장하기도 한다.

> "그것은 애플 마법의 일부입니다. 나는 그 마법의 비밀을 아무에게도 밝히고 싶은 생각이 없습니다. 다른 사람이 모방하기를 바라지 않기 때문입니다." (팀 쿡)****

잡스는 생전에 '톱 100 미팅'이라는 극비 모임을 통해 회사의 중요한 일을 결정했다. 잡스의 건강이 나쁘지 않았을 때는 거의 매년 '톱 100 미팅'을 열었는데, 참가자 모두는 다른 사람에게 절대 참가 사실 자체를 알려서는 안 되며 여기서 논의되거나 결정된 사항에 대해서도 일체 함구하도록 요구받는다. 심지어 미팅 일정을 달력에 표시하거나 미팅 장소에 개인적으로 차를 몰고 이동할 수도 없고, 미팅 기간 중에는 외부와 통화하거나 메일을 주고받는 것조차 금지된다. 그렇지만 참석자가 최고

*** Jagga, Akshat (2015. 4. 6). "5 Facts About Apple That I Bet You Don't Know". Tech Kindle.

**** 애플이 지속적으로 높은 성장을 거듭할 수 있는 비결을 알려달라는 월스트리트 애널리스트의 요청에 대한 팀 쿡의 대답 (2011년 1월). Lashinsky, Adam (2011. 8. 25). "How Apple Works: Inside the World's Biggest Startup". *Fortune*.

'톱 100 미팅'

스티브 잡스가 "다시 회사를 시작할 경우 선택할 사람들이자, 애플호가 침몰하면 구명보트에 함께 탈 사람들"이라고 규정한 '톱 100' 미팅은 본래 경영진 100여 명이 모이는 연례행사로 시작되었다. 잡스 생전에는 잡스가 직접 기조연설을 한 뒤 주요 임원들이 자신이 담당하는 업무를 프레젠테이션하고 토론하는 방식으로 3일간 진행됐다. 이 모임은 극비리에 실시되기 때문에 미팅 주제나 내용에 대해서는 구체적으로 알려진 바가 없으나, 제품 개발을 중심으로 회사 전반의 이슈를 함께 논의하는 것으로 전해진다. 잡스 생전에는 혹시 도청 장치가 설치되었을까 봐 회의장을 샅샅이 조사할 정도로 엄숙하고 딱딱한 분위기였으나, 잡스 사후에는 가벼운 대화와 농담이 가능한 부드러운 분위기에서 진행되고 있다고 한다.

자료: Lashinsky, Adam (2011. 8. 25). "How Apple Works: Inside the World's Biggest Startup". *Fortune*; Yarow, Jay (2014. 3. 16). "Right Before He Died, Steve Jobs Told Top Executives Apple Would Not Be Making A TV". *Business Insider*; O'Grady, Jason D. (2012. 5. 24). "Fortune on how Tim Cook Is Changing Apple". *ZDNet*.

위 경영진으로만 국한되는 것은 아니었다. 잡스의 판단에 따라 직급이 낮은 엔지니어나 외부 인사가 초청되기도 했다. 이 때문에 참석자 명단에서 탈락한 사람들은 마음에 상처를 받기도 했다고 한다.

애플의 주요 제품 개발 프로젝트는 '록다운 룸Lockdown Room'에서 이루어지는데, 외부인의 접근을 막고 비밀을 유지하기 위해 '록다운 룸'이 있는 층 전체에 특수 잠금장치를 설치하며, '록다운 룸'은 다시 삼중으로

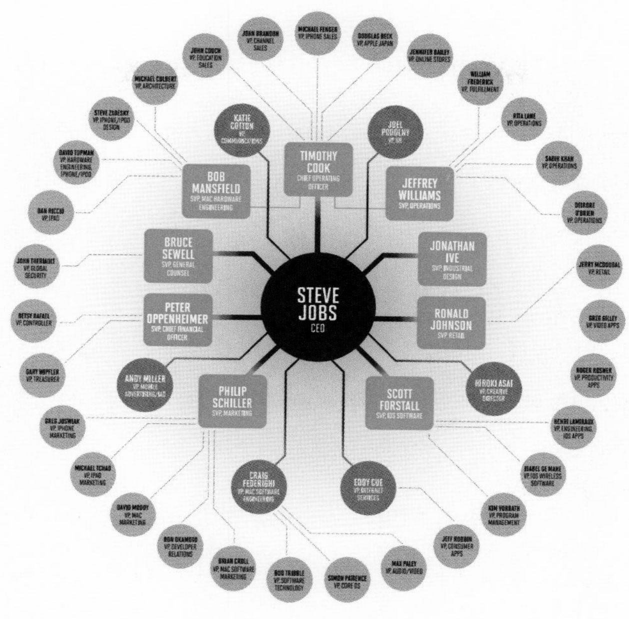

지금까지 세상에 공개된 '단 하나의' 애플 조직도(자료: Lashinsky, Adam (2011. 8. 25). "Apple's Core: Who Does What". *Fortune*).

보안장치를 한다. 이런 비밀 프로젝트에 투입되는 팀원들은 심지어 아내와 가족을 포함해 그 누구에게도 정보를 유출하지 않겠다는 동의서에 서명해야만 비로소 업무에 참여할 수 있다.

:DRI, 하나의 과업은 한 명이 끝까지 책임진다:

그렇다면 이처럼 철통같은 보안을 자랑하는 애플이 직원 수 10만 명이 넘는 거대 기업으로 성장한 지금까지도 효율적이고 유기적으로 운영되는 비결은 무엇일까? 애플에는 DRI라는 용어가 존재한다. DRI는 어떤 과업에 대한 '직접 책임자Directly Responsible Individual'를 의미한다. 회사에서 이루어지는 모든 과업에 반드시 직접 책임자를 지정함으로써 업무에 대한 개인의 책임을 명확히 할 뿐 아니라 다른 직원들도 현재 추진되는 특정 프로젝트의 책임자가 누구인지를 알 수 있도록 하는 것이다.*

일반적인 회사에서는 개발팀장 한 명이 여러 개의 개발 프로젝트를 책임지거나, 여러 사람이 하나의 프로젝트에 참여해 서로를 보완하고 협력하도록 유도한다. 이런 방식은 장점도 있지만, 개인의 성과 기여도를 결정하거나 실패한 책임자를 지목하기가 곤란한 상황도 종종 발생한다. 하지만 애플에서는 직급의 높고 낮음에 관계없이 특정 업무에 직접 책임자를 단 한 사람만 지정함으로써 투명하고 효율적인 조직 운영이 가능하다. 철통같은 보안을 유지하면서도 사내 최고의 인력이 하나의 과제에 집중할 수 있도록 한 것이다.

자신이 영입한 CEO 존 스컬리John Scully에게 해고당했다가 1996년 다시 애플에 복귀한 잡스는 관료주의가 만연해 있는 회사 상황을 보고 경

* 회의에 제출되는 자료에는 각 어젠다 옆에 DRI의 이름이 명기된다. 따라서 경영진이 참석하는 중요한 회의라 할지라도 담당 부서장이나 임원 없이 해당 DRI만 참석하는 일이 자주 있다.

악을 금치 못했다. 당시 애플에는 책임 영역이 모호한 각종 위원회가 넘쳐났고, 급격히 팽창된 조직을 관리한다는 명분으로 중간관리자가 층층시하 포진해 있었다. 잡스는 "열정을 지닌 창의적인 사람들이 자신이 옳다고 생각하는 일을 하려면 다섯 단계나 되는 중간관리자를 거쳐야 한다"** 라고 비판하면서 모든 위원회를 폐지하고 중간관리자 약 4,000명을 해고했다. 이후 최고경영진과 개발자 간에 직접적이고 원활한 소통이 가능해졌고, 과업을 배분할 때도 개개인을 그 전문 분야에 온전히 집중시키는 환경이 마련되었다.

이 같은 기능별 특화는 "모든 역할에 최고로 적합한 직원을 배치하는 것이 회사의 성과를 높이는 길"이라는 잡스의 믿음에서 비롯되었다. 이런 체제가 갖춰지자 관리자들도 재무, 회계, 마케팅에서 조직 관리까지 다루는 팔방미인이 될 필요 없이, 자신의 전문 분야에만 집중하게 되었다. 하지만 기능별 세분화에 따라 수평적 소통이 저해되는 것을 막기 위해 특히 개발자와 디자이너 사이의 크로스 팀 미팅을 활성화했다. 따라서 새로운 제품을 개발할 때는 2개 팀이 매주 2회 이상 의무적으로 모여 회의를 한다.

모든 과업의 직접 책임자가 분명해짐으로써 애플은 스타트업 특유의 역동적 문화를 유지할 수 있었다.*** 구체적으로는 우선, 10만 명이 넘는 대규모 조직임에도 관료주의를 극복하고 구성원 개개인에게 오너십

** Nale, Stephen (2012. 10. 6). "The 100 Greatest Steve Jobs Quotes". *COMPLEX*.

*** Lashinsky, Adam (2011. 8. 25). "How Apple Works: Inside the World's Biggest Startup". *Fortune*.

과 책임감을 부여할 수 있었다. 대부분의 대기업에서는 중간관리자, 임원급 팀장, 사업부장, CEO에 이르기까지 4~5단계의 검증 절차를 거친 후에야 의사결정이 이루어진다. 따라서 개발자들은 자신이 가진 아이디어와 그 기술적 이점, 예상 수익 등에 대해 층층으로 포진된 상사들을 설득하기 위해 노력해야 한다. 하지만 과업에 대한 직접 책임자가 분명한 애플에서는 그런 불필요한 노력과 에너지를 소모할 필요가 줄어든다.

둘째로, "궁극적으로 꼭 알아야 할 것만 공유한다"라는 불문율 덕분에 불필요한 사내 정치나 조직 간 알력을 예방할 수 있었다. 특히 신규 사업투자나 대규모 M&A, 사업조정 등을 추진할 때 일반적으로는 조직 내에 각종 유언비어와 억측이 난무하기 마련이지만, 엄격한 비밀주의와 회사 경영 방향에 대해서는 함구한다는 암묵적 규율이 있는 애플은 사내 정치를 억제하고 불필요한 오해를 최소화할 수 있었다.

셋째로, 다른 사람의 일에 신경을 덜 쓰도록 하는 문화는 그만큼 각자의 일에 더 집중할 수 있는 환경을 만들었다. 애플에서는 누구나 항상 최선을 다해 일해야 한다는 의무감으로 스스로를 독려한다. 자기 때문에 팀의 성과가 뒤처져서는 안 된다고 생각하기 때문이다. 과거 애플의 공급망 조직 담당 임원이었던 스티브 도일Steve Doil은 "애플은 날마다 공을 세우려고 서로 싸우는 조직"이라면서 "만약 당신이 조금이라도 흐트러져 있다면 당장 팀 전체의 효율성이 떨어지게 된다"* 라는 말로 애

* 애덤 라신스키 (2012). 《인사이드 애플: 비밀제국 애플 내부를 파헤치다》. 임정욱 역. 청림출판. p. 79.

플 직원들이 느끼는 스트레스와 심리적 압박감을 설명한다.

:해적 정신으로 무장하고 다르게 생각하라:

애플 직원들을 효율적으로 일하도록 만든 것이 DRI라면, 창의적이고 혁신적으로 일하도록 만든 것은 소위 '해적 정신'이라고 할 수 있다. 스티브 잡스는 1982년 9월 매킨토시 개발진과의 워크숍에서 "일할 때 절대로 현실과 타협하지 마라"라는 원칙을 제시했다. 완벽하지 않은 제품을 시장에 내놓을 바에야 차라리 출시 일정을 늦추는 것이 낫다는 이야기였다. 이 자리에서 잡스는 팀원들에게 해적 정신을 강조했다.**

해군은 전투 교범과 각종 규율에 얽매여 하루하루 그것을 지켜나가는 데 급급한 반면 해적은 과거의 일이나 형식에 연연하지 않고 끊임없이 새로운 것을 추구한다.*** "잡스는 우리가 날마다 해군과 닮아가고 있을지라도 원래의 정신을 잃지 않기를 바랐습니다." 매킨토시의 핵심 개발자였던 앤디 허츠펠드Andy Hertzfeld에 따르면 "해적이 되자는 것은 혁명적이고 독립적인 정신을 지닌 팀이 되자"라는 의미였다.**** 이는 끊임없는 변화와 모험 정신을 통해 계속해서 새로움을 추구해나가고자

** 월터 아이작슨 (2011). 《스티브 잡스》. 안진환 역. 민음사. p. 240.

*** Reisinger, Don (2016. 4. 1). "Why Apple Is Flying a Pirate Flag Over Its HQ". *Fortune*.

**** Warren, Christina (2016. 4. 1). "Here's Why Apple Is Flying a Pirate Flag to Celebrate Its 40th Anniversary". *Mashable*.

하는 스티브 잡스의 의지를 반영한 것이다. 잡스는 현실을 핑계로 적당히 타협하려는 사람을 누구보다도 경멸했다. 그는 자신이 특별한 존재라고 생각했고, 어떤 일에서든 자신의 의지로 한계를 극복할 수 있다고 믿었다.

애플의 해적 정신은 광고의 역사에서 한 획을 그었다고 평가받는 'Think Different' 광고에 잘 드러나 있다. 잡스가 애플에 복귀한 1996년 무렵, 애플은 해마다 손에 꼽기 어려울 만큼 많은 신제품을 출시하고 있었지만, 더는 소비자들에게 매력적인 브랜드로 인식되지 않았고 직원들 또한 심각한 패배주의에 젖어 있었다. 잡스가 가장 먼저 시작한 일은 애플의 브랜드 이미지를 쇄신하고 애플이라는 조직을 다시금 새롭고 생기 넘치게 만드는 것이었다. 'Think Different' 광고가 탄생한 배경이다.

> "여기 미친 사람들이 있습니다. 부적응자, 혁명가, 문제아. 마치 네모난 구멍에 박힌 둥근 말뚝 같은 이들. 그들은 규칙을 싫어합니다. 그리고 현실에 안주하려 하지 않습니다. [...] 세상 사람들은 그들이 미쳤다고 하겠지만, 우리는 그들에게서 천재성을 봅니다. 그들이 세상을 바꿀 수 있을 것이라고 생각할 만큼 충분히 미쳤기 때문에, 세상은 그들이 행동한 대로 발전하게 된 것입니다." ('Think Different' 광고에 사용된, TBWA/Chiat/Day의 아트디렉터 크레이그 타니모토Craig Tanimoto의 시 "Here's to the Crazy Ones")

'Think Different' 광고 포스터들.

'Think Different' 광고는 소비자들의 감성을 자극하는 데 성공했다. 'Think Different'라는 구호가 일종의 문화 코드로 자리 잡으면서 애플 제품을 사용하는 사람은 '세상을 바꾸는 반항아이자 새로운 세상을 이끄는 선도자'라는 이미지를 갖게 되었다. 그리고 그 기준은 다름 아닌 어떤 컴퓨터 브랜드를 사용하는가였다.* 더욱이 이 'Think Different'라는 구호는 무기력증에 빠졌던 애플 직원들의 창의성을 자극하는 계기가 되었다. 과거 해적 정신을 주창했던 잡스가 다시 애플 직원들을 향해 던진, 변화를 촉구하는 메시지였던 것이다.

---

* 월터 아이작슨 (2011). 《스티브 잡스》. 안진환 역. 민음사. p. 525.

:단순성에 기초한 완벽주의와 디자인 중심 회사:

애플은 이제 가장 높은 수준의 완벽함을 추구하는 회사가 되었다. 제품과 서비스의 아주 사소한 부분, 심지어 눈에 보이지 않는 부분까지 완벽을 기함으로써 소비자들의 절대적 충성심을 이끌어내는 데 성공했다. 애플과 잡스의 완벽주의는 아이무비iMovie, 가정용 영상 편집 응용 프로그램에 쓰일 샘플 음악 녹음을 위해 런던 심포니 오케스트라를 고용했던 일화로 잘 드러난다. 아마 대부분의 경영자는 이런 행위를 '미친 짓'으로 치부했을 것이다. 하지만 잡스는 달랐다. 그것이 애플과 다른 기업을 구분하는 결정적 기준이 되기 때문이다.

> "애플에서 모든 것은 제품을 위해 존재한다. 거의 완벽해 보이는 제품을 마지막 순간에 한 번 더 확인하고자 선적을 포기하는 경우도 자주 발생한다. 이 때문에 경쟁 기업이 기회를 선점하는 경우도 있었지만 결국은 애플 제품이 최고의 제품이었기 때문에 고객의 선택을 받을 수 있었다." (애플의 전직 개발 담당 엔지니어)

애플의 완벽주의는 철저히 단순성에 기초한다.* 스마트폰이나 컴퓨터를 제조하는 많은 회사들은 바이러스 검사 소프트웨어, 각종 부가 서비스 등을 기계에 심어서 판매한다. 그로 인한 부가 수입이 상당하기 때

---

* Segall, Ken (2012. 6. 15). "The Secret of Apple's Success: Simplicity". *The Guardian.*

문이다. 하지만 애플은 그런 기회에는 거의 관심을 기울이지 않을뿐더러 오히려 제품의 완결성을 저해하는 요소로 간주한다. 잡스는 애플에 복귀한 후 판매 중인 모든 제품을 회의실 탁자에 올려놓을 수 있을 만큼 포트폴리오를 단순화했고, 사용자 경험을 중시하는 단순한 디자인에 집중했다. 또 여러 프로젝트를 동시에 수행하지 않고 가장 중요한 소수 프로젝트에 회사의 역량을 집중하려고 노력했다. 잡스는 단순함의 추구는 단지 복잡하고 난해한 부분을 제거하는 데 그치는 것이 아니라 본질에 가장 가까워지는 길이라고 생각했다.** 쿠퍼티노에 위치한 애플 사옥의 한쪽 벽면에는 'Simplify, Simplify, Simplify'라는 슬로건이 부착되어 있다고 한다. 애플의 모든 구성원에게 단순성과 그에 기초한 완벽주의의 중요성을 강조하기 위해서다.

단순성과 완벽함을 추구하는 애플의 디자인에는 다른 회사와 구별되는 또 하나의 특징이 있다. 디자인이 곧 애플 제품의 시작이라는 점이다. 대부분의 회사들은 시장 포지셔닝이나 소비자의 욕구, 경쟁사의 기존 제품 등을 고려해 신제품의 스펙을 먼저 정하고 이 결정 사항을 디자이너에게 하달한다. 이렇게 해서 엔지니어들이 원하는 기술 사양과 요구 사항을 내놓으면 디자이너들이 그에 맞는 케이스와 외형을 만들어내는 식으로 일이 이루어진다. 하지만 잡스의 생각은 달랐다. 정반대 순서로 일이 진행되어야 한다는 것이다. 애플 창립 초기, 잡스가 오리지널

** Isaacson, Walter (2012. 9). "How Steve Jobs' Love of Simplicity Fueled a Design Revolution". *Smithsonian Magazine*.

매킨토시의 케이스 디자인을 먼저 승인하고 엔지니어들이 거기에 맞춰 회로 기판과 부품을 개발해야 했는데 이 일 이후로는 '디자인 먼저'라는 철학이 애플에 확고하게 자리 잡았다.*

> "한마디로 말한다면, 애플은 규율이 제대로 서 있고, 비즈니스에 밝으며, 제품에 집중하는 조직입니다. 단순함을 숭상하며 목표를 향해 매우 근면하게 일하는 […] 효율성이 높고 시간을 낭비하지 않는 조직입니다."**

:미치도록 훌륭한 일터, 자부심이야말로 최고의 보상:

그렇다면 애플 직원들은 어떤 환경에서 일할까? 여느 실리콘밸리 기업처럼 열정을 불태우며 즐겁게 일하고 있을까? 애플에서 일하는 것이 즐겁다거나 즐거웠다고 말하는 사람은 거의 없다. 애플의 전·현직 직원들은 입을 모아 "만약 당신이 골수 애플 팬이라면 애플이 환상적인 곳으로 보일 겁니다. 하지만 직장으로서 애플은 매우 가혹한 곳입니다. 애플 직원들은 제품 개발부터 출시까지 모든 일을 담당해야 합니다. 그것은 대개 밤늦게까지 일해야 한다는 의미입니다"라고 말한다.***

---

* 월터 아이작슨 (2011). 《스티브 잡스》. 안진환 역. 민음사. p. 544.
** 애덤 라신스키 (2012). 《인사이드 애플: 비밀제국 애플 내부를 파헤치다》. 청림출판. p. 11.
*** 애덤 라신스키 (2012). 《인사이드 애플: 비밀제국 애플 내부를 파헤치다》. 청림출판. pp. 80~81.

애플 홈페이지의 HR 관련 메인 페이지 화면.

애플의 HR 정책을 한마디로 말하면 '업무 그 자체로 행복한 일터'라고 할 수 있다. 애플 홈페이지 어느 곳에서도 다른 실리콘밸리 기업들이 강조하는 높은 보상이나 질 좋은 복리후생 프로그램, 일과 삶의 균형 같은 내용은 찾아볼 수 없다. 대신 애플의 HR 관련 메인 페이지 'Jobs at Apple'에는 "전 세계가 지켜보는 가운데 당신의 인생에서 최고의 일을 지금 이곳에서 하세요"라는 슬로건이 걸려 있다.**** 잡스는 여러 차례 애플을 '미치도록 훌륭한 일터Insanely Great Workplace'로 만들고 싶다고 말하곤 했다. 빠듯한 데드라인에 대한 극도의 압박감과 그동안 책임졌던 것보다 더 큰 부담감을 가지고, 휴가도 가지 않고, 심지어 주말에 쉬

**** 'Jobs at Apple'에는 이런 문구도 있다. "애플에서 일하는 직원들은 단순히 제품을 만드는 게 아닙니다. 우리 직원들은 산업 전체에 혁명적 놀라움을 선사합니다. 직원들은 다양한 아이디어로 혁신을 이룰 수 있습니다. 이는 놀라운 기술은 물론 선도적으로 산업 환경을 변화시키려는 노력에 이르기까지 우리가 하는 모든 것을 통해 가능합니다. 애플에서 지금까지 우리가 이룬 것 이상을 성취해보세요."

지도 못할 정도로 강도 높게 일하면서.*

애플 경영진은 애플이 최고의 회사이기 때문에 높은 금전적 보상을 제공해주기보다는 애플에서 일함으로써 최고 수준의 역량을 쌓도록 하는 것이 더 중요하다고 생각해왔다. 하지만 직원들은 애플에 이른바 '애플 카스트Apple Caste' 제도가 있다고 불평한다. '애플 카스트'에서는 DESTDistinguished Engineers, Scientists and Technologists, 즉 저명한 엔지니어, 과학자, 기술자가 최상위 계급으로 인식되는데, 이는 스티브 잡스가 가장 중요시한 직무들로서 다른 직무에 속한 사람들은 잡스의 관심을 받지 못하고 소외되었음을 반증한다.**

하지만 팀 쿡이 새로운 CEO로 부임한 이후 직원과의 관계 정립을 위해 새로운 HR 정책들이 실시되고 있다. 먼저 전 직원을 대상으로 '가장 선호하는 복리후생 항목'에 대한 설문 조사를 실시하고 이를 기초로 복리후생 제도를 강화하기로 결정했다.*** 1997년부터 애플 HR 부문을 담당해온 데니스 스미스Denise Smith는 "팀 쿡 시대의 HR은 스티브 잡스의 가치를 기억하고 계승하되 인간적이고 따뜻한 측면을 더욱 강조하게 될 것"이라고 밝힌 바 있다.**** 또 애플은 직원들의 업무 의욕을 높이기 위해 2주간 개인 프로젝트를 수행하는 것을 허용하는 '블루 스카이Blue Sky' 프로그램을 시행한다. 이는 업무 시간 중 20%를 개인 프로젝트

---

* Nocera, Joseph (2011. 10. 6). "The Second Coming of Steven Jobs". *Esquire*.

** Lashinsky, Adam (2012. 1. 18). "This Is How Apple Keeps The Secrets". *Fortune*.

*** Lev-Ram, Michal (2014. 10. 2). "Apple Unveils New Perks to Attract Talent". *Fortune*.

**** Bort, Julie(2015. 7. 14). "Apple's HR Chief: Working with Tim Cook 'Actually Helps You to Be a Better Human Being'". *Business Insider*.

에 할당할 수 있게 한 구글의 '20% 룰'과 유사한 제도로, 만일 잡스가 살아 있었다면 이런 제도가 실시되는 일은 없었을지 모른다.

잡스가 떠난 후의 애플은 잡스가 추구했던 혁신 DNA를 점차 잃어버리고 있다는 평가가 들려온다. 2016년 1/4분기 매출이 역성장을 나타내자 잡스 시절 신비하고도 오묘한 힘을 발휘했던 이른바 '현실왜곡장Reality Distortion Field'이 마침내 위력을 다했다는 한탄이 나오기도 했다.***** 하지만 잡스가 쌓아 올린 업적이 유례없이 탁월했기에 후임자 팀 쿡이 만들어내는 성과가 상대적으로 초라해 보이는 것은 아닐까? 언젠가 기술표준이 IoT와 AI로 넘어가면 스마트폰의 최강자였던 애플의 한 시대가 저물게 될지도 모른다. 그러나 설령 애플이 사라지더라도 혁신적 기업가이자 선구자였던 스티브 잡스가 우리에게 남긴 영향력은 오랜 기간 지속될 것이다.

***** Bort, Julie (2016. 3. 21). "Steve Jobs' Reality-distortion Field Has Finally Run Out of Juice". *Business Insider.* 잡스가 지닌 대단히 독특한 재능의 하나인 '현실왜곡장'에 얽힌 다양한 일화는 월터 아이작슨 (2011). 《스티브 잡스》. 안진환 역. 민음사. pp. 199-208에 잘 정리되어 있다.

미국 기업들이 사랑하는 기업 인튜이트,

혁신을 견인하는 스타트업 DNA

2013년 이후 《포천》 지가 선정한 '세계에서 가장 존경받는 기업' 상위권에 연속하여 랭크된 인튜이트는 우리에게는 다소 생소한 미국의 핀테크FinTech 기업이다.* 인튜이트는 중소기업이나 개인의 자산과 세금 관리를 도와주는 소프트웨어를 개발하고 공급하는 회사로 현재 회장인 스콧 쿡Scott Cook이 1983년에 컴퓨터 프로그래머였던 톰 프루Tom Proulx와 함께 캘리포니아 팰로앨토에서 공동으로 설립했다. 스콧은 아내 오스트비Ostby가 힘들게 가계부를 쓰는 것을 보면서 효율적 재무관리 소프트웨어에 대한 고민을 시작했는데 이것이 인튜이트의 창업 기반이 되었다. 흥미롭게도, 그가 이러한 생각을 하며 앉아 있던 키친테이블이 지금

* 콘페리헤이그룹(Korn Ferry Hay Group)은 《포천》 지와 함께 매년 '세계에서 가장 존경받는 기업'을 선정해 발표한다. 인튜이트는 2016년 소프트웨어 회사들 중 4위를 차지했다.

도 회사 내에서 직원들의 브레인스토밍 미팅에 활용되고 있다.

인튜이트는 1983년 창업하여 첫 제품 퀵켄Quicken을 선보이는 것으로 시작했다. 이후 1993년 기업공개IPO를 기점으로 지속적 성장을 거듭한 결과, 현재는 40억 달러 이상의 연매출**을 내고 7,000명 이상의 직원을 거느린 테크 기업으로 당당히 자리매김했다. 사업 초기 단계만 해도 시장에 경쟁자가 많았지만, 1993년 IPO 이후 세금 관리 회사인 칩소프트Chipsoft를 시작으로 관련 분야 핵심 기술을 가진 기업들을 적극 인수하면서 경쟁력을 키워나갔다. 1998년 전문 회계사들이 사용하는 소프트웨어 회사 라세트Lacerte를 인수하며 더욱 복잡한 업무 프로세스와 고객 대응 역량을 확보했고, 1999년에는 컴퓨팅 리소스Computing Resources를 인수해 이후 급여 처리 플랫폼 퀵북Quickbooks을 개발할 수 있는 기반을 마련했다. 그때부터 지금까지 핵심 역량 확보를 위한 인수를 지속해 빅데이터, 마케팅 커뮤니케이션, 개인 자산 관리 등의 사업 기반을 구축했다. 2000년대 들어 인튜이트는 CD로 프로그램을 팔던 사업 모델을 멤버십 프로그램으로 바꾸었다. 현 CEO 브래드 스미스Brad Smith는 고객의 요구가 컴퓨터나 CD를 가지고 다니는 것에서 언제 어디서든 최신 서비스를 접속할 수 있는 것으로 바뀌어간다는 사실을 일찍이 간파하고, 멤버십으로 사업 모델을 전환해 회원들에게 온라인으로 업데이트를 제공하는 회사로 변신한 것이다.***

** 매출의 95% 이상은 미국 내에서 발생한다(2016년 연차 보고서).

*** "〈The Biz Times〉 물건 팔 생각 말라. 이젠 '멤버십'을 팔아라… 그들이 충성고객 된다" (2015. 11. 27). 《매일경제》.

2009년 이후 인튜이트의 주식 가치는 3배 이상 뛰었는데 이 역시 웹 기반 개인 자산 관리 매니저, 그리고 지금은 인튜이트의 주요 제품 중 하나가 된 민트Mint와 온라인 페이롤Payroll 서비스 회사인 페이사이클PayCycle 등의 인수가 그 기반이 되었다. 스스로를 "30년 된 스타트업"이라고 부르는 이 기업은 창업 이후 급속도로 변화하는 기술 환경에 대응해 PC 소프트웨어에서 모바일과 클라우드 기반으로 사업 모델을 전면 교체하는 자기 혁신을 반복하며 지속적으로 성장하고 있다.

인튜이트가 지향하는 바는 아주 심플하다. 금융은 매우 단순해야 하며, 혁신과 기술을 결합하여 고객의 재무 목표 달성을 도와주어야 한다는 것이다. 이를 위해 개인·기업·전문가용의 다양한 소프트웨어를 서비스하는데 그중 대표적인 4개 제품을 중심으로 조직을 운영한다. 먼저 퀵북은 소기업의 회계와 재고 관리 등을 지원하는 소프트웨어다. 유명한 홈택스 프로그램인 터보택스Turbotax는 세금 처리를 더욱 쉽게 하도록 도와주며, 개인의 자산 관리 매니지먼트 소프트웨어가 있고, 마지막으로 전문 회계사들을 위한 소프트웨어인 프로코넥트ProConnect가 있다.

인튜이트가 변신을 거듭하며 성장할 수 있었던 배경에는 신속하게 움직이고Fast-Moving, 불확실성을 인정하며Embracing Uncertainty, 지속적으로 배우려는Continuously Learning 스타트업 정신이 있다. 마치 과학 실험실처럼 인튜이트에서는 새로운 아이디어라면 무엇이든 계속 시험대에 오른다. CEO 스미스는 이렇게 이야기한다.

"천재와 수많은 조력자들만 가지고는 현재나 미래에 다가올 문제를 풀어낼 수 없다. 스티브 잡스는 몇 명 없다. 작은 팀들이 수없이 많은 실험을 통해 문제를 해결할 수 있을 뿐이다."*

:스타트업 정신의 계승, 핵심 가치:

1993년 어느 날, 인튜이트는 하루 동안 업무를 중단하고 직원들이 모두 모여 미래의 비전과 미션, 가치를 정의했다. 그로부터 20여 년이 지난 2014년에는 리더십 성공 모델과 행동 규범을 반영해 시대에 맞는 핵심 가치를 재정의했다. 이 핵심 가치는 CEO와 경영진이 일상적으로 커뮤니케이션하면서 다방면으로 강조하는 내용으로, 인튜이트 직원이라면 꼭 기억하고 실천해야 하는 매일의 행동 지침이며, 직원 선발의 기준이기도 하다.

핵심 가치의 근간은 변하지 않는 다음 2가지에 기초한다. 첫째, 타협하지 않는 정직성이다. 즉 회사 내 정보는 투명하게 공유되며, 이를 위해 CEO는 직원들과 개방적으로 소통한다. "직원이 이야기하고, 리더는 듣는다"라는 콘셉트로 해마다 진행하는 회사 행사를 통해 직원이 직접 마이크를 잡고 CEO 스미스에게 자신의 아이디어를 말할 수 있으며, 이때 무엇이든 질문할 수 있다. 2016년 스미스는 전 세계 14개 사업장을 방문하기 위해 3만 6,000마일 이상을 여행하며 직원들과 이야기를 나누었다.

---

* "The World's Most Innovative Companies: Intuit" (2012. 9. 24). *Forbes*.

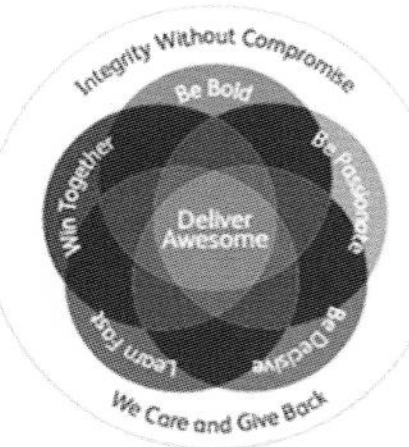

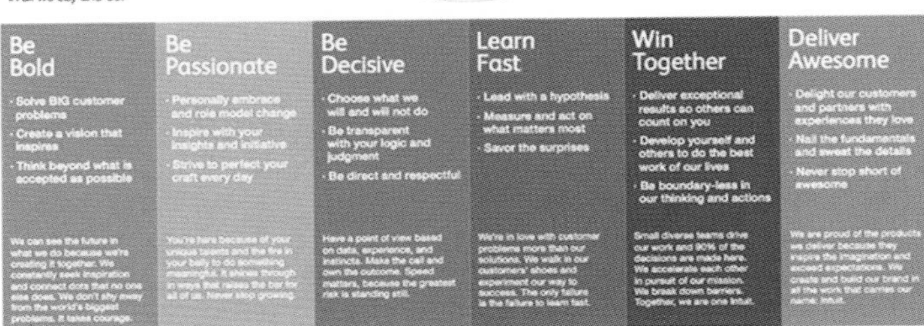

인튜이트의 핵심 가치와 행동 규범(자료: 인튜이트 홈페이지).

둘째, 배려와 나눔이다. 인튜이트는 회사가 사회에서 받은 것을 돌려주어야 한다는 점을 강조하면서 직원들에게 유급 봉사 활동 휴가를 허용한다. 직원들은 'We Care & Give Back' 프로그램의 일환으로 비영리단체를 통한 다양한 자선 활동에 매년 4일간의 휴가를 사용할 수 있다. 그리하여 2015년 한 해에만 1만 6,000시간의 봉사 활동이 지역사회 발전을 위해 이루어졌다.*

인튜이트의 스타트업 정신은 6개 행동 규범에 잘 나타나 있다. 고객을

* ⟨http://reviews.greatplacetowork.com/intuit-inc⟩.

놀라게 할 멋진 결과물을 창출Deliver Awesome하기 위해 '대담하게 행동하고Be Bold', '열정을 쏟으며Be Passionate', '결단력을 보이고Be Decisive', '빠르게 배우고Learn Fast', '협력해야Win Together' 한다. 이러한 규범은 직원들이 아이디어를 내고, 발전시키는 모든 과정에서 자연스럽게 나타난다.

:위계는 없고 실험만 있다: 디자인 사고의 확산:

CEO 스미스는 인튜이트의 2가지 강점으로 혁신적인 문제 해결 능력과 디자인을 꼽는다.** 첫 번째, 고객 중심의 혁신을 위해 회사는 2008년부터 '계획되지 않은 시간Unstructured Time' 제도를 운영해 새로운 시각에서 문제를 바라보도록 장려하고 있다. 직원들은 업무 시간의 10%를 본인이 관심 있는 프로젝트에 쓸 수 있는데, 필요한 경우 이 '계획되지 않은 시간'들을 모아 연속적으로 활용할 수도 있다. 그래서 보통 프로젝트를 계획할 때, 참여하는 모든 팀원들의 계획되지 않은 10%의 시간까지 포함해 일정을 짠다. 직원들이 이 제도를 사랑하는 이유는 다니엘 핑크Daniel H. Pink***가 이야기한 자발적 동기부여의 3요소인 자율성Autonomy, 스스로 선택권을 행사, 숙련Mastery, 나에게 중요한 일을 더 잘하려고 하는 것, 목적의식Purpose, 삶과 일에 더 큰 의미를 부여에 부합하기 때문이다. 실제로 회사는 이 제도를 활용해 크

** 인튜이트 홈페이지.

*** 다니엘 핑크 (2011). 《드라이브》. 김주환 역. 청림출판.

고 작은 프로젝트와 신규 서비스 개발에서 많은 성공 스토리를 만들어냈다.

인튜이트 직원들은 어떻게 하면 고객의 문제를 해결할 수 있을지에 온 신경을 집중한다. 아이디어 제안과 제품화까지 모든 영역에서 진행되는 실험Experiment은 다양한 아이디어를 광범위하게 모아 초기 접근을 하고, 토론을 통해 문제를 좁혀가며 해결 방안을 도출하며, 고객의 반응을 직접 살피는 방식으로 진행된다. 인튜이트의 팀은 크지 않다. 작은 팀들의 심도 있는 고민을 통해 문제를 해결한다. 아마존의 CEO 제프 베조스의 피자 두 판의 규칙Two-Pizza Teams, 한 끼 식사로 라지 사이즈 피자 두 판을 나누어 먹을 수 있는 약 6~10명 규모의 팀이 가장 효율적이라는 것이 이 규칙의 요지을 차용해 소규모 팀들을 운영한다.

또한 인튜이트에는 파워포인트 보고서가 없다. 보고서를 작성해 층층이 보고하며 의사결정을 하는 방식은 자연스럽게 위계를 고착시키고, 직원들의 젊고 창의적인 아이디어와 기업가 정신을 사장시키며, 무엇보다 스피드를 저하시키기 때문이다. 인튜이트 직원들은 화이트보드나 빈 종이에 포스트잇과 사진을 붙여가며 아이디어를 썼다 지우고, 고객 입장에서 나올 수 있는 다양한 반응들을 일일이 써가면서 문제를 해결한다. 이 방법은 매우 간편하고, 누구나 편안하게 의견을 낼 수 있으며, 수정하거나 더하고 빼기도 아주 쉽다.

인튜이트의 혁신실험실Intuit Labs에 방문하면* 브레인스토밍부터 문제

---

* 웹사이트는 http://www.intuitlabs.com이다.

인튜이트의 파워포인트 없는 보고와 회의(자료: Intuit. Labs).

해결 방법론에 관한 유용한 설명 자료와 동영상을 볼 수 있다. 모든 방법론의 강조점은 고객 관점에서 생각하고 공감하고 이해하라는 것이다.

인튜이트의 두 번째 강점은 디자인 사고다. 1983년 스콧이 첫 번째 소프트웨어 퀵켄을 개발하고, 다소 약점이 있음에도 40개 넘는 경쟁 제품들 속에서 이 제품을 고객에게 어필할 수 있었던 이유는 무엇일까? 타 제품들과의 중요한 차이점은 스프레드시트Spread Sheet처럼 보이지 않는, 마치 개인 수표처럼 친숙한 이미지의 퀵켄 디자인이었다. 이러한 직관적 디자인으로 퀵켄은 개인 금융 소프트웨어 시장의 선두주자가 되었고, 이후 30년 동안 디자인을 중시하는 그러한 태도를 견지해왔다. 그러나 시간이 흐르면서 고객이 인튜이트 제품을 다른 사람에게 추천하지 않는 이유가 '사용 용이성Ease of Use'에 있음을 발견한 후, 제품 기능을 고도화하는 것에 더해 고객이 제품에 대해 가지는 감정, 제품을 사용하면서 즐거운 경험을 했는지에 관심을 집중하며 점차 '즐거움을 위한 디자

인튜이트의 문제 해결 방법론 교육

- 혁신실험실은 감정지도Empathy Map, 분석방법2×2 Narrowing 등 아이디어와 대안을 도출하고 평가하는 혁신적 문제 해결 방법론에 대한 다양한 자료를 제공한다.
- 디자인 사고 코치인 200여 명의 혁신 멘토Innovation Catalyst는 자신의 업무 시간 10% 정도를 개인과 팀의 D4D를 멘토링하는 데 할애하여 프로젝트, '계획되지 않은 시간' 활용 등 직원들이 필요할 때 디자인 사고를 통해 문제를 해결할 수 있도록 지원한다.

인D4D: Design for Delight에 포커스를 맞추었다. CEO 스미스는 2020년까지 세계에서 가장 디자인 중심적인 회사를 만들겠다는 목표를 세우고, 회사의 디자이너 수를 거의 600% 증가시키고, 분기별 디자인 콘퍼런스를 개최했다. 또한 직원들이 아름답게 디자인된 제품을 만든 사람들과 정기적으로 교류하면서 그들의 통찰력을 공유하도록 했다. 아울러 인사 담당자, 변호사와 회계사까지 포함한 모든 사람들에게 디자인이 어떻게 자기 업무의 중심이 되어야 하는지를 강조하고 있다.*

D4D는 이제 인튜이트 사의 DNA가 되었다. 그런데 D4D에서 말하

* Smith, Brad (2015. 1). "Intuit's CEO on Building a Design-Driven Company". *Harvard Business Review.*

는 '즐거움Delight'이란 고객의 만족을 뛰어넘는 즐거움이며, D4D의 3가지 원칙은 다음과 같다.

첫째, 고객의 감정에 깊이 공감한다Deep Customer Empathy. 고객보다 고객을 더 잘 알기 위해 고객과 이야기하고, 고객을 지켜보며, 항상 고객 관점에서 생각한다. 둘째, 되도록이면 많은 대안을 생각하고 좁혀나간다Go Broad to Go Narrow. 정말 좋은 아이디어 하나를 얻으려면 수많은 대안을 쏟아내야 하는데, 왜냐하면 처음 떠오른 생각이 바로 좋은 아이디어가 되는 경우는 거의 없기 때문이다. 셋째 원칙은 고객과 함께하는 신속한 실험Rapid Experiments with Customers이다. 초반에 고객의 피드백을 받아 아이디어의 장단점을 이해한 후, 빠르게 프로토타입을 만들고 적용해보면서 다양한 시행착오를 거치며 고객의 진짜 니즈를 파악해 이를 반영한다.

D4D는 조직 문화의 관점에서도 혁신이었다. 리더들은 고객 만족도 점수를 트래킹하는 대신 고객이 얼마나 중요한지를 행동으로 보여준다. CEO 스미스가 여러 사업장을 방문할 때 가장 먼저 만나는 사람도 바로 고객이다. 그는 고객을 만난 후 직원들을 만나고, 직원들을 만난 후 마지막으로 리더십팀과 미팅을 가진다.**

** Power, Brad & Stanton, Steve (2015. 6. 17). "How IBM, Intuit, and Rich Products Became More Customer-Centric". *Harvard Business Review.*

: 웰빙 케어: 몸도 마음도 건강한 직원이 성과도 좋다 :

인튜이트는 직원들이 스스로 건강을 돌보도록 격려한다. 그뿐 아니라 건강할수록 보너스도 더 받는다. 직원들은 최신식 피트니스 센터, 개인별 건강 검진, 보조금이 지급되는 균형 잡힌 식사를 지원받는다. 캠퍼스에 있는 피트니스 센터는 연중무휴로 운영되며 다양한 무료 수업을 제공한다. 직원들은 피트니스 멤버십, 개인 트레이너 또는 스포츠 레슨에 연간 650달러까지 지원받는다. 건강관리 목표를 세우고 체중·콜레스테롤·혈압 목표를 달성한 직원은 최대 2,470달러까지 수입을 올릴 수 있다.

또한 실리콘밸리 기업들이 많이 활용하는 명상 프로그램도 운영한다. 명상은 직원들의 정신 건강과 성과 그리고 대인 관계에 도움을 주기 때문에 온라인 명상 시스템인 헤드스페이스Headspace를 개인의 마인드 트레이너처럼 운영한다. 이 프로그램에 등록하면 하루 10분간 다양한 가이드의 명상 세션을 이용할 수 있는데, 집중력을 높이고 수면의 질을 향상시키며, 스트레스를 낮추는 데 도움이 된다고 한다. 모바일로도 이용이 가능하므로 언제 어디서나 명상을 즐길 수 있다. 프로그램을 이수하면 소정의 보너스도 받고, 프로그램 가입권을 필요한 사람에게 기부할 수도 있다.*

이렇듯 인튜이트는 일과 가정의 균형, 사람들 간의 관계에 가치를 부

---

* 〈https://www.headspace.com/intuit〉.

여하며 직원들의 개인 생활을 존중하려 노력한다. 유연 근무와 재택근무는 직원들이 중요한 미팅에 빠지지 않는 이상 자유롭게 선택할 수 있으며, 직원 간 네트워킹과 즐거운 조직 문화를 만들기 위해 팀원들이 함께할 수 있는 크고 작은 이벤트와 파티도 자주 열린다.

:실용성과 동기부여를 위한 보상과 복지:

인튜이트에는 구글이나 페이스북 같은 공짜 점심은 없다. 대신 은퇴 후의 실질적 혜택에 주목한다. 인튜이트는 직원들의 401(K)** 불입액에 대해 연간 최대 1만 달러 또는 연봉 6% 한도 내에서 125%까지 매칭해준다.

인튜이트는 성과에 기반한 다양한 보상과 인정 프로그램을 운영하는데 대표적으로는 스포트라이트 어워드Spotlight Award를 통해 개인과 팀의 성과를 인정받을 수 있다. 좋은 성과를 낸 직원이나 팀은 회사 전체 미팅에서 CEO가 직접 인정하고 칭찬하며, 수상 금액은 10달러에서 1,000달러까지로 기프트카드, 여행 또는 자선 기부로 사용할 수 있다. 탁월한 성과를 낸 직원은 리조트 경비를 전액 지원받는 여행, 스포트라이트 시상식 및 경영진 면담이 포함된 보상을 받는다.

** 401(K)는 직장에서 보조하는 은퇴 연금 혜택으로 회사에서 월급의 일정 부분을 저축하는 방식이며 컴퍼니 매칭(Company Matching)을 적용할 수 있다. 직원이 불입하는 금액에 대해 회사에서 일정한 비율로 추가 불입해준다.

부모가 된 직원들도 회사의 지원을 받는다. 신생아의 부모는 8주의 유급휴가를 쓸 수 있다. 이 혜택은 양부모에게도 동일하게 적용되며, 입양 시 5,000달러를 지원받을 수 있다. 이는 선택적 복리후생Flexible Benefit 프로그램으로, 의료비부터 가족 부양과 관련해 최대 5,000달러를 활용할 수 있도록 한 것이다. 또한 반려동물 돌보기, 산책 및 보험 등 반려동물 케어 프로그램을 제공한다.

:다양성 존중의 따뜻한 문화:

다양한 사람들이 함께 일하는 실리콘밸리 기업들 중에서도 인튜이트의 다양성 존중은 특히 주목받을 만하다. 2016년 우리 연구팀의 인터뷰에 응해준 한 엔지니어는 인튜이트의 회사 문화를 다음과 같이 설명한다.

> "인튜이트는 여성과 외국인, 그리고 대학생 인턴사원 한 사람 한 사람에게도 차별 없이 평등하게 대해주는 따뜻한 회사다. 영어를 잘하지 못해도, 국적이 달라도 실력만 있으면 높은 자리로 올라가는 것을 보면서, 회사가 다양한 배경을 가진 사람들에게 열려 있다는 것을 체감한다."

2016년 인튜이트의 여성 직원 비율은 글로벌 전체 인력의 39%를, 그리고 미국에서는 거의 절반인 42%를 차지했다. 리더 중 여성이 차지하는 비율도 3분의 1 이상이다. 테크 기업의 평균글로벌 29%, 미국 31%을 상회하는 수준이다.* 인튜이트는 2020년까지 다양한 국적과 배경을 가진 인재들의 비율을 15%까지 확대할 목표를 세워놓고 있다. 또한 사내에 이미 여성, 라틴계, 신세대, 장애인, 아시아계, 무슬림 등 다양한 배경을 가진 사람들이 모인 11개 네트워크가 활성화되어 있다. 다양성을 포용하기 위한 활동은 회사 외부에서도 활발하게 진행되는데, 다양한 집단에서 우수 인재를 영입하기 위한 코드 2040Code 2040, 인튜이트 어게인Intuit Again, 예스 위 코드Yes We Code 등의 프로그램이 여러 도시에서 진행 중이며, 미래의 우수 리더를 길러내기 위해 여성과 소수민족이 과학·기술·공학·수학 분야에서 경력을 개발할 수 있도록 다채로운 후원 프로그램을 진행하고 있다.

:따뜻한 열정과 공감으로 성공하다:

인튜이트의 성공 뒤에는 언제나 '사람'이 있었다. 고객이 무엇을 원하는지 그 변화 과정과 이유를 살피고 공감하며 그들의 삶을 편안하고 즐겁게 해주기 위한 방법을 찾으려 노력해온 것이 성공의 여정이었다.

인튜이트의 구성원들도 상호 신뢰와 존중의 자세로 일한다. 한 신입 직원은 입사 첫날 매니저가 건넨 "앞으로 당신에게 내가 새로운 것을 많

* 〈http://www.intuit.com/company/profile/diversity/〉.

이 배울 수 있으리라는 생각에 매우 흥분된다"라는 말을 듣고는 큰 감동을 받았다고 한다. 이렇듯 인튜이트는 직원들이 위계 없이 서로를 존중하고 인정하며 자유롭게 피드백을 주고받는 문화를 발판 삼아 지속적으로 혁신을 추진하고 있다. 차가운 경쟁이 아니라 상대에 대한 깊은 공감과 다양성을 중시하는 문화, 이것이야말로 항상 새롭게 변신을 준비하는 스타트업의 정신이고, 끊임없는 변화의 원동력이 되는 인튜이트의 진정한 강점이 아닐까.

끊임없이 변신 중인 실리콘밸리의 시조 HP,

HP 창업자들의 가장 위대한 발명품 'HP웨이'

1990년대 초 국내에 386컴퓨터와 PC통신이 보급되면서 집집마다 컴퓨터를 보유하게 되었고 당시 전자상가에는 컴팩Compaq과 HP가 몇몇 토종 브랜드들과 함께 시장을 점령하고 있었다. 소비자들은 비싼 가격 때문에 브랜드 PC보다는 조립 PC를 사용하는 경우가 많았지만 그 옆을 묵묵히 지키던 프린터는 대부분 HP 제품이었다. 당시 전자상가 점주들은 HP 제품을 권할 때면 꼭 "실리콘밸리 회사 제품입니다"라고 덧붙이곤 했다. 그렇다. HP는 실리콘밸리 기업이다. HP의 역사를 들여다보면, HP야말로 실리콘밸리의 시작점이며 실리콘밸리와 생사고락을 함께한 산증인임을 확인할 수 있다.

알다시피 HP라는 회사명Hewlett-Packard Company에는 창업자의 이름이 새겨져 있다. 1939년 캘리포니아 팰로앨토의 차고에서 사업을 시작한 윌리엄 휴렛과 데이비드 팩커드가 그 주인공들이다. 단돈 538달러로 시작한 그들은 스탠퍼드대 재학 시의 스승 프레드릭 터먼 교수의 도움을 받아 정밀 음향 발진기Resistance Capacity Audio Oscillator를 개발했고 이를 시판함으로써 '세계 벤처기업 1호'라는 상징적 칭호를 얻었다. 참고로 프레드릭 터먼 교수는 1970년 KAIST 설립의 토대가 된 〈터먼 보고서Terman Report〉로도 한국에 알려진 인물이다.

이후 HP는 발진기, 전압계, 신호 발생기 등 전자 계측기에 집중하며 성장했고 1980년대 들어 의료장비, 사무기기, 컴퓨터, 프린터, 주변기기로 영역을 확대하며 지금의 HP로 발돋움했다. HP는 1962년 《포천》 지 선정 '미국 500대 기업'에 처음 진입했고, 2008년에는 9위를 차지하며 최고 정점을 찍었으며, 2016년에도 20위를 지켰다.

:휴렛과 팩커드의 위대한 발명품 'HP웨이':

HP의 창업자들은 자신들이 노년에 접어든 1990년대까지 경영 일선에 있었으며, 휴렛은 1996년에, 팩커드는 2001년에 사망했다. 그들이 사망한 후에도 두 창업자의 정신은 HP의 문화로서 깊이 뿌리내려 있다. 1995년에 출간된 데이비드 팩커드의 회고록 《HP웨이: 빌 휴렛과 내가 우리 회사를 만든 방법*The HP Way: How Bill Hewlett and I Built Our Company*》에 그들의 경영 철학과 회사 운영의 목표가 잘 담겨 있는데, 그 역사는 1957년 이전까지 거슬러 올라간다. HP는 창립 초기부터 당시 기업들은 운영하지 않던 전 직원 건강보험 가입 계획을 세웠고 오픈 플로어Open Floor

방식의 사무실을 구현해 직원들이 활발하게 아이디어를 공유할 수 있게 했다. 이후 1957년 기업공개를 진행하면서 창업자와 경영진은 미래의 HP를 이끌어나갈 공유 가치의 필요성을 느껴, 샌프란시스코의 한 호텔에서 며칠 동안 토론을 이어간 끝에 회사의 핵심 가치로서 'HP웨이'를 만들었다.

HP웨이란 "일반적으로 사람들은 좋은 일, 창의적인 일을 하길 원하며, 그렇게 일할 수 있는 환경을 제공해주면 좋은 일, 창의적인 일을 할 수 있다는 믿음에서 시작되는 정책과 행동 지침"이라고 윌리엄 휴렛은 정의했다. 그 정책과 행동 지침에는 엔지니어들의 창의성을 존중하고 직원들과 이익을 공유한다는 비전과 책임이 잘 녹아 있는데, 구체적으로는 다음 5가지로 축약된다. ① 직원 개인에 대한 신뢰와 존중, ② 높은 수준의 성취와 기여, ③ 타협하지 않는 윤리적 경영, ④ 팀워크를 통한 공동 목표 실현, ⑤ 유연성과 혁신이다. 지금의 관점에서야 당연한 가치들로 보일 수도 있으나 당시에는 파격적인 정책들이었으며, 한국에 '기업 문화'라는 말이 유행하고 벤처 붐이 불기 시작한 2000년대 초에는 'HP웨이'가 수많은 기업들의 벤치마킹 대상이었다.

"HP웨이 관련 정책들은 시대에 따라 변하지만 그 근간이 되는 정신은 변하지 않는다. 성공을 직원들과 나누고 직원들의 기술 향상을 위해 기회와 믿음을 주는 직원 존중 정신. 그것이 HP의 기업 문화이고 HP웨이의 근간이다." (HP HR 매니저와의 인터뷰)

HP웨이와 관련된 대표적 정책들을 자세히 살펴보면 그 철학을 이해하는 데 좀 더 도움이 된다. 1967년 미국 기업 처음으로 자율 근무시간제를 도입했고 1980년대에는 직원 맞춤형 교육 시스템을 개발했으며, 1990년대에는 임직원 이익 공유제Profit Sharing를 통해 직원 존중 철학을 실천해나갔다. 그중 가장 눈에 띄는 정책은 '소통'과 관련된 제도들로 그중에서도 '현장 경영Management by Wandering Around'을 들 수 있다. HP 경영진은 직원들의 관심이나 아이디어, 불만을 직접 청취하는 것이 직원 존중의 근간이라고 믿었다. 관리자가 자리에 앉아 보고만 받는 것이 아니라 지속적으로 현장을 방문하면서 쌍방향 네트워크를 해야 한다는 것이다. 이러한 관리 방식은 톰 피터스Tom Peters와 로버트 워터맨Robert Waterman의 1982년 저서 《초우량 기업의 조건*In Search of Excellence*》에도 제시되었으나 HP웨이는 이를 실리콘밸리 방식인 커피 & 도넛 미팅, 런치 미팅, 비어 미팅 등으로 발전시켜 임직원의 창의력을 제고하고 수평적 조직 문화를 실현하는 툴로 활용했다.

또 다른 소통 정책은 '개방 정책Open Door Policy'이다. 이는 직원들의 아이디어나 의견이 경영진까지 빠르게 전달되도록 하고자 시행한 정책으로 CEO와 경영진, 주요 관리자들 사이에 있던 문과 칸막이를 제거한 것이다. 또한 기술자들이 언제든지 이용할 수 있도록 실험실도 항상 개방했는데, 고가의 장비를 도난당할 수 있다는 우려보다 직원에 대한 신뢰를 중시하는 HP의 철학을 여기서 엿볼 수 있다.

HP웨이는 한때 HP의 일원이었고 지금은 세계적 경영 석학이 된 짐 콜린스Jim Collins가 여러 번 언급한 바 있다. 그는 HP웨이를 두고 당시

HP의 방문객 리셉션 빌딩에 전시되어 있는 윌리엄 휴렛과 데이비드 팩커드의 집무실. 이 집무실은 두 창업자의 재직 당시에도 개방 정책에 따라 늘 문이 열려 있었다.

HP만의 경쟁 우위 요소Competitive Advantage였다고 말한다. HP웨이가 단지 말로 그치지 않고 기업 운영 전반에 적용되면서 문화와 규범이 되었고, 비즈니스 전략에 녹아들었다는 평가다. 즉 창업자들의 철학이 단순한 철학을 넘어 기업의 핵심 가치와 DNA로 굳어졌다는 의미다.

짐 콜린스는 HP 창업자들의 가장 위대한 발명품은 음향 제품도, 계산기도, 컴퓨터도 아닌, 바로 'HP웨이'라고 말한다. 2005년 HP가 위기에 봉착한 것을 지켜보면서 그는 새로운 창의적 제도들이 HP의 핵심 가치인 'HP웨이'와 함께 다시 한 번 강력한 불길을 만들어낼 때 HP가 다시금 위대한 기업으로 일어설 것이라고 이야기하기도 했다.

:뼈아픈 성장통을 딛고 새로운 도전으로:

HP의 위기는 공교롭게도 창업자들 사후에 심화되었다. 1990년대 말 회사 내부와 외부의 경영 전문가들은 HP의 성장 정체가 엔지니어들의 순혈주의와 사업부 간 장벽 탓이라고 진단했고, 이사회는 AT&T 마케팅 임원 출신 칼리 피오리나Carly Fiorina를 CEO로 영입했다. 그녀는 HP 역사 60년 만에 처음으로 외부에서 영입된 CEO이자 미국 IT 대기업 최초의 여성 CEO로서 취임과 함께 각계각층의 관심을 받았다. 취임 직후 그녀는 위기 돌파를 위한 선택과 집중 전략을 추진했다. HP의 자율과 책임 경영의 상징인 80여 개 사업부를 10여 개로 통폐합하고, HP가 한 번도 경험한 적 없는 인력 구조조정을 단행했다. 성장하지 않는 사업부는 폐지하고 그 자금을 신사업에 투자한다는 전략이었다. 내부 반발을 무릅쓰고 추진한 그녀의 혁신은 몇 십 억 달러의 비용을 절감하는 데는 성공했으나 자원을 집중했던 PC 사업2002년 컴팩 인수의 경쟁력이 약화되면서, 결국 칼리 피오리나는 2005년 HP에서 퇴출되었다.

칼리 피오리나의 혁신은 당시 이해관계가 얽힌 사람들의 요구를 충족시키고 기업 경쟁력을 제고하기 위함이었지만 HP 고유의 문화에 대한 고려가 부족해 내부 구성원들의 충분한 공감과 지지를 이끌어내지 못했고 바로 그 때문에 실패한 것으로 평가되었다. 그로부터 10여 년이 지난 지금도 칼리 피오리나의 HP 시절에 대한 평은 여전히 엇갈리지만, 그녀가 HP 재임 시절에 특별한 노력을 기울였던 HP의 여성 리더십 프로그램은 시대를 앞서나간 정책으로서 지금도 HP의 다양성과 창의성에 영향을 주고 있다.

칼리 피오리나는 미국 내에서도 여성 리더 육성을 위해 노력했지만, 특히 눈에 띄는 공헌은 '아시아 태평양 멘토링 프로그램Asia Pacific Mentoring Program'을 만든 것이다. 이 프로그램은 아태 지역의 잠재력 높은 HP 소속 여성 리더들에게 외부 멘토를 배정해주고 여성 리더로서 극복해야 하는 업무 내적·외적 문제점들을 해결할 수 있도록 지원했다. 그 밖에도 여성 인력을 위한 네트워킹 프로그램, 여성 IT 인력을 위한 교육 프로그램 등 직원 다양성이 혁신의 중요한 요소라는 철학을 가지고 시대를 선도하는 제도들을 추진했다. 그 결과는 10여 년이 지난 2015년 지속 가능 보고서에도 나타나 있는데 HP의 글로벌 직원 중 여성 비중이 33%, 여성 간부가 26.6%, 여성 임원이 18.3%로 높은 수준을 유지하고 있다.*

이러한 새로운 시도들은 지금까지도 HP의 문화 전반에 큰 영향을 미치고 있는데 그중 2가지가 바로 '다양성Diversity'과 '포용Inclusion'이다. HP를 소개하는 웹사이트에서는 "At HP, Everybody's In!"이라는 문구를 볼 수 있는데, 성별·국적·출신을 불문하고 공평한 기회를 통해 성장할 수 있다는 의미다. 다양성을 인정하고 다름을 포용하는 것이 바로 창의와 혁신의 원천이라는 철학이 그 밑바탕에 있다.

HP는 다양성과 포용의 가치를 여러 가지로 정의했는데 그중 가장 먼저 언급한 것이 '고객만족'이다. 다양한 고객을 만족시키려면 먼저 내부

---

* *HP 2015 Sustainability Report.* 〈http://www8.hp.com/h20195/v2/GetPDF.aspx/c05154920.pdf〉.

에서 다양성을 이해하고 경험해야 한다는 생각이다. 다양성과 포용이 갖는 또 하나의 가치는, 앞서 언급했듯 '혁신의 원천'이 된다는 것이다. 혁신은 철저한 준비로 발현되기도 하지만 가끔은 일상의 부산물로서 생성될 수도 있다. 혁신이란 같은 경험, 같은 환경이 아니라 다양한 경험과 다양한 환경을 겪어온 인재들이 서로의 다름을 경험하고 차이를 인정하는 과정에서 촉진될 수 있다는 생각이다. 마지막으로, 세계 각국의 다양한 핵심 인재를 확보해서 활용하려면 다양성과 포용은 반드시 필요한 가치라고 여겼다.

HP의 이러한 노력은 임직원뿐만 아니라 지역사회에까지 긍정적 영향을 미쳤으며, 그 결과 HP는 '워킹맘이 일하기 좋은 100대 기업Working Mother 100 Best Companies', '다양성을 존중하는 기업Best Diversity Employer Award'에 선정되며 노력을 인정받았다.

:수익 중시 경영과 HP웨이의 충돌:

HP는 2005년 칼리 피오리나의 후임으로 또다시 외부 출신 마크 허드Mark Hurd를 CEO로 영입했다. 마크 허드는 이전 CEO 칼리 피오리나의 실수를 되풀이하지 않기 위해 초기부터 내부 공감과 소통을 위해 노력했다. 직원들과의 소통에 많은 시간을 할애했고 수천 명이나 되는 직원들과 대화하며 미래에 HP가 나아가야 할 방향을 그려나갔다. 구조조정을 피할 수 없었던 상황에서 직원들에게 최대한 그 당위성을 설명했고, 구조조정 2개월 전부터는 더 많이 소통하여 나쁜 영향을 최소화하려 노력했다. 마크 허드의 노력은 즉시 주가에 영향을 미쳐 2005년 1월 20달러대였던 주가는 2007년 10월 52달러까지 치솟았다.

여기까지의 결과를 종합하면 마크 허드가 마치 HP의 구원자인 것처럼 보일 수 있다. 그러나 세월이 흐른 지금 그에 대한 평가 역시 엇갈린다. 수익성만을 강조한 나머지 HP웨이를 훼손했다는 점이 그 이유다. 그는 부임 초기 9,000명을 해고하는 등 지속적 구조조정을 단행했다. 연구개발 투자는 기존 매출액의 9% 수준에서 2%까지 축소했고 기부 예산, 임직원 복지 예산도 대폭 삭감했다.

마크 허드의 수익성 위주 경영은 HP웨이와 피할 수 없는 충돌을 가져왔다. 창업자 휴렛과 팩커드는 "기업의 존재 이유는 이윤 극대화"라는 견해에 동의하지 않았다. 1960년 팩커드는 HP 관리자들에게 기업의 존재 이유를 더 깊이 고민해야 한다면서 돈을 버는 것 이상의 목표인 인류에 대한 '기여Contribution'를 제시하고 이를 HP웨이의 한 덕목으로 남겼다. 이러한 철학이 몸에 밴 HP 임직원들은 마크 허드의 재임 기간 동안 끊임없이 그와 충돌했고 결과적으로 많은 인재들이 HP를 떠났다. 마크 허드가 HP를 떠난 2010년 《뉴욕타임스》는 칼럼을 통해 "허드는 자신이 재임하는 현재를 위해 HP의 미래를 버렸다"라고 논평했다.*

마크 허드는 HP웨이의 근간인 직원 존중을 가벼이 여겼고, 단기 수익 창출을 위해 R&D 투자 예산을 영업 예산으로 돌렸다. 엔지니어들

* Nocera, Joe (2010. 8. 13). "Real Reason for Ousting H.P.'s Chief". *The New York Times*.

의 자유로운 연구를 위해 24시간 개방되던 실험실도 실험 자재가 부족해지면서 힘을 잃었고, 내부 조사 결과 직원 3분의 2가 회사를 떠나고 싶다고 할 정도로 HP를 지탱해주던 바람직한 문화가 사라져갔다. 결과론적인 이야기일 수도 있지만 허드 이후 HP는 점차 고유 기술이 줄어들어 신기술 도입 및 신사업을 위해, 리스크가 높은 M&A 중심 전략을 추진할 수밖에 없게 되었다.

마크 허드가 조금만 더 HP웨이를 이해하고 지키기 위해 노력했다면 어땠을까? 불미스러운 사건으로 퇴진하지 않았다면 어땠을까? 지금도 여러 가지 가정假定을 만들어낼 정도로 2000년대 초반 HP는 드라마틱한 반전과 실패를 경험했고, 이후 또 다른 변신의 순간을 맞게 된다.

: 2개의 HP는 2배의 HP로 성장할 것인가? :

2011년 HP 이사회는 한 번 더 승부수를 던진다. PC 사업의 한계를 경험한 IBM이 소프트웨어 기업으로 변신하는 것을 목격하면서 HP의 과감한 변신을 이끌어갈 인물로 이베이 출신 CEO 멕 휘트먼Meg Whitman을 영입한 것이다.

멕 휘트먼은 1998년부터 10년간 이베이 CEO를 역임하면서 직원 30명의 회사를 세계 최대 온라인 쇼핑몰로 성장시켰고 페이팔을 인수하는 등 대내외적으로 성공적 결과를 만들어냈다. 그녀는 HP 취임 이전에도 HP 이사회 멤버로 활동했고 누구보다도 HP의 성공에 목말라 있었다. 어쩌면 HP 이사회가 그녀를 CEO로 결정한 배경에는 경영적 판단과 능력뿐만 아니라 '직원에 대한 소통과 배려'라는 강점이 작용했을 것이며, 또한 HP웨이에 맞는 CEO가 되어주기를 기대했을 것이다.

멕 휘트먼은 HP의 문제점이 무엇인지, 이사회의 기대가 무엇인지 잘 알고 있었다. 그녀는 HP웨이를 시대에 맞게 복원할 새로운 인물로 컨설팅사 휴잇Hewitt 출신 트레이시 케오그Tracey Keogh를 CHRO로 영입했다. 트레이시 케오그는 HP웨이의 가장 중요한 덕목인 '임직원 존중과 성장'에 초점을 맞추고 새로운 정책을 추진해나갔다.

HP웨이의 복원은 경영진 선발과 핵심 인재 관리Talent Management에서 시작되었다. 과거에도 HP에는 우수한 인재 육성 정책이 있었고 석세션 플래닝Succession Planning을 통해 경영자 후보군을 육성해왔다. 그러나 결과는 참담했다. 외부 CEO 영입이 잦아지면서 내부 경영진 육성보다는 외부 영입에만 힘쓰는 분위기였고, 멕 휘트먼 부임 이전에는 내부 인재가 임원으로 승진하는 비중이 35%에 불과했다. 트레이시는 부임 후 하버드 대학, 스탠퍼드 대학과 협력해 경영진 육성 및 리뷰 프로그램을 재점검하고 과학적 방법으로 내부 인재들을 검증했다. 그 결과 2013년에는 65%의 임원이 내부에서 승진했고 그 규모는 지속적으로 확대되는 추세이다. 트레이시는 《포브스》 지와의 인터뷰에서 "HP 내부에는 야망 있는 인재들이 많고 앞으로 이들의 잠재력을 키우는 일에 집중할 것"이라고 밝혔다. HP 창업자들이 HP웨이에서 강조한 것과 일맥상통하는 내용이다. 창업자 팩커드는 회고록의 한 챕터를 할애해 경영진 석세션 플래닝의 필요성을 설명했고 회사 내의 '라이징

스타Rising Star'를 발굴하고 육성하는 것이 무엇보다 중요하다고 강조한 바 있다.*

또 하나의 변화는 직원 복지와 교육 프로그램 확대였다. 임직원의 선호도와 니즈를 데이터로 축적해 빅데이터Big Data 분석을 통해 맞춤형 복지를 제공했고, 새로운 교육 프로그램을 마련해 직원의 기술이 시대 흐름에 뒤처지면 재교육 이전에 그 기술을 교육 프로그램에 축적시킴으로써 과거 기술까지 자산화했다. 이는 기술을 중시하는 HP 엔지니어들에게 긍정적 영향을 미쳐, 기술을 공유하고 전수하는 문화로 새롭게 정착되고 있다.

마지막으로, 인사 평가 방식도 바꾸었다. 과거 HP는 강한 목표 관리를 통해 임직원의 성과를 평가하고 상대평가를 위해 줄 세우기식 등급 책정을 해왔으나 이를 과감히 폐지하고 목표를 기반으로 한 절대평가와 다면평가, 그리고 순추천지수Net Promoter Score를 도입하는 등 직원 존중 정신이 반영된 평가 제도를 만들기 위해 노력하고 있다.

멕 휘트먼 시대에 대한 HP의 평가는 긍정적이다. 여전히 생존 차원의 변신을 위해 사업 구조조정과 인력 효율화가 진행되고는 있으나 그럼에도 경영진이 다시 '직원 존중'을 위해 노력한다는 인식이 생겨나고 있다. 즉, 존중받고 일할 만한 환경이 제공되면 직원들은 지속적 성과를 만들어낼 수 있다는 HP웨이의 기본 철학이 회복되고 있는 것이다.

---

* Anders, George (2013. 5. 23). "HP Rethinks Its Talent Strategy: Promote More, Go Outside Less". *Forbes.*

최근 분사한 소프트웨어, 솔루션 중심의 HPE(HP Enterprise) 사옥 전경.

2015년 말 HP는 또 다른 변신을 단행했다. 하드웨어 중심 HP 인코퍼레이티드HP Inc.와 소프트웨어 및 솔루션 중심의 HP 엔터프라이즈HPE로 분사한 것이다. 멕 휘트먼은 언론과의 인터뷰에서 분사를 통해 조직 민첩성을 확보하고 사업 분야의 선택과 집중 전략을 추진하겠다고 밝혔다. 이에 앞서 3만여 명을 감원했는데, 이때는 생존과 미래 경쟁력 확보를 위해 어쩔 수 없는 선택이었음을 밝혔다. 1년이 지난 시점에서 평가한다면 이러한 변신은 시장의 전망대로 긍정적인 방향으로 흘러가고 있다. HP 인코퍼레이티드의 주가는 분사 당시 12.3달러에서 2016년 12월 16달러로 올랐고 HP 엔터프라이즈는 17달러에서 24달러로 상승했다.

아직까지 두 HP에 대한 전망이 그저 장밋빛이기만 한 것은 아니다. 선택과 집중을 위해 HP가 여전히 조직을 사고판다는 뉴스가 간간이 들려온다. 그럼에도 HP에 대한 기대가 높은 이유는 바로 HP만의 위대한 유산인 HP웨이가 회복되고 있기 때문이다. 10여 년 전 짐 콜린스가 이야기한 것처럼 HP웨이가 지금의 멕 휘트먼과 트레이시 케오그의 새로운 제도들과 만나 시너지를 낼 수 있다면 분명 HP는 과거에 그러했듯이 다시금 위대한 기업으로 거듭날 것이다.

HP Way, We Believe in the Power of Our People.

어떻게 창조적 혁신 문화를 조성할 것인가?

지금까지 실리콘밸리 혁신 기업들의 특징을 VOICE, 즉 Vision비전, Ownership오너십, Idea & Trial아이디어와 새로운 시도, Collaboration협력, Efficiency효율성를 중심으로 알아보고 이를 실현하기 위해 혁신 기업들이 어떤 노력을 하고 있는지 상세히 살펴보았다. 그렇다면 실리콘밸리 기업이 아닌, 우리나라 기업이 이 5가지 요소를 적용해 혁신 문화를 조성하려면 구체적으로 어떻게 해야 할까? 또한 어떤 부분을 주의해야 할까?

강제성은 버리고 시끄럽게 독려하라

혁신 문화에 대해 이야기를 꺼내면 많은 경영진들이 이렇게 말한다. "우리가 구글이나 페이스북 같은 기업도 아닌데 모든 직원에게 일상적으로 아이디어를 내고 혁신 활동을 하라고 얘기하기가 부담스럽다." 물론 틀린 말은 아니다. 어떻게 전 직원이 항상 혁신을 생각하고 모든 업무에서 창의성을 발휘할 수 있겠는가?

더군다나 근로시간 측면에서 보자면 늘 OECD 최상위권대한민국은 2015년 기준, 1인당 연평균 근로시간 2,113시간으로 OECD 회원국 중 2위를 차지. OECD 평균은 1,766시간을 달리는 우리나라에서 직원들이 일상적으로 혁신 활동에 많은 시간을 할애하기란 현실적으로 거의 불가능하다. 그런데 이런 질문에는 혁신 문화에 대한 잘못된 가정이 숨어 있다. 그것은, 혁신 문화가 조성되면 "첫째, 모든 직원이, 둘째, 똑같은 수준으로, 셋째, 반드시 혁신 활동을 해야 한다"라는 가정이다. 그러나 이는 혁신 문화의 본질에서 한참 벗어난 이야기이다.

혁신 문화의 핵심은 "직원들이 똑같은 수준으로 혁신 활동에 전원 참여"하도록 만드는 것이 아니다. 오히려 "아이디어 제안이나 새로운 실험 등 혁신 활동을 하고 싶어하는 직원이 자원이 없어서, 또는 상사의 눈치가 보여서 포기하는 일이 없도록" 만드는 것이다. 즉 혁신 활동이라는 필수 과목을 제정하는 게 아니라 뛰어놀고 싶은 사람이 마음껏 뛰어놀 운동장을 만들어주는 것이다. 원하는 직원들은 운동장에서 자유롭게 뛰어놀고, 뛰어놀다 보면 훌륭한 혁신 성과도 만들 수 있다는 믿음이 바로 혁신 문화의 바탕이다. 이런 의미에서 혁신 문화에 접근하는 가장 나쁜 방법은 '1인당 아이디어 2건 제출' 같은 획일적 방법론을 적용하는 것이다그런데 안타깝게도 우리나라의 많은 기업들이 이런 방식으로 혁신 문화를 도입한다.

혁신 문화 도입에 가장 좋은 접근법은 "원하는 직원이 자유롭게 혁신 활동을 하는 데 장애가 되는 방해물은 무엇이며, 이를 어떻게 제거할 것인가"에 초점을 맞추는 것이다. 즉 좋은 아이디어가 있어도 위계적 분위기 때문에 상사에게 제안을 못한다든지 공간이나 자원이 없어서 새로운 실험을 해볼 수 없다든지 하는 부분에서 도움을 주는 것이다. 이런 부분만 신경 써도 혁신 문화가 절반은 도입된 것으로 볼 수 있다.

그렇다면 여기서 또 하나의 의문이 생긴다. 정말 원하는 직원들만 혁신 활동을 하도록 도와주면 될까? 아무리 회사가 방해물을 제거한다 한들 직원들이 참여하지 않으면 혁신 문화는 도루묵이 되고 마는 것 아닐까? 맞는 말이다. 그러므로 회사는 직원들에게 획일적 잣대를 들이대며 혁신 활동을 요구하지 않더라도 '시끄러운 독려'는 반드시 해야 한다.

'시끄러운 독려'는 여러 가지 방법으로 가능하다. 일단은 회사가 일상생활에서 창의적 아이디어를 발굴하고 적용해보는 것을 적극 권장한다는 메시지를 직원들에게 지속적으로 전달해야 한다. 여기서 '메시지'란 단지 CEO의 말이나 게시판 공지를 의미하는 것이 아니다. 창의적으로 생각하는 방법을 가르치기 위해 '창의적 아이디어 발상법' 교육 과정을 만든다든지, 좋은 아이디어에 대해 보상하는 시상 제도를 만든다든지 하는 것들을 말한다. 직원들은 이를 모두 혁신 활동을 장려하는 메시지로 받아들인다. 또 글로벌 기업에서 많이 하는 방법으로 사내에 3D 프린터를 갖춘 작업 공간을 만들어놓는다든지, 구글의 20% 룰처럼 아예 하고 싶은 개인 프로젝트를 하라고 근무시간의 일정 부분을 할애해주는 방법도 있다.

구글에서 정확히 근무시간의 20%를 떼어내 개인 프로젝트나 혁신 활동에 할애하는 직원은 실제로 얼마나 될까? 아마도 그렇게 많지는 않을 것이다. 하지만 이 제도를 통해 회사가 기존 업무 말고도 혁신 활동을 장려한다는 메시지가 모든 직원에게 확실히 전달될 것이다. 이처럼 '시끄러운 독려'의 목적은 단 한 가지, 자발적으로 더 많은 직원들이 혁신 활동에 참여하게 하자는 것이다. 다시 한 번 강조하지만, 획일적 적용이나 강요는 혁신 문화의 본질과는 거리가 멀 뿐 아니라 혁신 문화가 시작되기도 전에 오히려 그 싹을 잘라버리는 부작용만 낳게 된다는 점을 꼭 기억해야 한다.

혁신 문화는 IT 기업의 전유물인가?

전자나 IT 업종이 아닌 기업의 경영진은 또 다른 질문을 한다. 그 질문은 바로 "첨단 IT 기업이 아닌 금융업이나 서비스업에도 혁신 문화가 필요한가?" 하는 것이다. 아마도 금융이나 서비스 업종에서는 우리가 혁신 문화를 이야기할 때 자주 사용하는 아이디어 제안, 새로운 시도나 실험, 실패 용인 등의 말이 상대적으로 낯설게 들릴지 모른다. 게다가 이런 이야기까지 덧붙여진다. "금융업에서는 좋은 아이디어라고 해서 바로 상품 개발로 이어질 수 없으며 각종 규제도 고려해야 한다. 또한 금융 상품은 한번 판매하면 짧게는 몇 년, 길게는 수십 년 이어지기 때문에 실패를 용인한다는 말은 더군다나 어불성설"이라는 것이다. 심지어 "서비스 업종에서는 현장 직원들이 매뉴얼에 입각해서 업무를 해야지 창의적으로 업무에 임해서는 곤란하다"라는 말도 추가된다.

과연 혁신 문화는 IT 기업의 전유물일까? 물론 환경과 기술 변화에 빠르게 대응해야 하는 첨단 IT 기업들은 다른 업종에 비해 혁신 문화 조성에 대한 니즈가 큰 것이 사실이다. 이 책에서 사례로 제시한 기업들만 봐도 상당수가 IT 제조 혹은 IT 서비스업에 해당한다물론 이는 이 책의 기본 전제인 실리콘밸리 지역의 특수성 때문이기도 하다. 그렇다면 지금까지 논의했던 혁신 문화는 다른 업종과는 거리가 먼 이야기일까? 혁신 문화에 부정적 시선을 보내는 금융업 경영진의 이야기를 다시 한 번 곱씹어보자.

> "금융업에서는 좋은 아이디어라고 해서 바로 상품 개발로 이어질 수 없으며 각종 규제도 고려해야 한다. 또한 금융 상품은 한번 판매하면 짧게는 몇 년, 길게는 수십 년 이어지기 때문에 실패를 용인한다는 말은 더군다나 어불성설이다."

언뜻 보기에 이해가 되기도 하지만 이 말을 면밀히 살펴보면 하나의 가정이 그 밑바탕에 깔렸음을 알 수 있다. 금융업 고유의 특수성을 강조하면서 '업業의 경계'를 명확히 하는 것, 즉 선 긋기를 한다는 점이다. 그러나 최근 글로벌 금융사들의 변화를 살펴보면 업의 경계라는 것이 얼마나 무의미한지를 쉽게 알 수 있다.

골드만삭스Goldman Sachs 회장 로이드 블랭크페인Lloyd Blankfein은 2015년 4월, "골드만삭스는 이제 금융회사가 아니라 기술 기업Tech Company이다"

라고 선언했다.* 금융회사의 대표 주자인 골드만삭스가 금융회사가 아닌 기술 기업Tech Company이라니. 그러나 골드만삭스는 단지 말에 그치지 않고, 실제로 IT 기술을 활용한 혁신을 통해 오픈소스 플랫폼 기업으로 변신을 꾀하고 있다. 2014년에는 '사이먼SIMON'이라는 앱을 개발해 유통업 부문 브로커들에게 제공하고 주가와 연계된 파생 상품을 쉽게 분석하도록 지원해주었다. 골드만삭스의 이 같은 선택은 모두 경쟁력 강화를 위한 것이다. 이와 관련하여 게리 콘Gary Cohn 골드만삭스 사장은 "골드만삭스가 기술에 투자하는 이유는 리스크를 관리하고 한정된 자원을 효율적으로 배분하는 것에 더해 새로운 상업적 기회를 얻기 위한 것"이라고 말했다.** 즉 이제 어떤 업종이든 고유의 업이 갖는 특수성에 집착하기보다 업의 경계를 넘어선 경쟁력 확보가 더욱 중요해졌다는 것이다.

이는 비단 골드만삭스에 국한된 이야기가 아니다. JP모건도 IT 기업으로서의 정체성을 강조하며 이에 걸맞은 유연한 조직 문화를 만들기 위해 노력한다. JP모건 CEO 마리안 레이크Marianne Lake는 "기술 인력 4만 명이 일하고 있으며 매년 IT 예산으로 90억 달러를 편성하는 우리가 바로 IT 기업"이라고 강조했다. 최근에는 정장을 고집하는 금융사의 경직된 문화를 지적하며 분위기 쇄신을 위해 복장 규정을 변경하기도 했다. 새로운 복장 규정은 "고객에 맞추어 입는다"이며, 핀테크Fintech나

---

* Marino, Jonathan (2015. 4. 12). "Goldman Sachs Is a Tech Company". *Business Insider*.

** 손경호 (2016. 4. 18). "골드만삭스 변신으로 본 디지털 금융의 미래". *ZDNet Korea*.

실리콘밸리 기업을 상대할 경우 폴로셔츠, 스웨터, 샌들까지 착용을 허용했다.***

사실 업의 경계의 붕괴는 예견된 일이었다. 금융업에서 나서기 전에 이미 경영 환경은 융합의 길로 접어들고 있었다. IT 기술을 금융 서비스에 접목한 핀테크 기업이 대거 등장했으며 구글, 애플 등 IT 플랫폼 기업들은 2013년 G메일 송금 서비스구글, 2014년 애플 페이온라인 결제 서비스 등을 출시하며 사업 영역을 넓히고 있었다. 이뿐 아니라 2004년 일찌감치 알리페이Alipay를 출시한 중국 최대 상거래 업체 알리바바는 2007년에는 대출, 2013년에는 보험/투자로 금융 서비스를 확대하고 2016년에는 인터넷 전문 은행 '마이뱅크My Bank'를 출범시켰다. 이렇게 업의 경계를 넘어 혁신이 가속화되는 상황에서 기존에 영위하던 업종의 특수성을 방패 삼는 것은 너무나 안일한 생각이 아닐까? 따라서 혁신 문화 도입과 관련해, "우리는 구글, 페이스북 같은 IT 기업이 아니다"라고 애써 외면할 것이 아니라, "직원들의 창의성과 아이디어를 살려 회사의 경쟁력을 강화한다"라는 혁신 문화의 본질을 이해한 뒤 이를 회사에 어떻게 적용할지 모색하는 것이 더욱 바람직한 방향일 것이다.

*** Emily, Glazer (2016. 6. 3). "J. P. Morgan Says Employees Don't Always Have to Wear Suits". *The Wall Street Journal*.

글로벌 혁신 기업을 제대로 벤치마킹하려면

앞서 제시한 실리콘밸리 혁신 기업들의 사례를 보면서 '아, 이건 우리 회사도 한번 도입해봐야겠다'라는 생각을 할 수도 있다. 그런데 다른 기업에서 시행하는 제도나 시스템, 프랙티스를 도입할 때는 주의할 점이 있다. 겉으로 보이는 내용뿐 아니라 그 기업이 왜 이런 활동을 하는지, 그 목적과 운영 방법을 정확히 이해한 뒤 도입을 검토해야 한다는 것이다.

예를 들어 구글은 무료 카페테리아와 무료 출퇴근 버스를 운영한다. 미용실과 세탁소는 물론 자동차 정비와 네일아트까지 회사 안에서 해결할 수 있다. 구글이 이렇게 획기적이고 다양한 복리후생 프로그램을 처음 도입했을 때 많은 언론들이 앞다투어 이러한 프로그램들을 나열식으로 보도하느라 바빴다. 이 때문에 구글 캠퍼스는 한때 '직장인의 천국'이라는 칭호를 얻기도 했다. 직장인을 위해 최고의 복리후생을 갖춘 회사라는 의미였다. 한편 부러움 섞인 냉소적 반응도 적지 않았다. "구글 정도 되니까 이렇게 어마어마한 복리후생 프로그램이 가능하다"라는 것이었다. 그런데 구글에서 10년 동안이나 인사 업무를 책임지다가 최근 구글을 떠난 라즐로 복은 자신의 책에서 이렇게 밝히고 있다.*

"우리는 직원들이 회사뿐 아니라 개인 생활에서도 효율적이기를 바란

* 라즐로 복 (2015). 《구글의 아침은 자유가 시작된다》. 이경식 역. 알에이치코리아.

언론에 소개된 구글의 복리후생 프로그램(자료: Eadicicco, Lisa (2015. 2). "The Amazing Perks of Working at Google". *Business Insider*. Flickr/Dmitry Alekseenko(왼쪽), Flickr/Bradley Johnson(오른쪽)).

> 다. 구글 직원들은 매우 열심히 일한다. 우리는 직원들이 직장에서 한 주 내내 힘들게 일하고 집에 돌아가서 온갖 잡일에 시달리기를 바라지 않는다. 그래서 직원들의 효율적 삶을 위해 현장 서비스를 제공한다……. 사람들은 대부분 구글이 이런 프로그램에 엄청난 돈을 쓴다고 생각하지만 무료 카페테리아와 출퇴근 버스를 제외하면 회사가 특별히 직원을 위해 쓰는 돈은 거의 없거나 매우 적다. 업체들이 회사 안에서 이런 서비스를 제공하기를 원하면 회사는 그저 허락을 해줄 뿐이다. 때때로 회사가 가격 할인 협상을 하는 것이 전부다."

즉 구글의 복리후생 프로그램은 단순히 직원들에게 제공되는 혜택이 아니라 직원들에게서 최대한의 업무 몰입과 효율성을 이끌어내기 위한 하나의 방법인 셈이다. 또 회사가 여기에 지불하는 비용도 일반적 인식과는 차이가 있다. 그러므로 어떤 제도를 벤치마킹하고자 한다면, 눈에 보이는 모습만이 아니라 그 회사가 이런 제도를 운영하는 목적을 정확히 파악하고, 그 방법적 측면까지 면밀히 살펴보아야 한다.

더 좋은 방법은 다른 회사의 프랙티스를 보고 막연히 '우리도 해볼까'라고 생각하기보다 우리 회사에 부족한 부분은 무엇인지 분석을 먼저 해보고, 이를 해결하기 위해 다른 회사들은 어떤 방법을 활용하는지, 즉 명확한 목표를 가지고 벤치마킹을 하는 것이다. 만약 관리자가 혼자 평가하는 평가 방식의 부작용을 최소화하고 공정성을 높이기 위한 방법을 고민한다면 여러 회사의 '동료 평가 제도'를 살펴보는 것이 좋은 방법이 된다. 동료 평가 제도를 이미 시행하는 회사들은 그 목적에 따라 조금씩 다른 방식으로 운영하고 있을 것이다. 동료가 얼마나 성과에 기여하는지 성과 기여도를 중점적으로 평가하는 회사가 있는가 하면, 동료의 협업과 소통 역량을 평가하는 회사도 있을 것이다. 또 동료들이 평가한 결과를 관리자의 평가와 합쳐 최종 고과를 결정하는 회사도 있고, 관리자가 참고 자료로만 활용하는 회사도 있을 것이다. 이렇게 다양한 방식을 알아본 후 자신의 회사에는 어떤 방식이 가장 적합할지 판단해서 적용하는 것이 더욱 현명한 벤치마킹 방법이다. 벤치마킹은 남의 것을 차용해 내 것을 만드는 것이지 남의 것을 그대로 가져오는 것이 아니라는 점을 명심해야 한다.

제도 도입보다 중요한 것은 내실 있는 운영

그런데 이런 과정을 모두 거쳐서 도입한 제도나 프랙티스가 원하는 만큼 효과를 거두지 못하는 경우도 있다. 그 이유는 무엇일까? 결론부터 말하면 대부분의 경우 운영상의 왜곡이 발생하기 때문이다.

예를 들어보자. 요즘 많은 기업들이 고민하는 화두는 '소통'이다. 사실 최근의 고민거리라고 하기 어려울 정도로 소통 활성화는 기업의 오랜 숙제이지만, 특히 최근에는 기업 내외부적으로 예상치 못한 변화들이 빈번히 발생하면서 회사의 비전과 전략을 공유하기 위해 경영진과 직원 간 소통이 더욱 중요해졌다.

실리콘밸리 혁신 기업들도 예외는 아니다. 구글, 페이스북, 테슬라 등 많은 기업들이 CEO와 직원이 직접 만나 회사의 주요 사안에 대해 묻고 대답하는 '올 핸즈 미팅All Hands Meeting'을 정기적으로 개최한다. 올 핸즈 미팅은 자리를 마련해놓고 원하는 직원들이 자유롭게 참석해 CEO의 말을 듣고 질의응답을 하는 형태로 이루어진다. 때로는 직원들 질문에 더 자세히 응답할 수 있는 임원이 CEO 대신 답변하기도 한다. 페이스북은 CEO 마크 저커버그가 매주 직원들과 대화의 시간을 갖는데, 페이스북에서는 이를 'Q&A with Mark'라고 부른다.

우리나라 기업들에도 CEO와 직원 간 대화의 자리가 없는 것은 아니다. 주로 '월례회'나 '경영 현황 설명회' 등의 이름인데 안타깝게도 자유로운 질의응답이 오가기보다 CEO는 미리 준비된 원고를 읽느라 바쁘고 질의응답 시간은 생략되는 경우가 많다. 또는 질의응답마저 시나리

오처럼 만들어 미리 몇몇 직원에게 질문할 내용을 주고 준비시키기도 한다. 참석 대상도 '과장급 이상 직원 필참' 등으로 아예 지정해버리는 경우가 많다. 직원들이 자발적으로 참석하는 행사일 경우에는 행사 시작 5분 전에 강당에 빈 곳이 너무 많다 싶으면 갑자기 동원령을 내리기도 하는데, 이렇게 되면 보통은 부서마다 직급이 낮은 직원부터 동원된다. 한창 바쁘게 일하던 부서의 막내 직원들은통상 우리나라에서는 직급이 낮을수록 더 많은 업무를 한다. 부장, 차장, 과장이 시키는 일이 모두 '이곳'에 모이기 때문이다. 그래서 대부분의 경우 동원령도 '이곳'에 떨어진다 열 일 제쳐놓고 강당에 가서 빈 좌석을 채운다. 그러나 이렇게 만들어진 자리에서 직원들이 정말 궁금한 사항에 대해 질문하고 정보를 얻기란 불가능에 가까운 일이다. 분명 좋은 목적으로 실행하는 일들인데도 위계적이고 경직된 조직 분위기 때문에 운영상 왜곡이 발생하고 결국 원하는 목적을 달성하지 못한 채 직원들의 냉소적 반응만 얻는다면, 이는 너무나 안타까운 일이 아닐 수 없다.

비유하자면, 제도를 도입하는 것은 그릇을 사는 일과 같고, 제도를 운영하는 것은 그 그릇 안에 음식을 채우는 일과 같다. 아무리 예쁜 그릇을 사 왔다 해도 그 안에 상한 음식을 채워 넣으면 나중에는 그릇째 내버릴 일만 남는다. 그러므로 반드시 기억해야 할 것은, 제도를 하나 도입한다고 해서 단기간에 조직 문화가 바뀌지는 않지만 제도가 왜곡되어 운영될 경우 조직 문화는 쉽게 망가질 수 있다는 점이다.

조직 문화의 게이트키퍼는 관리자

마지막으로 강조하고 싶은 것은 리더, 특히 현장의 관리자 역할이다. 실리콘밸리 혁신 문화의 특징 중 하나는 직원들에게 폭넓은 자율권을 준다는 것인데, 대표적인 것이 바로 유연 근무제나 재택근무제처럼 직원들에게 시간과 공간의 자율성을 주는 제도다. 그리고 대부분의 실리콘밸리 기업에서 유연 근무제는 회사 차원이 아닌 관리자 차원에서 재량껏 사용하는 것이 일반적이다. 따라서 아무리 제도가 잘 정비되어 있어도 관리자가 그 제도를 활용하지 못하도록 통제하거나 직접적으로 통제하지는 않더라도 사용하기 어려운 분위기를 조성한다면 이는 없는 제도나 마찬가지가 된다. 이 때문에 회사의 제도가 동일하더라도 관리자에 따라 직원들의 실제 사용률과 체감도는 다르게 나타난다.

이는 우리나라 기업도 다르지 않다. 실제로 재택근무제나 유연 근무제를 도입한 회사에서 부서별 사용률을 살펴보고 사용이 부진한 부서의 직원들과 인터뷰를 해보면 "부서장 눈치가 보여서 사용하기 어렵다"라고 대답하는 직원들이 많다. 일부 직원들은 "부서장이 말로는 유연 근무제를 사용하라고 하지만, 아침 일찍 출근하고 밤늦게까지 야근하는 직원이 좋은 고과를 받기 때문에 직원들이 사용을 꺼린다"라고 말하기도 한다. 결론적으로 조직 문화의 게이트키퍼는 회사가 아니라 직원들 행동에 직접적으로 영향을 미치는 현장의 관리자들이다.

우리나라 기업에서 관리자가 된다는 의미는 일반 직원에서 승진해 조직을 이끄는 위치에 오르는 것을 뜻한다. 그러나 실리콘밸리 기업에서

한 팀을 이끄는 관리자는 '수직 상승'의 의미보다 '수평 이동'의 의미가 크다. 즉 관리자란 남보다 인정받는 높은 위치에 있는 사람이 아니라 다른 사람들에게서 협조를 이끌어내고 그들을 충분히 지원할 능력을 가진 사람에게 부여되는 하나의 '역할'이다. 아무리 자신의 담당 분야에서 출중한 능력을 보인다 해도 이것이 곧 관리자가 되는 필요충분조건이 되지는 못한다. 업무는 기본이고 제대로 사람 관리를 할 수 있어야만 관리자 자격이 주어진다. 여기서 '사람 관리'란 직원들이 올바른 방향으로 가도록 코칭하고 어려운 부분을 도와주며 장애물을 제거해주는 능력을 말한다. 실리콘밸리 기업들은 관리자가 직원들에게 미치는 영향력을 충분히 인지하고 있으며 그렇기 때문에 이러한 역할을 제대로 할 수 있는 사람을 관리자로 선발한다.

반면에 우리나라 기업들은 약간 다르다. 자신의 담당 분야에서 업무 성과로 인정받는 사람이 승진하고 관리자가 된다. 업무 성과가 가장 중요한 관리자의 조건이 되는 셈이다. 반대로 관리자로 승진하지 못하는 사람은 조직에서 인정받지 못하는 사람으로 인식되며, 팀의 관리자였다가 더는 관리자 자리를 유지하지 못하는 상황이 되면 이를 곧 조직을 떠나달라는 시그널로 받아들인다.

현장의 관리자가 조직 문화의 게이트키퍼라는 측면을 이해한다면 조직에서 관리자를 선발하는 일은 무엇보다 신중히 해야 한다. 앞서 이야기한 것처럼 조직 문화는 눈에 보이는 것이 아니기 때문에 직원들이 느끼는 문화는 리더의 행동에 크게 좌우된다. 아무리 회사가 혁신 문화 조성을 위해 노력한다 해도 리더의 말 한마디에 모든 것이 무위로 돌아갈 수도 있는 것이다. 회사가 직원들의 아이디어를 구하기 위해 제안 시스템을 도입하고 아이디어 경진 대회를 대대적으로 개최한다고 해도, 정작 직원들은 회의 시간에 듣게 되는 리더의 말 한마디로 회사의 혁신 문화 수준을 인식한다. 직원들이 어떤 아이디어를 제안했을 때 "그건 이전에 다 해본 거야. 시키는 일이나 똑바로 해!"라고 말하는 리더와, 반대로 관심을 기울이며 "이렇게, 이런 식으로 아이디어를 더 발전시켜보면 어떨까?"라고 조언하는 리더가 있다면, 두 부서의 직원이 느끼는 조직 문화는 확연히 다르지 않을까? 물론 그 이후에는 아이디어 제안에 대한 직원들의 행동 또한 달라질 것이다.

이것이 바로 조직 문화가 제도와 시스템, 캠페인만으로는 개선될 수 없는 이유다. 또 리더의 행동 변화가 수반되어야 하는 이유이자 좋은 리더 선발이 필요한 이유이기도 하다. 직원들에게 조직 문화란 거대하고 실체 없는 어떤 분위기가 아니라 실제로 리더가 나에게 하는 말과 행동이다. 그래서 만약 누군가가 "혁신 문화 조성을 위해 단 한 가지 꼭 필요한 것이 있다면 무엇인가?"라고 묻는다면 우리 연구팀은 주저 없이 "리더"라고 답할 것이다.

결론적으로 우리나라 기업에 혁신 문화를 도입하고자 한다면, 그 일이 결코 쉽지는 않지만 그 방법은 명확해 보인다. 직원들이 창의적 아이디어를 마음껏 펼칠 수 있는 운동장을 먼저 만들어주고, 경영진은 직원들의 참여를 독려하되 강압적이고 의무적인 참여가 아니라 긍정적 인정과 보상을 제시하여야 하며, 장애물을 제거해주는 방식으로 독려해야 한다. 또 제도라는 것은 도입보다 운영이 중요하기 때문에 인사팀은 혁신 활동을 장려하기 위해 도입한 제도가 본래 목적대로 잘 운영되고 있는지 수시로 모니터링하고 미흡한 부분은 지속적으로 개선해나가야 한다. 그리고 무엇보다도, 현장에서 직원들이 혁신 활동을 잘 수행하도록 동기부여하고 지원해주는 주체는 리더, 즉 현장의 관리자라는 점을 명심하고, 이들을 제대로 선발하고 육성하기 위해 노력해야 할 것이다.

김경수 | 서울대학교 서어서문학과를 졸업한 후, 삼성물산 건설부문에서 7년여 간 인사 업무 경력을 쌓았다. 이후 2014년부터 3년간 삼성경제연구소 인사조직실에서 수석연구원으로 재직하며 HR 관련 다양한 연구 경험을 쌓았으며, 성균관대학교에서 MBA학위를 취득하였다. 주요 관심 영역은 조직 문화, 리더십, 다양성 관리 등이다.

김명진 | 이화여자대학교 심리학과를 졸업한 후, 고려대학교에서 산업 및 조직 심리학으로 석사학위를 받았으며, 연세대학교에서 심리학 박사과정을 밟고 있다. 10여 년간 IBM과 콘페리헤이그룹 등 글로벌 컨설팅 회사에서 HR 관련 다양한 컨설팅 경험을 쌓았고, 2012년부터 삼성경제연구소 인사조직실 수석연구원으로 재직 중이다. 주요 관심 영역은 인재 선발에서 리더 육성까지 이어지는 통합 인재 관리이며, 그간의 경험과 심리학적 이론들을 새로운 HR Tech에 기반하여 실무에 접목하는 데 매진하고 있다.

김민아 | 경희대학교 호텔경영학과를 수석졸업하고 한국과학기술원(KAIST)에서 경영공학 내 조직 및 전략 전공으로 석사학위를 받았다. 이후 삼성경제연구소 인사조직실 Research Analyst를 거쳐, 현재 스마일게이트 인사기획팀에 재직하고 있다. 주요 관심 영역은 조직 문화, 변화 관리, 경영진단, 인사기획 등이다.

김재원 | 서울대학교 경제학부를 졸업하고 동 대학원에서 경영학 석사학위를 받았다. 미국 펜실베이니아대학교 와튼경영대학원에서 인사조직 석사학위를 취득하고 박사과정을 수료한 후, 현재 삼성경제연구소 인사조직실 수석연구원으

로 재직 중이다. 주요 관심 영역은 전략적 인사 관리, 경영진 승계 계획 등이다. 주요 논문 및 저서로 "Employee Voice and Organizational Performance: Team Versus Representative Influence"(*Human Relations*, 2010, 공저), "인사 부서의 전략적 의사결정 참여가 인사 관리의 효과성에 미치는 영향"(《인사조직연구》, 2004, 공저), 《인재경영을 바라보는 두 시선》(2015, 공저) 등이 있다.

박정우 | 중앙대학교 심리학과를 졸업하고 서울대학교 대학원에서 조직 심리학 석사학위를 받았다. 글로벌 경영 컨설팅 회사인 엑센추어, IBM GBS를 거쳐 현재 삼성경제연구소 인사조직실에서 수석연구원으로 재직하고 있다. 조직 구조, 인사 제도, 인사 프로세스, 인사 시스템 혁신 관련 컨설팅과 조직 문화, 리더십, 다양성, 학습 등의 연구를 수행해왔다. 최근에는 국내 기업과 해외 다국적 기업의 글로벌 인사 혁신에 대해 중점적으로 연구하고 있다.

박주영 | 상명대학교 경영학과를 졸업하고 고려대학교에서 경영학 석사, 미국 미시건주립대학교에서 노사관계 및 인사 전공 박사학위를 받았다. 행정안전부 노사관계 전문위원을 거쳐 현재 삼성경제연구소 인사조직실 수석연구원으로 재직하고 있다. 조직 문화, 고용관계, 글로벌 ER 등에 대한 많은 연구를 수행해왔다. 최근의 주요 관심 분야는 글로벌 기업의 조직 문화, 직장 내 소통, 고충처리 제도, 해외 사업장 조직 관리 및 글로벌 노동인권 등이다. 주요 논문으로 "Statutory Leave Entitlements across Developed Countries: Why US Workers Lose Out on Work-family Balance"(*International Labor Review*, 2013, 공저) 등이 있다.

박준혁 | 오하이오주립대학교 경영대에서 재무학(Finance)을 전공하고, 미네소타대학교에서 수학(Math) 석사 및 인사·노사(HRIR) 석사학위를 취득한 후, 중앙대학교 경영학과에서 인사조직 전공으로 박사학위를 받았다. 삼성생명(인사팀), 삼성인력개발원(어세스먼트센터)을 거쳐 현재는 삼성경제연구소 인사조직실 수석연구원으로 재직 중이다. 주요 관심 영역은 어세스먼트 도구를 활용한 리더 선

발 및 체계적 양성, 성과 관리 등 평가 전반이며 다양한 업종의 인사 제도 컨설팅 및 연구·자문 활동을 수행하고 있다.

박지혜 | 연세대학교 경영학과를 졸업하고 삼성전자 인사팀을 거쳐 현재 삼성경제연구소 인사조직실 수석연구원으로 재직 중이다. 삼성전자에서 채용, 교육 및 인사제도를 담당하였으며, 현재 조직 문화 진단, 네트워크 분석, 고성과 조직에 대한 연구를 주로 수행하고 있다.

박충훈 | 연세대학교 정치외교학과를 졸업하고 성균관대학교 MBA에서 석사학위를 받았다. 삼성화재 인사팀을 거쳐 현재 삼성경제연구소 인사조직실 수석연구원으로 재직 중이다. 기업 인사 실무 경험을 바탕으로 HR 컨설팅과 인사 제도, 리더십, 조직 문화 진단 등 다양한 분야의 연구를 수행하고 있다.

엄동욱 | 연세대학교 경제학과를 졸업하고 동 대학원에서 기업 내부 노동시장에 대한 연구로 박사학위를 취득했다. 현재 삼성경제연구소 인사조직실 수석연구원으로 재직 중이다. 저서로 《임금과 승진》(2009), 《리더의 경영수업》(2015, 공저)이 있다.

예지은 | 이화여자대학교 국문학과와 연세대학교 MBA를 졸업하고 성균관대학교에서 감성리더십에 관한 연구로 경영학 박사학위를 받았다. 현재 삼성경제연구소 인사조직실 수석연구원으로 재직 중이다. 주요 관심 영역은 조직 문화, 리더십, 커뮤니케이션, 다양성 관리 등이다.

윤지연 | 가톨릭대학교 심리학과를 졸업하고 미국 조지아공과대학교에서 산업 및 조직 심리학 석사, 박사학위를 받았다. 현재 삼성경제연구소 인사조직실 수석연구원으로 재직하며 인사 평가, 채용, 글로벌 성과 관리를 중점적으로 연구하고 있다. *Assessment Centres and Global Talent Management*(2011, 공저) 등의 저술에 참여했다.

이상우 | 연세대학교 경영학과를 졸업하고 동 대학원에서 비정규직 연구로 석사학위를, 공정성 연구로 박사학위를 받았다. 현재 삼성경제연구소 인사조직실 수석연구원으로 재직 중이다. 전략적 인적 자원 관리, 고용 및 노동시장, 고령화, 신세대, 다양성 등을 연구했고, 현재는 신뢰, 소통, 협력과 경쟁, 애사심 등 조직 문화 분야를 주로 연구 중이다.

이용우 | 아주대학교 컴퓨터공학과를 졸업하고 성균관대학교 MBA에서 석사학위를 받았다. 삼성SDS 인사팀을 거쳐 현재 삼성경제연구소 인사조직실 수석연구원으로 재직 중이다. 채용, 평가, 보상 등 인사 제도 연구 및 컨설팅을 수행하였으며 최근에는 글로벌 인적 자원 관리에 대해 중점적으로 연구하고 있다.

이정일 | 서울대학교 외교학과를 졸업하고 서강대학교 대학원에서 경영학 석사 및 박사학위를 받았다. 현재 삼성경제연구소 인사조직실 연구위원(상무)으로 재직하고 있으며, 인사조직, 조직 문화, 고용관계 등에 대한 많은 연구를 수행해왔다. 최근의 주요 관심 분야는 직장인의 행복, 마음건강, 일자리 창출, 노사신뢰, 의사소통 등이다. 저서로《규제의 역설》(2006, 공저),《한국의 노동 어떻게 할 것인가? Ⅰ, Ⅱ, Ⅲ》(2007, 2008, 2010, 공저),《인재경영을 바라보는 두 시선》(2015, 공저) 등이 있다.

이지인 | KAIST 생명화학공학과를 졸업하고 서울대학교 대학원에서 경영학 석사학위를 받았다. 현재 삼성경제연구소 인사조직실 선임연구원으로 재직하고 있다. 보상 체계, 팀 운영 및 성과 등이 주요 연구 분야이며, 데이터를 기반으로 조직을 분석하고 새로운 제도를 설계하는 데 관심을 두고 있다. 저서로《인재경영을 바라보는 두 시선》(2015, 공저)이 있다.

정권택 | 성균관대학교 경영학과에서 학사와 석사를, 서강대학교 경영학과에서 박사학위를 취득했다. 현재 삼성경제연구소 인사조직실장(전무)으로 재직하고 있으며, 한국인사조직학회, 한국윤리경영학회 부회장을 맡고 있다. 저서로《한

국 기업의 글로벌 경영》(2008, 공저), 《인재경영을 바라보는 두 시선》(2015, 공저)이 있다.

주세영 | 노스캐롤라이나대학교 MBA를 졸업하고 성균관대학교에서 경영학으로 학사와 박사학위를 받았다. 현재 삼성경제연구소 인사조직실 수석연구원으로 재직하고 있다. 글로벌 기업들의 경영진 및 임원 운영을 분석하여 효과적 승계 계획 및 인재 관리 관련 연구를 수행해왔다. 최근에는 M&A 전략과 인재 관리, 비즈니스 모델 혁신에 따른 조직 구조 변화에 대해 중점적으로 연구하고 있다. 저서로 《인재경영을 바라보는 두 시선》(2015, 공저)이 있다.

전혜원 | 이화여자대학교 심리학과를 졸업하고 동 대학원에서 심리측정 석사학위를 받았다. 미국 조지아공과대학교에서 계량심리학 박사학위를 취득했으며, 주로 능력검사문항의 난이도 예측을 위한 인지요인을 탐색하는 연구를 수행하였다. 현재 삼성경제연구소 인사조직실 수석연구원으로 재직 중이며, 인적성 채용 검사 개발 및 분석, 빅데이터의 조직 활용, 조직 문화 전반을 연구하고 있다.

진현 | 고려대학교 경영학과를 졸업하고 동 대학원에서 경영학 석사학위를 받았다. 연세대학교에서 "Merits of Failure Experiences"로 경영학 박사학위를 취득하였다. 현재 삼성경제연구소 인사조직실 수석연구원으로 재직 중이며, 관심 영역은 조직 문화, 실패, 다양성 관리, 직원 발언행동 등이다. 주요 논문 및 저서로 "Organizational Work-Family Culture and Working Mothers' Affective Commitment: How Career Expectations Matter"(*Human Resource Management*, 2014), "HR 옵션으로서의 개인 성과급제"(《경영학연구》, 2017) 등이 있다.